军事理论教程

魏纯镭　肖　丽　主编

ZHEJIANG UNIVERSITY PRESS
浙江大学出版社

图书在版编目（CIP）数据

军事理论教程／魏纯镭，肖丽主编．—杭州：浙江大学出版社，2010.4(2014.1 重印)
ISBN 978-7-308-07449-0

Ⅰ.①军…　Ⅱ.①魏…　②肖…　Ⅲ.①军事理论－高等学校－教材　Ⅳ.①E0

中国版本图书馆 CIP 数据核字（2010）第 049801 号

军事理论教程（第四版）
魏纯镭　肖　丽　主编

责任编辑	黄兆宁
封面设计	刘依群
出版发行	浙江大学出版社 （杭州市天目山路 148 号　邮政编码 310007） （网址：http://www.zjupress.com）
排　　版	杭州中大图文设计有限公司
印　　刷	杭州丰源印刷有限公司
开　　本	880mm×1230mm　1/32
印　　张	9.625
字　　数	268 千
版 印 次	2013 年 7 月第 4 版　2014 年 1 月第 8 次印刷
书　　号	ISBN 978-7-308-07449-0
定　　价	20.00 元

浙江大学出版社发行部联系方式：0571－88925591；http://zjdxcbs.tmall.com

编委会

编者的话

《军事理论教程》是浙江省“十一五”规划重点教材，它顺应国防教育新形势的需要，根据新型人才培养模式，结合全国开展学生军训试点工作以来的实践经验而编写。它以科学发展观为统领，以爱国教育为主体，以学生军训、安全教育、素质拓展为依托，吸收了近年来军事科学研究的新成果。通过组织学生系统地接受国防教育和军事训练，使学生掌握基本军事理论知识和军事技能，体现学生可持续发展的综合素质，为部队培养后备兵员和预备役军官打下良好基础。

本教材前七章主要根据教育部、总参谋部、总政治部颁发的《普通高等学校军事课教学大纲》所规定的内容，结合学校教学改革的特点进行编写。遵循科学性、针对性、导向性等教学原则，主要分为军事理论、军事技能训练两大部分，突出提高学生的国防观念、国防意识和国防精神，帮助学生掌握军事技能，提高自身素质。第八章根据大学生专业特点，编写安全防卫与野外生存及素质拓展等综合素质训练内容，有利于拓宽知识面和磨练学生意志，培养艰苦奋斗的作风和遵守纪律的习惯，形成团结协作的团队精神。本教材每章都有思考题供学生练习，并穿插有关视频，形成网络教学平台，达到国防教育资源共享目的。

所有这些，不仅能够加强国防建设和军队后备力量建设，而且也非常有利于每个受训者今后工作、生活的需要。该书编写者大都是一些长期从事国防教育以及野外生存训练工作的教师，他们以自己长期积累的军事教学经验和野外生存的实践积累，对该书在内容的设置和教学的安排上都作了较科学的筹划，如书中关于现代军事高技术、轻武器射击、军事地形学和定向越野技能训练等章节，都以专业的视角与笔触进行了较详细的论述。这对大学生增强国防意识、体验军人生活、提高综合素质等方面都起到不可忽视的作用，最终达到教育、健身、载德、完人的终极目标。

由于世界政治、军事形势变幻莫测，高科技武器装备日新月异，本书难免有某些滞后的地方，诚恳欢迎广大学生和教师批评指正。

在编书过程中，得到了有关领导和专家的大力支持，本书还参考了有关书籍，在此一并表示感谢。

编　者

2010 年 1 月

目　录

第一章　中国国防

党的十七大报告明确提出:“国防和军队建设,在中国特色社会主义事业总体布局中占有重要地位。必须站在国家安全和发展战略全局的高度,统筹经济建设和国防建设,在全面建设小康社会进程中实现富国和强军的统一。”作为中华民族的一员,应责无旁贷地重视国防、了解国防,吸取我国国防兴衰和发展的经验教训,增强国防观念,自觉地投入到保卫国家安全、维护民族利益、防止外来侵略的国防建设中来。

第一节　中国国防概述

一、国防的含义、类型及特征

(一)国防的含义

国防是国家防务的简称,是指国家为防备和抵抗侵略,制止武装颠覆,保卫国家的主权、统一、领土(见视频 1-1)完整和安全所进行的军事及与军事有关的政治、经济、外交、科技、教育等方面的活动。

国防产生于国家形成之后,是人类社会发展到一定阶段的产物,是为国家利益服务的,直接关系国家的安全、民族的尊严、社会的发展。不同历史时期,不同社会制度,奉行不同政策的国家,其国防具有不同的特性。当代霸权主义国家的国防,无不具有侵略、扩张的性质。国防伴随国家的产生而产生,服务于国家利益。丘吉尔有一句名言:“我们没有永恒的朋友,也没有永恒的敌人,只有永恒的利益。”

中国则一如既往地坚持国防的防卫性质，并不断加强国防现代化建设，以维护国家生存与发展的根本利益。我国在对外关系方面一贯奉行“和平共处”五项原则，公开向世界承诺：永远不称霸，不做超级大国。

（二）国防的类型

国家的社会制度和政策决定了国防的性质和形式。现代国防的类型，按照性质可分为扩张型和自卫型，按照形式可分为联盟型和中立型。

1. 扩张型

扩张型的国家奉行霸权主义政策。他们以所谓的国家安全和防务需要为幌子，将其疆域以外的国家和地区也纳入本国的势力范围，并对别国进行侵略、颠覆和渗透。

2. 自卫型

自卫型国家的国防以防御外敌侵略为目的。在国防建设上，他们主要依靠本国的力量，广泛争取国际上的同情与支持，维护本国安全，维护周边地区和世界的和平与稳定。

3. 联盟型

联盟型的国家为弥补自身国防力量的不足，以结盟的形式联合相关国家进行防卫。联盟型国防又可分为两种：一是一元体系联盟，即以某一大国为联盟的盟主，其余国家处于从属地位；二是多元体系联盟，即联盟诸国基本处于伙伴关系，共同协商防卫大计。

4. 中立型

中立型国家的国防是指一些奉行和平中立政策的中小发达国家，为保障本国的繁荣、发展和安全，实行和平中立的国防政策。其中一些国家采取完全不设防的方式，有的则采取全民防卫式的武装中立。瑞士就是奉行中立的国家之一。

我国国防建设的宗旨是反对侵略战争，维护世界和平，保卫国家的安全与发展；坚持自卫立场，实行积极防御的战略方针。我国的国防战略方针是积极防御，属自卫型国防。

（三）现代国防的基本特征

现代国防是对传统国防的继承和发展，是一种全新的国防观念和国防实践活动，现代国防又叫社会国防、大国防、全民国防，其基本特征为：

1. 现代国防结构的多维性

现代国防构成不单指军事力量，还包括非军事力量，但以军事力量为主；不仅靠国家的军事实力，还靠国家的战争潜力，特别是在战时能够将战争潜力快速转化为军事实力的能力。因此，现代国防不只是军事力量的抗衡，而是诸如国土面积、地理位置、自然资源、生产能力、人口数量和质量、科技和文化水平、交通运输、通信状况、国家政策、管理能力、国际关系和国际地位等多维力量和因素的抗衡，即综合国力的抗衡。现代国防的核心问题是如何在现有的客观条件基础上，尽快增强综合国力，并有效地运用综合国力，以实现国防目标。

2. 现代国防斗争形式的多样性

现代国防的斗争形式主要包括暴力对抗、威慑手段、谈判方式、运用影响手段等。在现实的国际社会中，对峙的双方不经实力较量，在短期内一般较难实现自己的企图。因此，无论是影响力、谈判还是威慑，都必须以强大的实力为后盾和基础，甚至要随时准备把实力投入战场。虽然战争手段的最高仲裁者的地位还未发生根本性的变化，但是当今世界，除了传统的军事安全威胁外，恐怖主义等非传统安全威胁已成为危害国家安全的重要因素。为了应对各种威胁，维护社会的稳定，运用影响力、谈判和威慑等非暴力手段已客观地居于国防的重要位置。现代国防也正是这多种手段、多种斗争形式的角逐。

3. 现代国防目标的多层次性

从范围上，现代国防目标可分为自卫目标、区域目标和全球目标。另外，从内涵上对国防的目标层次分类：一种是基于保证国家生存、民族独立型的国防，称为生存目标；另一种是国家生存无忧，民族独立无虑，国防的目标在于争取一个适合国家发展的空间，称之为发展目标。总的来说，国防因国家性质、制度、国力及其推行的政策不同而具有不同的特征。所有国防的着眼点都是捍卫和扩大国家利益。

二、中国历史上的国防

（一）中国古代的国防

我国古代的国防是指从公元前21世纪夏王朝的建立到1840年鸦片战争时期的国防，共经历了近四千年的漫长历史。其间，中华民族经历了无数次战争的锤炼，形成了强大的民族凝聚力，培育出了自强不息、前仆后继、不畏强暴、卫国御敌的尚武精神，最终成为一个多民族的大疆域国家。

1. 古代的国防政策和国防理论

大约公元前21世纪，中国古代社会开始由原始氏族公社制社会进入奴隶制社会，出现了国家。从此，作为抵御外来侵犯和征伐别国的武备——国防的雏形便产生了。随后的几千年征战中，为保家卫国，逐渐形成了我国古代的国防政策和国防理论。

春秋战国时期，由于各诸侯国之间连年征战，使国防观念迅速得到强化，形成了诸如“义战却不非战”、“非攻兼爱却不非诛”、“足食足兵”、“以正治国，以奇用兵”、“富国强兵”、“文武相济”、“尚战、善战、慎战”、“不战而屈人之兵”等思想。这些思想的形成，表明春秋战国时期对武备和国防的重视，而且国防思想已经上升到理论的高度，全面奠定古代军事思想的基础，标志我国古代军事思想在这个时期已经基本成熟。现存最早、影响最深的奠基之作《孙子兵法》，就是这个时期的杰出代表。

自公元前211年秦始皇统一六国至唐、汉是中国封建社会发展、繁荣时期，中国古代国防政策和国防理论得到了进一步丰富的发展。主要表现在：开始全面整理兵书，初步形成古代军事学术体系。另外，战略思想趋于成熟，战略防御思想得到进一步完善。宋朝至清朝前期，是中国封建地主阶级没落时期，军事上进入冷、热兵器并用时代，因此，国防政策和国防理论上也有相当的发展。武学开始纳入国家教育体系。

从总体上来说，我国古代国防理论主要有："以民为体"、"居安思危"的国防指导思想；"富国强兵"、"寓兵于农"的国防建设思想；"爱国教战"、"崇尚武德"的国防教育思想；"不战而胜"、"安国全军"的国防斗争策略等。在这些思想和策略的指导下，华夏大地消除了无数次外敌入侵带来的战祸，为中华民族的繁衍生息、国家的发展提供了基本的生存条件，甚至曾出现过"中国既安，四夷自服"的辉煌。

2. 古代的兵制建设

兵制即我们常说的军事制度，也称军制，是国家或政治集团组织、管理、维持、储备和发展军事力量的制度。我国古代的兵制建设主要包括军事领导体制、武装力量体制和兵役制度等内容。

在军事领导体制上，夏、商、西周时期，一般由国王亲自掌握和指挥，没有形成专门的军事领导机构。春秋末期，实现将相分权治国，以将（将军）为主组成军事指挥机构。战国时期，将军开始独立统兵作战。秦国一统天下之后，设立了专门管理军事的机构，太尉为最高的军事行政长官。隋朝设立了三省六部制，设兵部专门主管军事。宋朝则设置枢密院作为军事领导的最高机构，主官用文官担任，主要目的是防止"权将"拥兵自重。枢密院有权调兵却无权指挥，将军有权指挥却无权调兵，形成枢密院和将军相互牵制的局面。各朝代在军事领导体制方面的做法虽各有千秋，但皇权至上，军队的最终调拨使用大权始终掌握在皇帝手中。

在武装力量体制上，秦朝之前武装力量结构单一，一个国家通常只有一支国家的军队。从秦朝开始，国家的政治制度逐渐完善，生产力不断发展，因而，各个朝代根据国家的状况和国防的需要以及驻防地区和担负任务的具体情况，将军队区分为中央军、地方军和边防军三种，并对军队的编制体制、屯田戍边、兵役军赋、军队调动、军需补给、驿站通道、军械制造和配发等都作了具体的规定，并以法律的形式颁布执行，如唐代的《卫禁律》、《军防令》、《捕亡律》等。

随着各个历史时期的政治、经济、人口状况和军事需要的发展变化，兵役制度也发生了一系列的变化。奴隶社会时期，生产力低下，人口稀少，战争规模小，主要实行兵民合一的民军制度。封建社会时期，民军制度逐渐演变为与当时历史条件相适应的兵役制度，如秦汉时期的征兵制、三国两晋南北朝时期的世袭兵制、隋唐时期的府兵制、宋朝的募兵制、明朝的卫所兵役制等。

3. 古代的国防工程建设

我国古代为抵御外敌的侵犯，巩固边海防，修筑了数量众多、规模庞大的国防工程，如城池、长城、京杭运河以及海防要塞等。

我国古代国防工程建设中，城池的建设时间最早、数量最多。城池建筑最早始于商代，随后，城池建设规模不断扩大，结构日益完善，一直延续到近代。因此，在我国古代战争中，城池的攻守作战成为主要的样式之一。

长城是城池建设的延伸和发展。春秋战国时期，长城的修筑已经开始，秦始皇统一六国之后，为了巩固国防，防御北方匈奴的南侵，于公元前 214 年开始将秦、赵、燕三国北部的长城连为一个整体，形成西起临洮（今甘肃岷县）、北傍阴山、东至辽东的宏伟工程。后经各朝代多次修建连接，至明代形成了西起嘉峪关、东至山海关，全长 6000 多公里的万里长城。

古代海防建设是从明朝开始的。14 世纪，倭寇频繁袭扰我沿海地区，明朝在沿海重要地段陆续修建了以卫城、新城为骨干，水陆寨、营堡、墩、台、烽堠等相结合的海防工程体系，为抗击倭寇的入侵起到了重要作用。

（二）中国近代的国防

清王朝后期军备废置，18 世纪后半期，中国的封建社会开始走下坡路，国防力量由盛转衰。与西欧各国资本主义的迅猛发展相比，中国逐渐地处于落伍态势。首先，是政治黑暗，从皇帝到大小官吏，多昏庸无能、浑浑噩噩、无所用心，其腐朽性与寄生性与日俱增。其次，经济衰退，皇室、官僚和军队挥霍无度，财政左支右绌、入不敷出。与此同时，土地因兼并而高度集中，广大农民无田可耕，极大地制约了整个社会经济的发展。最后，军备废弛。作为清朝主要作战部队的八旗和绿营兵腐败不堪，武官克扣兵饷军粮，士兵常常扰民劫财，骑兵没有战马，水兵不会游泳，毫无战斗力可言。到了鸦片战争前夕，国防能力更是衰竭到了极点。特别是在军事上，沿海水师士兵老弱，战船多是用薄板旧钉制成，有的海防要塞使用的还是300年前的旧炮。在19世纪60年代内忧外患的双重威胁下，虽然洋务派搞了洋务运动，提出了"求富、求强"的口号，先后搞起了一大批近代军事工业，并建立了中国近代海军——南洋舰队、福建舰队和北洋舰队，但仍未能从根本上扭转国防力量衰竭的发展趋势。尤其是自1888年以后，慈禧太后把海军经费用于颐和园的营建，使北洋舰队停止了发展，很快落后于日舰。从此，中国屡遭外敌的侵犯和欺辱，沦为帝国主义列强侵略和瓜分的对象。从1840年鸦片战争到1911年，先后有20多个国家多次发动侵华战争，无不以中国的失败而告终。在此期间，外国侵略者还强迫腐败的清政府签订了500多个不平等条约。每个不平等条约都是对中国最野蛮的掠夺。1842年8月29日，清政府签订了中国近代史上第一个不平等条约——《中英南京条约》，割让香港和赔款2100万两白银。随后，澳门被葡萄牙霸占；沙俄侵吞了我国东北150多万平方公里的土地；日本占领了台湾及澎湖列岛；旅顺、胶州湾、广州湾等地成了帝国列强的租借地。据记载，列强对华的500多个不平等条约，几乎都要求中方支付赔偿。一次次的割地赔款，使中国在政治上、经济上、文化上蒙受了巨大屈辱和损失（见图1-1）。到了现代，日本帝国主义又发动残酷的侵华战争，侵略者的铁蹄踏遍了大半个中国，2000多万人惨死于日寇的屠刀之下。有压迫就有反抗，有侵略就有斗争，中华民族的优秀儿女进行了无数次为保家卫国而战、为驱逐强虏而战的斗争。

1921年7月，中国共产党正式宣告成立，从此，中国无产阶级有了自己的战斗司令部，中国人民救亡图存的革命斗争有了自己的组

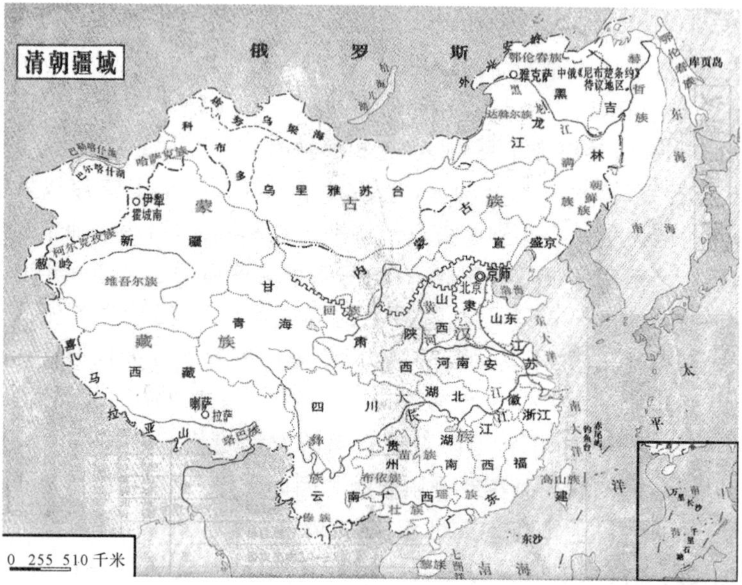

图 1-1　清朝前期中国地图

织者和领导者。当日本军国主义对华发动侵略战争，在国家生死存亡的危急时刻，中国共产党高举民族抗战的旗帜，领导全国人民一致抗战，八年抗战，驱逐日寇。而后的三年解放战争，又打败了国民党反动派，建立独立的人民做主的新中国，此后我国国防才得以建立和发展。

(三)中国现代的国防

1. 由革命战争向和平建设过渡的阶段(见视频 1-2)

从 1949 年底至 1953 年，国家正处在外御帝国主义侵略、内治战争创伤和恢复经济的时期。这一时期，为使我军建设向高级阶段转变，党中央、中央军委着手筹建空军、海军和陆军各技术兵种，制定颁发了统一的条令条例，新建改建各类军事、政治、文化、后勤、技术院校共 200 余所，初步形成了比较完整的军事院校教育体制。经过这一段的努力，我军开始由长期的以单一陆军为主向合成军队过渡，为即将全面展开的国防和军队现代化建设奠定了基础。

2. 提出并开始进行现代化、正规化建设的阶段(见视频 1-3)

从 1953 年底至 1965 年是我国国防现代化建设突飞猛进的重要时期。1953 年 12 月召开的全国军事系统党的高级干部会议,是我国军队建设和国防建设的一个里程碑。这次会议确定了我国国防建设的主要任务是:防御帝国主义侵略,保卫社会主义建设,保卫亚洲与世界和平。为加速军队现代化建设的步伐,中共中央和中央军委制定了减少军人数量,提高军队质量,精兵、合成的战略决策。中国人民解放军从 1950 年至 1958 年,连续进行了四次大规模的精简整编,取得了显著的成效:一是压缩了军队规模;二是确立了诸军兵种合成的体制;三是调整了中央军委和总部领导机构;四是重新划分了军区;五是健全了院校和科研体制;六是统一了部队编制。

3. "文化大革命"十年艰难前行阶段

从 1965 年 5 月至 1976 年 10 月,尽管有林彪、江青反革命集团的干扰和破坏,毛泽东、周恩来等领导人仍然警觉地注意维护我国的安全,保持了军队的稳定,顶住了霸权主义的压力,同时始终抓住发展国防尖端技术,保证了我国"两弹"试验成功和卫星发射成功(见图 1-2)。

图 1-2 两弹一星

注:该图片摘自 www.thebeijingnews.com/news/reform30/2008/08-24/02/@095115.htm.

4. 实行国防和军队建设指导思想战略性转变的阶段

邓小平同志根据国际形势的发展变化，提出了世界大战是可以避免的，和平与发展是当今世界两大主题的观点，从而确定全党工作的着重点和国防建设指导思想要实行战略性转变。1985年5月23日召开的中央军委扩大会议，作出了军队建设和国防建设实行战略性转变的重大决策。这一时期最重要、最根本的成就，就是形成了邓小平军事理论战略思想，在这一思想的指引下，中国人民解放军发展到一个崭新的阶段。

5. 把国防和军队现代化建设全面推向21世纪的阶段

进入90年代以来，以江泽民同志为核心的第三代党中央领导集体针对国际格局和国内形势的新变化确立了我国新时期军事战略方针，提出了把未来军事斗争准备的基点放在打赢现代技术特别是高技术条件下的局部战争上。同时，江主席还围绕军队“三化”建设的总目标，提出了“政治合格、军事过硬、作风优良、纪律严明、保障有力”的总要求，提出了军队建设要逐步实现由数量规模型向质量效能型、由人力密集型向科技密集型转变，进一步明确了加强我军质量建设的标准和途径。总的看来，在以江泽民为核心的党中央、中央军委领导下，我们对国防和军队建设规律的认识更加深刻，军队质量建设的步子迈得更加坚实，现代化建设的整体水平有了显著提高。

三、国防历史的启示

我国4000多年的国防历史，有过声威远播、天下归附的武功；有过引而不发、强虏驻足的宁静；有过遍体创伤、不堪回首的屈辱；也有过抗敌卫国的巨大胜利。在建设具有中国特色的社会主义征途中，重温这一漫长的国防历史可以从中得到有益的启示。

（一）经济发展是国防强大的基础

经济是国防的物质基础，国防强大依赖经济发展，这是我国国防历史给予我们的深刻启示。早在春秋战国时期，统治者就认识到国富才能兵强，自强方可自立，无不把发展经济作为巩固国防、争夺霸权的重要措施。春秋时期，晋国还是一个国贫兵弱的小国。晋文公执政后，通过整顿内政、发展经济、扩充军队等一系列的综合治理，使晋国实力急剧膨胀，先后兼并20余国，一跃而成为中原霸主。唐朝由"贞观之治"达到封建社会的鼎盛时期，更是当时统治者注重发展经济的结果。

与此相反，各个朝代的衰落、灭亡，遭受外敌的入侵而不能自保，几乎毫无例外都是这个王朝后期政治腐败，经济落后，结果动摇了国防的根基，使得政权易手。由此可见，只有经济的强盛，才能有强大的国防，才能有政权的稳固、国家的安全。

（二）政治昌明是国防巩固的根本

国家政策的正确与否，直接关系到国防的兴衰、国家的存亡。只有政治昌明，才能有巩固的国防，才能为国家发展提供保障。这是国防历史给我们提供的又一深刻启示。春秋战国时期，各诸侯国就十分注意修明政治、变法图强，把尊贤纳士、举贤任能、选拔优秀人才治理国家作为强国的根本大计。汉高祖得天下后，实行"文武"政策，建立法制，修明政治。此后，文帝、景帝至武帝，都实行比较开明的治国之策。国家的昌盛，为维持西汉长达两百多年的安定局面奠定了基础。相反，秦朝实行暴政，激起农民起义，终至推翻秦始皇梦想千秋万年、子孙相继的基业。宋朝由于机构臃肿，官员奢侈腐化，国力衰竭不堪，无力抵抗外侵，终为元兵所灭亡。特别是近代中国，由于清政府政治日趋腐朽，国防日益虚弱，面对列强入侵，屡战屡败，乞降求和，割地赔款，使国家遭受了前所未有的奇耻大辱，将中国人民带进了苦难的深渊。

总之，国防的兴衰，王朝的更迭，近代中国的百年国耻，都深刻地告诉我们，政治昌明是国防巩固的基础，是国家得以长治久安的根本保证。

（三）国家的统一和民族的团结是国防强大的关键

我国国防史给予我们的另一重要启示就是，在面临外敌入侵、国家危亡的关头，只有国家统一、民族团结、共同抵抗，才能筑起一道坚固的国防长城，取得反侵略战争的胜利。近代西方列强对我国发动一系列侵略战争，使中国逐渐沦为半封建半殖民地国家，山河破碎、有国无防，一个重要的原因是，清朝统治者在侵略者面前，不仅不发动和依靠广大人民进行反侵略的正义战争，反而认为“患不在外而在内”，甚至在义和团奋起抗击八国联军的时候，清朝统治者竟企图借外国侵略者之手消灭义和团。由于统治者害怕人民，采取与人民对立的立场，尽管广大人民奋起反抗侵略者，但都处于自发、分散的状态，缺乏统一指挥，没有形成一致对外的合力，因此无法改变战争的局面。

抗日战争时期，中国共产党主张全国军民团结起来，建立广泛的抗日民族统一战线，共同抵抗日寇侵略。同时，坚持人民战争的战略指导方针，放手发动群众，团结一切可以团结的力量共同抗击敌人。中国共产党领导的八路军、新四军挺进敌后，开辟了广大的敌后抗日根据地，运用人民战争的战略战术，同全国军民一道有效地打击了日本侵略者，最后取得了抗日战争的全面胜利。

历史证明，国家的统一，民族的团结，全国军民一致共同抵抗侵略的精神和意志，才是国防的真正的钢铁长城。这是可以淹没一切侵略者的人民战争的汪洋大海；这是让一切侵略者都望而生畏的真正的铜墙铁壁；这是民族自强的根本、国防力量的源泉。

第二节　国防法规

中国重视国防法规建设，把加强国防法规建设作为实现国防现代化和军队正规化的基本途径和重要保障。国家为适应新时期国防和军队建设的需要，确立了依法治军方针，全面加强国防法规建设，保障和推动中国的国防和军队建设沿着法制化轨道前进。

一、国防立法

国防立法是指拥有国防立法权的国家权力机关、行政机关、军事机关以及被授权的其他机关，为规范军事活动、调整军事领域的各种社会关系，在其职权范围内依照一定的程序，制定、修改和废止国防法律规范的活动。

（一）国防立法权限

国防立法权限是指特定的国家机关制定、修改、废止国防法律规范的权力及其范围。1982 年后，中国在国家立法体制中进一步健全了国防立法体制，即全国人民代表大会及其常务委员会制定国防和军队建设的法律；中央军事委员会制定军事法规，或者与国务院联合制定军事行政法规；各总部、各军兵种、各军区制定军事规章，或者与国务院有关部门联合制定军事行政规章。中央军事委员会发布了《中国人民解放军立法程序暂行条例》，从立法规划、计划到法规起草、审议及发布实施，作了明确规定，实现了军事立法的规范化、制度化。根据我国宪法和有关法律，国防立法权限的行使范围大致划分如下：

1. 全国人民代表大会制定宪法中的国防法律条款和基本国防法律

宪法是国家的根本大法，具有最高的法律效力，所以，宪法中的国防法律条款，是国防法律规范的最高层次，是制定其他国防法律规范的根本性依据。基本国防法律的效力仅低于宪法，主要规定国防领导体制，武装力量的构成、任务、建设目标和原则，国防建设与斗争的基本制度，社会组织和公民的基本国防权利与义务，对外军事关系等。在国防法律体系中，基本国防法律起着诠释、衔接宪法，统领其他国防法律法规的作用。

2. 全国人大常委会制定国防法律

国防法律以宪法和基本国防法律为依据，其内容主要是国防和军队建设某一方面重要的原则、制度和行为规范，它们是宪法中的国防法律条款和基本国防法律的具体化。如已经制定的《兵役法》、《军官服役条例》、《军官军衔条例》、《预备役军官法》、《军事设施保护法》、《人民防空法》、《香港驻军法》、《惩治军人违反职责罪暂行条例》等，国防法律调整的社会关系主体广泛，立法程序严格，具有较强的稳定性。

3. 中央军委制定军事法规，国务院单独或与中央军委联合制定国防行政法规

军事法规和国防行政法规以国防法律为依据，其内容主要是国防和军队建设某一方面的某一重要事项的原则、制度和行为规范。包括：

①国防法律规定需要由国务院、中央军委联合或分别制定实施办法的事项，如《军事设施保护法》。

②国务院、中央军委依职权需要制定军事法规和国防行政法规的重要事项。属于调整国防建设领域内的社会军事关系，但不直接涉及军队和现役军人的规范，由国务院单独制定，如《军人抚恤优待条例》、《退伍义务兵安置条例》等。

③属于调整军队内部基本活动、军人基本行为及相互关系的规范，由中央军委制定，如《司令部条例》、《后勤条例》、《战斗条令》等。

④属于调整国防建设领域，涉及军队、军人与地方各级人民政府、社会组织和公民相互关系的规范，则由国务院和中央军委联合制定，如《士兵服役条例》、《国防交通条例》等。一般说来，由国务院单独或与中央军委联合制定的国防行政法规在全国范围内具有必须遵行的法律效力，由中央军委制定的军事法规在全军具有必须遵行的法律效力。

4. 中央军委各总部、各军兵种、各军区制定军事规章，国务院有关部委单独或与中央军委各总部联合制定国防行政规章

军事规章和国防行政规章以军事法规和国防行政法规为依据，结合本系统或本区域的实际情况作出具体规定，以保证军事法规或国防行政法规的贯彻实施。由军委各总部和国务院各部委制定的军事规章或国防行政规章在全军或全国一定范围内具有法律效力，如《单兵训练规定》、《兵员管理规定》、《牺牲、病故人员遗属抚恤的规定》等；由各军兵种、各军区制定的军事规章通常只在本系统、本区域内具有法律效力。

5. 地方各级权力机关和行政机关制定地方性国防法规和规章

地方性国防法规和规章以国防法律和国防行政法规为依据，其内容是本地区国防建设的制度和行为规范，主要限于兵员征集、军人优抚及退伍安置、国防教育、军事设施保护等方面，如广东省人大常委会制定的《广东省征兵工作规定》、北京市人民政府制定的《退伍义务兵安置办法》等。

（二）国防立法的原则

国防立法原则是指立法机关或被授权的国家机关在制定国防法律规范过程中必须遵循的准则。

1. 以宪法为依据的原则

宪法规定了国家的性质和国家最基本的政治制度、经济制度和社会制度，是国家的根本大法，也是制定其他法律的基本依据。国防法律是国家法律的重要组成部分，无疑必须以宪法为依据，维护宪法的权威和尊严。即国防立法活动必须遵守宪法，以宪法为准绳，按照宪法的规定行使国防立法权限，以宪法有关国防的规定作为国防立法的基础；国防立法的内容不得与宪法总的基本精神和国防条款相抵触。

2. 维护国防利益的原则

国防利益是国防建设和斗争各方面利益的总和。维护国防利

益，关系到国家政权的稳定、人民生活的安宁、“四化”建设的成败、反侵略战争的胜负。在国防立法中坚持这一原则：一是要把维护国防利益作为国防立法的主导思想，使维护国防利益有法可依；二是要把维护国防利益作为国防法律规范的核心内容；三是要对危害国防利益的行为给予法律制裁。

3. 国防法律从严的原则

国防法律从严是指国防法律的制定比普通法更严格、严厉。这是因为：第一，特别法严于普通法是一条普遍的法则，而国防法律属于特别法；第二，国防利益是国家最高利益之一，国防法律严于普通法，是维护国防利益的需要。在国防立法中坚持从严的原则：一是要求军人比普通公民承担更多的法律义务；二是对违反国防利益的行为，实行比一般违法行为更严厉的制裁；三是对战争时期违反国防法律的行为从重处罚。

4. 民主的原则

在国防立法中坚持民主的原则，表现在两个方面：一是制度程序的民主性；二是制定内容的民主性。由于国防活动的军事性，国防法律首先应当保证国防活动的高度集中统一，这与保障在各个重大事项上实行民主决策，保障广大国防行为主体的各项民主权利并不矛盾。一部符合民主原则的国防法律，应当做到保障国防活动高度集中统一和维护国防行为主体民主权利的有机统一。在国防立法中坚持民主原则，还必须处理好民主与集中的关系，目的是为了使国防法律充分体现人民和广大官兵的意愿，保证国防立法的质量。发扬民主，有助于避免立法中的主观主义、官僚主义；在民主的基础上经过集中，有助于避免分散主义和极端民主化，使国防法律真正体现代表人民和广大官兵的国家意志。

5. 协调统一的原则

我国是统一的社会主义国家，统一的国家必须有统一的法律。在国防立法中坚持协调统一的原则，主要包括以下内容：一是下级立法机关或授权立法机关制定的国防法律规范，要与上级立法机关或授权立法机关制定的国防法律规范相一致，不得有矛盾或抵触的地方，否则，要予以撤销或修改。二是在国防立法时，应考虑和确定某一国防法律规范在整个国防法律规范体系中所处的位置，即与其他国防法律规范的关系。三是平行的国防法律规范之间应衔接、协调，避免重复交叉。四是对国防法律规范的结构布局、文字表述应一致。

二、几部主要的国防法规的介绍

（一）《国防法》简介

《国防法》是一部仅次于《宪法》的国防基本法。该法于1997年3月14日公布施行，共12章70条。其中第1章和第12章为总则和附则的基础。总则主要是规定了国家国防活动的范围、国防活动的基本原则、国防建设与经济建设的关系、国防领导体制以及公民的国防权利和义务。附则主要是规定了特别行政区的防务和《国防法》施行的时间。其他10章分别对国家机构的国防资产，国防教育，国防动员和战争状态，公民、组织的国防义务和权利，军人的义务和权益，对外军事关系等作了规定。

（二）《兵役法》简介

《兵役法》是国家关于公民参加军队和其他武装组织，或在军队外接受军事训练的法律。我国现行《兵役法》共12章68条。它主要规定国家武装力量的组成，实行的兵役制度，公民服兵役的条件、形式、期限和应享有的权利和义务，后备力量建设体制，兵员征订动员方式以及对违反《兵役法》应给予的惩处等内容。

（三）《国防教育法》简介

《国防教育法》是规范全民国防教育的基本法律，共6章38条。包括总则、学校国防教育、社会国防教育、国防教育的保障、法律责任和附则。它明确了“国防教育是巩固和建设国防的基础，是增强民族凝聚力、提高全民素质的重要途径”;明确了“国防教育贯彻全民参与、长期坚持、讲求实效的方针,实行经常教育与集中教育相结合、普及教育与重点教育相结合、理论教育与行为教育相结合的原则”,要求“针对不同对象确定相应的教育内容分类组织实施”;明确了“国防教育的领导体制和各级国防教育工作机构的职责”;确定国家设立全民国防教育日(每年9月第三个星期的星期六为全民国防教育日)。同时,《国防教育法》还对学校国防教育、社会国防教育、国防教育的保障以及法律责任都作了明确的规定。这部法律的制定,集中反映了各方面的意见和建议,充分体现了广大人民群众的意愿,为全民国防教育健康、持久、深入地开展下去,提供了可靠的法律保障。

(四)《反分裂国家法》简介

2005年3月14日,十届全国人大三次会议表决通过了《反分裂国家法》。《反分裂国家法》是一部促进两岸关系发展、推进两岸和平统一的法律,是一部维护国家主权和领土完整、反对和遏制“台独”分裂活动,维护台海及亚太地区和平稳定的法律,是一部符合中华民族根本利益的法律。

1.《反分裂国家法》立法依据充足,体现了依法治国的精神

该法的立法依据主要包括以下方面:

①无论文字记载还是历史事实,都证明台湾自古属于中国,这是立法的历史和事实依据。

②是国际法依据,联合国常务理事国以及国际主流社会都承认台湾是中国的一部分。

③是宪法依据,《宪法》序言第九段明确指出,完成祖国统一大业是中华民族的“神圣使命”。

④是政策依据,从邓小平提出一国两制,到江泽民的“八点主张”,再到胡锦涛总书记的“六点意见”,对台政策的主线都是一致的。

⑤是法理依据,法的产生是由绝大多数人的意志决定的,这是最根本的法理依据。维护祖国统一符合全中国人民的根本利益。

⑥是科学性依据,《反分裂国家法》有引导性条款,有鼓励性条款,还有保护性条款,当然,也有禁止性条款、反对性条款和预防性条款,这些条款非常和谐地组合,表现了高度的科学性。

⑦法律草案是经过人大常委会全票通过后,提交到第三次代表大会审议通过的,立法程序非常完备。

2.《反分裂国家法》是和平的法律,展现了以最大努力争取两岸和平统一的极大诚意

《反分裂国家法》共有10条,却用了7条的篇幅来阐明:立法目的是为了反对和遏制"台独"分裂势力分裂国家,维护台湾海峡地区和平稳定,维护国家主权和领土完整,维护中华民族的根本利益;完成统一祖国的大业,是包括台湾同胞在内的全中国人民的共同义务和神圣职责;台湾问题是中国内战的遗留问题,是中国的内部事务,不受任何外国势力的干涉;并反复强调和平统一、一国两制的方针。本法还以法律的形式规定:国家以最大的诚意,尽最大的努力,实现和平统一。

3.《反分裂国家法》是遏制"台独"的利器,表明了维护国家主权和领土完整的共同愿望和坚定意志

《反分裂国家法》第8条规定:"台独"分裂势力以任何名义、任何方式造成台湾从中国分裂出去的事实,或者发生将会导致台湾从中国分裂出去的重大事变,或者和平统一的可能性完全丧失,国家得采取非和平方式及其他必要措施,捍卫国家主权和领土完整。第9条规定:依照本法规定采取非和平方式及其他必要措施并组织实施时,国家尽最大可能保护台湾平民和在台湾的外国人的生命财产安全和其他正当权益,减少损失;同时,国家依法保护台湾同胞在中国其他地区的权利和利益。

《反分裂国家法》为"台独"分裂势力划出了一条清楚的"警戒线",同时明确指出,国家打击的是"台独"分裂势力,保护的是台湾平民,让大多数的台湾同胞放心、安心。可见本法是遏制"台独"的有力武器,"台独"势力分裂国家的阴谋必将失败!

三、公民的国防权利和义务

(一)公民的国防权利

根据《国防法》的规定,公民享有三个方面的权利:

1. 国防建设提出建议的权利

《国防法》第54条规定:"(公民和组织)有对国防建设提出建议的权利。"这一规定,是公民依照宪法享有对国家事务的建议权在国防建设方面的体现。我国《宪法》规定:"中华人民共和国公民对于任何国家机关和国家工作人员,有提出批评和建议的权利。"公民的批评建议权,充分体现了我国人民当家作主的社会主义性质。

2. 制止、检举危害国防行为的权利

《国防法》第55条规定:"公民和组织有对危害国防的行为进行制止或者检举的权利。"这一规定,是对宪法关于公民有维护国家安全、荣誉和利益的义务和关于公民检举权规定在国防方面的体现。

3. 国防活动中经济损失补偿的权利

《国防法》第54条规定:"公民和组织因国防建设和军事活动在经济上受到直接损失的,可以依照国家有关规定取得补偿。"这一规定,体现了我国一切为了人民利益的社会主义本质,既保护了公民和组织的经济权利,又有利于调动公民和组织依法积极参加国防建设和军事活动。但是,公民和组织在国防活动中享有的经济损失补偿,与其在民事活动中享有的损害赔偿是不同的。国防活动中经济损失的补偿,仅限于直接的经济损失,而不包括间接的经济损失和非经济的损失,且对直接经济损失的补偿,视情况可以是全部的,也可以是部分的;而民事活动中损害赔偿,是以实际造成的损失为限,既包括直接经济损失,也包括间接经济损失,且对损失应当全部偿付。

(二)公民的国防义务

根据我国《国防法》的规定,公民的国防义务主要包括兵役义务、接受国防教育的义务、保护国防设施的义务、保守国防秘密的义务、协助国防活动的义务等。

1.兵役义务

兵役是指参加武装组织或在武装组织之外，承担军事任务的形式。根据我国《兵役法》，公民履行兵役义务主要有三种形式：服现役、服预备役和参加军事训练。

2.接受国防教育的义务

每一个公民都要按照国家的规定，通过一定的形式，接受国防教育，增强国防观念，并把它当作自己的光荣职责。

3.保护国防设施的义务

国防设施是国家直接用于国防目的的建筑、场地和设备。在战时，它是打击敌人、抵抗侵略的重要依托；在平时，它具有制约敌对力量的威慑作用。因此，保护国防设施，确保国防设施效能的实现，是巩固国防、维护国家安全利益的具体体现，也是我国《国防法》的要求所在。国防设施可以分为三类：一是需要划定军事禁区予以保护的国防设施；二是需要划定军事管理区予以保护的国防设施；三是不便于划定保护区域，但同样需要采取有效措施加以保护的国防设施。

4.保守国防秘密的义务

国防秘密，是指关系到国家防卫安全和利益，依照法定程序确定，在一定时间内只限一定范围的人员知悉的军事或与军事有关的政治、经济、外交、科技、文化等方面的事项。

5.协助国防活动的义务

公民和组织应当支持国防建设，为武装力量的军事训练、战备勤务、防卫作战等活动提供便利条件或者其他协助。

第三节　国防建设

中国的国防建设，是国家现代化建设的重要内容。在新的历史条件下，中国军队坚持中国共产党的绝对领导，贯彻积极防御的战略方针，加强质量建设，依法治军，勤俭建军，积极参加和支援国家经济建设，为国家的安全稳定和现代化建设作出了重大贡献。

一、国防领导体制

国防领导体制是指国防领导的组织体系及相应制度。它包括国防领导机构的设置、职权划分、相互关系等。它是国家政权组织形式和机构的重要组成部分。一般设有最高统帅、最高国防决策机构、国家行政机关中管理国防事务的部门、武装力量领导指挥系统。

中华人民共和国全国人民代表大会是最高国家权力机关，决定战争和和平的问题，并行使《宪法》规定的国防方面的其他职权。全国人民代表大会常务委员会是全国人民代表大会的常设机关，决定战争状态的宣布，决定全国总动员或者局部动员，并行使《宪法》规定的国防方面的其他职权。国家主席根据全国人民代表大会的决定和全国人民代表大会常务委员会的决定，宣布战争状态，发布动员令，并行使《宪法》规定的国防方面的其他职权。国务院领导和管理国防建设事业。中央军事委员会领导并统一指挥全国武装力量。

我国的国防领导体制，是在长期的革命战争中形成和发展起来的。新中国成立后，根据中央人民政府 1949 年 10 月 19 日的命令，成立了中央人民政府人民革命军事委员会，作为全国武装力量的最高统帅机关。1954 年 9 月，第一届全国人民代表大会第一次会议通过的《宪法》规定，中华人民共和国主席统帅全国武装力量，并决定设立国防委员会和国防部，由国家主席担任国防委员会主席。与此同时，取消了中央人民政府人民革命军事委员会，在同月召开的中央政治局会议上，决定在中央政治局和书记处之下成立中共中央军事委员会，领导中国人民解放军和其他武装力量。军委下设总参谋部、总政治部、总后勤部，作为军委的工作机关。为加强我军武器装备建设，1998 年，中央军委增设了总装备部。在中央军委的领导下，还设有负责各军种组织建设、军事训练和战备作战的海军、空军、第二炮兵指挥机关，此外，直接隶属中央军委的还有军事科学院和国防大学等单位，以及负责指挥驻在各大战略区范围内的陆、海、空军部队和民兵的大军区领导机关。

1982年起，党和国家共同设立中央军事委员会。同年12月召开的全国人大五届五次会议通过的《中华人民共和国宪法》规定，中华人民共和国中央军事委员会统一领导全国的武装力量。国家的中央军委设立后，中共中央军委同时存在，为避免机构重叠，中共中央决定，国家军委与党的军委是“一个机构，两个牌子”，其组成人员完全相同，而且全体军委委员都由共产党员担任。党的中央军委与国家中央军委并存，同时向中央和全国人大及人大常委会负责。这种体制，既贯彻了党对军队绝对领导的根本原则，又适应我军已成为国家主要成分的实际，进一步完善了国家武装力量的领导体制，体现了党领导军队与国家领导军队的一致性。这种领导体制，便于运用国家机器来加强武装力量的建设，可以使党中央对军事工作的决策、指示具有法律效力，成为国家意志，可以保证军队的最高领导权、指挥权高度集中统一。这种领导体制，也符合我国的国情和军情，坚持了党领导军队的传统，体现了四项基本原则这个立国之本的要求，体现了中国共产党作为唯一的执政党在国家政治生活中的领导地位和作用。

二、新中国国防建设的主要成就

（一）铸造了一支现代的合成军队

军队是国防力量的主体，我国根据国防的实际需要和国家的基本承受能力，建设了一支诸军兵种相结合的具有现代作战能力的革命化、现代化、正规化的军队。

陆军在步兵的基础上，相继建立了炮兵、装甲兵、工程兵、通信兵、陆军航空兵、电子对抗兵、气象兵等兵种。1985年，陆军改编为合成集团军，使诸兵种合同作战能力和整体作战效能又有了新的增强。

我国海军以舰艇部队为主体，由水面舰艇部队、潜艇部队、海军航空兵部队和海军陆战队等兵种组成。舰艇部队日趋导弹化、电子化、自动化。整个海军具有在水下、水面、空中和岸上实施作战的能力，还协同其他军种进行海上作战。

我国空军以航空兵为主体，由航空兵和地空导弹兵、高射炮兵、空降兵、雷达兵、通信兵等兵种组成，构成了航空兵和地面诸兵种合成完整的防空体系。

我国战略导弹部队，于 20 世纪 60 年代中期创建，由周总理亲自命名为第二炮兵，由近程导弹、中程导弹、远程导弹和洲际导弹部队组成。装备多种型号战略导弹，射程从数百公里至一万多公里，威力从几十万吨到数百万吨 TNT 当量。可实施固定发射，也可机动发射。建有与之相配套的作战、防护工程和各种设施，具有较强的生存能力。由于采用了先进可靠的制导技术，可随时按党中央和中央军委的命令给敌方以摧毁性的还击。

在加强军队院校建设上，新中国成立以后，我军各类军事院校在新中国成立前有限院校的基础上得到了迅速发展，培养了大批的国防人才。在新的历史时期，中央军委进一步强调“要把教育训练提高到战略地位”。在这个思想指导下，全军开办了各级各类指挥院校和专业院校，培养了一批又一批能适应现代战争需要的各级指挥人才和各类专业技术人才。

21 世纪的人民解放军将按照江泽民主席提出的“政治合格、军事过硬、作风优良、纪律严明、保障有力”的总要求，继续优化体制编制，更新教育训练内容和手段，改善武器装备，加强军队的质量建设，提高诸军兵种的合成化水平，向精兵、合成、高效的方向发展。

（二）建立了比较完善的国防动员体制

为战时有效而迅速地展开动员，我国在完善国防动员体制方面做了大量工作。

1. 建立国防动员机构

中央军委下设有人民武装委员会，负责指导协调全国的后备力量建设和动员工作。国务院部分部委设有动员机构。各省、自治区、直辖市的政府动员机构，有的设在计委或经委，有的设在国防科工办或机械厅。政府部门动员机构的职能是：根据国家动员计划和方案，制订本部门、本行业的具体动员计划和方案，运用政府机关的权力，督促各条战线落实动员任务。平时本着平战结合的原则，积极做好人力、物力、财力、资源的开发和储备；战时按照军民结合原则，采取有效措施，将种种资源的潜力迅速转变为实力。军队从总部机关到各军区、集团军、师（旅）均设有动员机构和动员军官。省军区、军分区、人武部，既是同级党委的军事部门，又是政府的兵役机关，是兼后备力量建设与动员工作于一体的机构。所有这些动员机构的建立，为战时动员的顺利开展奠定了良好的基础。

2. 积极储备国防后备力量

全国实行了民兵制度，明确规定社会主义革命和建设时期民兵工作的方针和任务，自上而下地建立了人民武装的领导机构，加强民兵工作的领导。党的十一届三中全会以来，国家颁布了新的《兵役法》，恢复了预备役制，实行民兵和预备役相结合的制度。全国的民兵组织，已由单一的步兵发展成为包括高炮、地炮、通信、工兵、防化、侦察以及海、空军等专业技术在内的强大的群众武装力量。民兵训练，不断向高层次发展。从1985年以来，全国又在普通高校和高级中学开展了学生军训，为国防培养了一批能文能武的后备力量。预备役部队是以现役军人为骨干、预备役人员为基础组建的，是战时实行快速动员的一种组织形式。转业退伍官兵编入预备役部队，由于他们经过正规部队的培养和训练，使预备役部队在军政素质、动员速度、反应能力等方面都达到较高水平。

3. 依托地方高校培养国防人才

为了适应科学技术迅猛发展和高新技术在军事领域广泛运用的新形势，进一步拓宽选拔培养高素质军队建设人才的途径，培养和造就大批军政兼优、掌握现代科学文化知识的新型军事人才,2000年5月,国务院、中央军委颁布了《关于建立依托普通高等教育培养军队干部制度的决定》。

依托普通高等教育培养军队干部的总目标是:按照统筹规划、稳步推进、确保质量的原则,采取多种措施鼓励和吸引普通高等学校学生毕业后到军队工作,并通过建立制度,制定和完善政策、法规,逐步扩大选拔培养的数量,提高培训质量,保证军队有稳定可靠的高素质人才来源。到2010年,基本实现军队的军地通用专业技术干部主要由普通高等教育培养,并选拔适量普通高等学校毕业生补充到指挥岗位,从根本上改善和提高军队干部队伍的知识结构和科学文化水平,形成符合我国国情、具有我军特色的军事人才培养体系。

4. 不断完善民防措施

从20世纪60年代起,我国开展了大规模的民防工程建设。经过20多年的努力,一大批能适应现代战争需要的民防工程相继建成。这些工程不仅规模大、数量多、范围广,具有在核战争条件下保护相当大比例城市人口的潜力,而且具有很强的机动性。我国的大部分城市和一些地区,构筑了地道、地下街、地下商场、地下铁路等工程,四通八达,对战时紧急疏散人口,防空,防炮,防核、生、化,保护重要设施和目标,以及指挥、供给等,都将起到重大作用。

在民防队伍建设上,注重建立健全民防组织机构,优化民防组织成员的年龄结构和知识结构,吸收有文化、热心于民防事业的年轻人参加,利用多种渠道开展防护教育,使人民群众掌握防空,防炮,防核、生、化武器袭击的常识和自救互救的技能,为应付突发情况做好充分的准备。

另外,国家在物力、财力、科技的动员上也采取了许多措施,保证一旦发生战争,就能很快由平时状态转为战时状态。

(三)国防工业和国防科研成果显著

新中国成立后,在四代领导人关怀下,我国的国防工业和国防科研经历了从无到有、从小到大、从落后到先进的发展过程，建立起电子、船舶、兵器、航空、航天和核能等门类齐全、综合配套的科研实验生产体系，取得了一大批具有国内或国际先进水平的科研成果，为我军现代化建设、增强我国的综合国力作出了重要贡献。

60年来，国防科技工业战线研制生产了大量武器装备，满足了我军由单一陆军发展成为包括空军、海军等诸兵种的武器装备。特别是在尖端技术方面，我们于六七十年代成功掌握了原子弹、氢弹、中子弹、导弹、人造卫星和核潜艇技术，使我国成为世界上少数几个独立地掌握核技术和空间技术的国家之一。以“两弹一星”为标志的尖端武器研制成功，是我国国防科技工业最光彩夺目的光辉成就，极大地增强了我国的国防实力和综合实力，振奋了民族精神，显示了国威、军威，提高了我国的国际地位，为维护国家的安全、维护世界和平作出了重要历史贡献。改革开放以来，我们又在洲际导弹、核潜艇、水下发射导弹、核武器、小型化种子弹、先进作战飞机、新型作战舰艇、先进地面兵器和军用电子技术等领域取得一系列重要进展，进一步增强了我国的国防实力和综合实力。

60年来，我们还培养造就了一支具有较高水平和优良作风的国防科技队伍。这支队伍具有强烈的爱国主义思想和国防观念，具有艰苦奋斗、无私奉献的精神，他们勇挑重担，敢于攻关，为攀登国防科技高峰进行了创造性的劳动，成为推动我国科技进步的重要力量。

三、中国国防建设目标与政策

目前中国国防建设的基本目标是：制止分裂，促进统一，防备和抵抗侵略，捍卫国家主权、领土完整和海洋权益；维护国家发展利益，促进经济社会全面、协调、可持续发展，不断增强综合国力；坚持国防建设与经济建设协调发展的方针，建立符合中国国情和适应世界军事发展趋势的现代化国防，提高信息化条件下的防卫作战能力；保障人民群众的政治、经济、文化权益，严厉打击各种犯罪活动，保持正常社会秩序和社会稳定；奉行独立自主的和平外交政策，坚持互信、互利、平等、协作的新安全观，争取较长时期的良好国际环境和周边环境。

新世纪新阶段中国国防政策的基本内容是：维护国家安全统一，保障国家发展利益；实现国防和军队建设全面协调可持续发展；加强以信息化为主要标志的军队质量建设；贯彻积极防御的军事战略方针；坚持自卫防御的核战略；营造有利于国家和平发展的安全环境。国防建设服从和服务于国家经济建设大局，国防建设与经济建设协调发展。维护世界和平，反对侵略扩张行为和霸权主义，不在国外驻军或建立军事基地。提倡以互信、互利、平等、协作为核心的新安全观，主张在和平共处五项原则和加强经济合作的基础上，通过对话协调，促进多边安全，实行合作安全，包括根据公正、合理、全面、均衡的原则，实行有效的国际军备和裁军。

中国的国防政策立足于打赢现代技术特别是高技术条件下的局部战争，注重遏制战争的爆发，坚持和发展人民战争思想，具有防御性、独立性和从属性。

第四节　中国武装力量

中国武装力量由中国人民解放军、武装警察部队和民兵构成，担负着保卫祖国、抵抗侵略、巩固国防、维护国家安全的神圣任务。中华人民共和国中央军事委员会领导并统一指挥全国武装力量。

一、中国人民解放军

中国人民解放军是中华人民共和国武装力量的骨干，是抵抗侵略、保卫祖国、维护国家主权和安全的主要力量。中国人民解放军由现役部队和预备役部队组成。现役部队由陆军、海军、空军、第二炮兵组成。

（一）陆军

中国人民解放军陆军经过80多年的建设，由单一兵种逐步发展成为一支具有强大火力、突击力和高度机动能力的诸兵种合成的军队。陆军是主要在陆地上遂行作战任务的军种。主要由步兵（摩托化步兵、机械化步兵、装甲步兵）、装甲兵（坦克兵）、炮兵（导弹兵、火箭兵）、陆军防空兵、陆军航空兵和工程兵、通信兵、化学兵、防化兵、电子对抗部队等兵种和专业兵组成。炮兵包括地面炮兵、反坦克导弹和战役战术导弹部队；防空兵主要包括：高射炮兵和地空导弹部队；装甲兵部队在编制上以坦克部队为主体，还编有装甲兵、炮兵、防空兵、工程兵、防化兵及其他勤务保障部（分）队，装备除主战坦克（见图1-3）外，还有水陆坦克、扫雷坦克、反坦克导弹发射车等；工程兵包括工兵、舟桥、建筑、工程维护、伪装、野战给水工程等专业部（分）队；通信兵由野战通信、固定台站通信、通信工程和军邮勤务等专业部（分）队组成；防化兵由防化、喷火、发烟等部（分）队组成。军队通常按集团军、师、旅、团、营、连、排、班的序列编制。

图1-3　99式主战坦克

中国人民解放军陆军经过八年抗战、三年内战、剿匪战争、抗美援朝、抗美援越以及新中国成立后的多次边境冲突，经受了血与火、生与死的考验，不辱使命、不负重托，坚决捍卫国家利益。中国陆军正在向机械化、一体化发展，以适应现代化战争的需要。

（二）海军

我国海军成立于 1949 年 4 月 23 日，主要任务是独立或协同陆军、空军防御敌人从海上入侵，保卫领海主权，维护海洋权益。海军是以舰艇部队为主体，主要在海洋遂行作战任务的军种。它具有在水面、水下和空中作战的能力，既能单独在海上作战，又能协同陆军、空军作战。

我国海军下辖三个舰队，分别是北海舰队、东海舰队和南海舰队。每支舰队下辖水警区、舰艇支队、舰艇大队等。北海舰队是中国海军唯一拥有核动力弹道导弹潜艇的队伍。东海舰队负责防卫中国东海水域的安全。南海舰队负责防卫南中国海水域，特别是南海诸岛的安全。

我国海军先后参加过海、空战斗 1263 次（其中较大规模的有：一江山岛海战、“8·6”海战、崇武海战、西沙海战、南沙海战等），击沉、击伤敌人舰船 180 余艘，缴获敌人舰船 200 余艘，击毁、击伤敌人飞机 204 架，击毙、俘虏敌人 7530 人，积累了丰富的作战经验，有效地维护了祖国领海主权和海洋权益，为保卫祖国万里海疆作出了重大贡献。

经过 60 余年的建设和发展，中国人民解放军海军部队已成为一支兵种齐全、常规和尖端武器兼备、具有立体攻防能力、能有效地保卫国家领海的战斗力量。海军主要由水面舰艇部队、潜艇部队、航空兵、岸防兵和陆战队等兵种以及各种保障部队组成。海军的武器装备正向着导弹化、电子化和自动化的方向发展。

（三）空军

空军是以航空兵为主体，主要遂行空中作战任务的军种。空军是空中进攻和对空防御的主要力量，是现代战争中首先使用的一支重要力量，具有高速机动、远程作战和猛烈突击的能力。它既能协同陆军、海军作战，又能单独作战。其作战行动对战争的进程和结局能产生重大影响。

我国空军成立于1949年11月11日，主要任务是担负国土防空，支援陆、海军作战，对敌后方实施空袭，进行空运和航空侦察（见图1-4）。兵种有航空兵、高射炮兵、地空导弹兵、雷达兵、空降兵等。经过多年的建设和发展，中国人民解放军空军体制编制在精干、合成、效能方面不断改进，武器装备现代化水平逐步提高。具备执行空中突击、空中支援、空中运输、航空侦察和防空等任务的能力，成为一支既能独立完成国土防空任务，又能协同陆、海军作战的战斗力量。

图1-4　空警2000

我国空军在国土防空、抗美援朝、抗美援越等作战中，取得了击落击伤敌机 3700 余架的辉煌战绩，为保卫祖国领空和社会主义建设作出了重大贡献。

（四）第二炮兵

第二炮兵，是中国人民解放军地地战略导弹部队的代称，是以地地战略导弹为基本装备，实现积极防御战略方针的重要核反击力量。这支部队是 1966 年 7 月 1 日组建的独立兵种，受中央军委的直接领导和指挥，是我国反对超级大国的核威慑、完成核反击任务的主要力量。它与海军潜地战略导弹部队和空军战略轰炸机部队构成我国三位一体的战略核力量(其中，第二炮兵是主要力量)。可单独作战，也可与其他军种协同作战。

第二炮兵是主要遂行战略核反击任务的部队。主要任务是遏制敌人对中国使用核武器，在敌人对中国发动核袭击时，遵照统帅部的命令，独立地或与其他军种的战略核部队共同对敌实施有效的自卫反击，打击敌人的重要战略目标。第二炮兵由近程、中程、远程和洲际导弹部队以及工程、情报、侦察、测地、计算、气象、通信、防化、伪装等作战保障、技术保障和后勤保障部队组成，是一支具有一定规模和实战能力的、主要实施核威慑和战略核反击的力量。中国发展核武器、组建战略核部队是为了防御，为了打破核垄断，反对核讹诈，遏制核战争。核反击是被迫的，最终的目的是消灭核武器和核战争。

（五）预备役部队

中国人民解放军预备役部队组建于 1983 年，是以现役军人为骨干，以预备役军官、士兵为基础，按统一编制为战时实施成建制快速动员而组建起来的部队。其师团纳入军队建制序列，授有番号、军旗。预备役部队平时隶属于省军区，战时动员后归指定的现役部队指挥。预备役军官中，有些是地方党政领导干部。预备役部队的基本任务是：努力提高部队的军政素质，不断增强现代条件下的快速动员和作战能力；切实做好战时动员的各项准备工作，随时准备转为现役部队，执行作战任务；积极参加社会主义建设，在物质文明和精神文明建设中发挥骨干带头作用。预备役部队的军事训练按照训练大纲的规定进行。根据部队担负任务的需要，每年在完成军官、士兵基本训练的基础上，安排一些应用课目训练。通过训练，预备役军官和士兵掌握了必备的技术、战术技能，提高了部队快速动员和整体遂行任务的能力，做到一声令下，能收得拢，拉得出，会打仗。组建预备役部队具有重要意义。它是实施成建制快速动员的好形式，是提高储备的好办法，是节约军费开支、加强国防建设的好措施。

二、中国人民武装警察部队

中国人民武装警察部队依其任务不同分为三类：

第一类，内卫部队。这是武警部队的主要组成部分，受武警总部的直接领导管理。其主要任务：一是承担固定目标执勤和城市武装巡逻任务，保障国家重要目标的安全；二是处置各种突发事件，维护国家安全与社会稳定；三是支援国家经济建设和执行抢险救灾任务。

第二类，列入武警序列由公安部门管理的部队。其中，边防部队主要担负边境检查、管理和部分地段的边界巡逻以及海上缉私的任务；消防部队主要担负防火灭火任务；警卫部队主要担负党和国家领导人、省市主要领导及重要来访外宾的警卫任务。

第三类，列入武警序列受国务院有关业务部门和武警双重领导的部队。这些部队既担负经济建设任务，同时又负有维护国家安全和社会稳定的任务。其中，黄金部队主要担负黄金地质勘察、黄金生产任务；水电部队主要承担国家能源重点建设项目，包括大中型水利、水电工程以及其他建设任务；交通部队主要担负公路、港口及城建等施工任务；森林部队主要担负东北、内蒙古、云南森林的防火灭火以及维护林区治安、保护森林资源的任务。人民武装警察部队的武器装备以步兵轻武器为主，兼有少量重型武器和特种武器。人民武装警察部队是国家必不可少的人民武装力量。它的存在，直接关系着国家和社会的稳定，关系着人民生命财产的安全和人民民主专政的巩固。

三、中国民兵

中国民兵初建于第一次国内革命战争时期。革命战争年代，民兵为民族的解放、为赶走日本侵略者、为新中国的建立作出了巨大的贡献。新中国成立后，中国民兵在建设祖国、保卫祖国方面发挥了重大作用。

（一）民兵是国家的后备武装力量

中国《国防法》规定："民兵在军事机关的指挥下，担负战备勤务、防卫作战任务，协助维护社会治安。"为确保完成这一任务，必须确立有关的各项基本制度。新时期的中国民兵以法律的形式确立了在国务院、中央军委领导下的民兵组织领导体制。全国的民兵工作由总参谋部主管；各大军区按照上级赋予的任务，负责本区域的民兵工作；省军区、军分区和县（市）人民武装部是本地区的民兵领导指挥机关；乡、镇、部分街道和企事业单位人民武装部，负责民兵和兵役工作。地方各级人民政府，对民兵工作实施原则领导，对民兵工作实施组织和监督。中国民兵的任务主要表现在三个方面：积极参加社会主义现代化建设，带头完成生产和各项任务；担负战备勤务，保卫边疆，维护社会治安；随时准备参军参战，抵抗侵略，保卫祖国。

（二）民兵制度

民兵区分为基干民兵和普通民兵。28 岁以下退出现役的士兵、经过军事训练的人员以及选定参加军事训练的人员编入基干民兵组织。其余 18～35 岁符合服兵役条件的男性公民，编入普通民兵组织。女民兵只编基干民兵，人数控制在适当的比例内。陆海边疆、少数民族地区和城市有特殊情况的单位，基干民兵的年龄可适当放宽。民兵必须是身体素质好、政治可靠的人员。《兵役法》规定，实行民兵与预备役相结合的制度。有民兵组织的地方，在基层工作上把两者结合起来，使基层民兵组织成为预备役的基本组织形式。对于未编入民兵组织但符合民兵条件的人员，进行预备役登记。

（三）民兵的编组

一般以乡（镇）、行政村和厂矿企业为单位，按照民兵人数多少，分别编为班、排、连、营、团。基干民兵、普通民兵，男民兵、女民兵，应分别编组。行政村一般编民兵连（营），领导本村的基干民兵和普通民兵。县、乡（镇）所属企业单位，凡人员比较稳定，行政、党团组织比较健全，可建立民兵组织，属乡（镇）武装部领导。乡镇编基干民兵营或连，领导全乡的基干民兵。城市民兵的编组，大型厂矿企业可以以车间、分厂为单位编组，中小企业可实行跨车间、班组编组。

（四）民兵训练

民兵干部和基干民兵的训练原则上由县（市、区）人民武装部组织实施。根据训练大纲的要求，干部训练为 30 天，一般在 1 年以内完成；民兵训练时间为 15 天，一次完成。通过训练，干部具备相应的军事技能和组织指挥能力，同时提高本职工作的能力；民兵学会使用手中武器装备，掌握基本军事技能；分队能担负一般战斗任务。民兵干部主要进行本级指挥和教学法训练，基干民兵主要进行技术和战术基础训练。专业技术民兵的训练时间，根据需要适当延长，一般比步兵训练时间多一些。为适应训练发展的需要，全国目前已建设了许多县级民兵训练基地，民兵大部分在基地实施集中训练。根据需要，还组建了一批专业技术训练中心。这些基地和中心都达到了能吃、能住、能训练的要求。在训练手段上，大力推广电化教学和模拟训练，实施形象、直观教学，训练质量有较大提高。在训练中注意突出重点，民兵干部、应急分队和专业技术分队的训练也得到了进一步加强。

思考题：

1. 现代国防的类型和特征有哪些？简述我国国防的类型和特征。

2. 公民的国防权利和义务有哪些？

3. 简述《反国家分裂法》的特点。

4. 简述中国武装力量的构成。

第二章 军事思想

战争的产生及其对人类社会的影响，促使人们很早就开始对军事领域的基本问题进行思考，并不断地通过总结提炼逐渐形成了不同的军事思想。目前，世界一些军事强国在大力推进军队体制编制改革和武器装备现代化的同时，无不积极创新和发展军事思想，以保证它对未来战争发挥正确的理论指导作用。20 世纪 90 年代以来的几场战争表明，在高技术战争条件下，不仅需要大力推进军队体制编制和武器装备等方面的现代化，更需要更新军事理念，建立和发展现代的军事思想，把积极发展军事思想作为争夺 21 世纪军事斗争制高点的一个重要方面。

第一节 军事思想概述

一、军事思想的定义

军事思想是关于战争、军队和国防的基本问题的理性认识，是人们长期从事军事实践的经验总结和理论概括。军事思想以战争和军事问题为研究对象，它的根本任务是揭示战争的本质、战争的基本规律和进行战争的指导规律，研究和阐明军队和国防建设的基本理论和原则，从总体上考察和回答军事领域的普遍性和根本性问题，反映研究战争和军事问题的成果。它包括战争观、军事问题的认识论和方法论，包括战争指导的基本方针和原则、军队建设的基本方针和原则、国防建设的基本方针和原则等。

二、军事思想的分类与特征

（一）军事思想的分类

军事思想可按不同的方法进行分类：按时代区分，有古代军事思想、近代军事思想和现代军事思想；按阶级性质区分，有奴隶主阶级军事思想、封建地主阶级军事思想、资产阶级军事思想和无产阶级军事思想；按地域和国家区分，有外国军事思想和中国军事思想；按人物区分，有孙子军事思想、克劳塞维茨军事思想、毛泽东军事思想、邓小平军事思想等等。

（二）军事思想的基本特征

各种军事思想都是在一定的历史条件下产生的，受当时的社会政治、经济、科技、文化、地理以及人们认识水平等因素的影响，总体而言，则具有一些共同的基本特征。

1. 阶级性

在阶级社会里，推崇或奉行的军事思想必定是本阶级的利益在军事问题上的反映。更何况，国家是阶级统治的工具，军队是国家政权的主要成分，因而，任何国家的政治地位的军事思想都是统治阶级的军事思想，必然服从于本国的政治并为其服务，由此可见，不打上阶级烙印的军事思想是不存在的。

2. 实践性

军事思想来源于战争、军队和国防建设的实践，实践性是军事思想的一个显著特征，如毛泽东思想产生、形成和发展于中国革命战争实践。科学技术的进步，武器装备的精良，作战方式的变化，为军事思想提出新课题，推动人们去研究，相应地以新的理论、原则和方针加以充实和发展，促进军事思想的发展，适应未来作战的需要。

3. 时代性

任何军事思想都是一定历史发展阶段的产物，具有明显的时代特征，这些特征往往最能反映当时的生产方式、社会制度、物质水平及军事实践的总体水平，并受到时代发展的影响和制约。只有正确地认识时代发展和军事思想的内在联系，才能更好地发挥军事思想对军事实践的指导作用。

4. 继承性

军事思想是在继承与发展的辩证运动中得以不断丰富的。所谓继承，是指对传统的军事思想和军事遗产中的原理、原则以及战争经验的保留和借鉴；所谓发展，是指对传统军事思想的扬弃，结合新情况、新特点，灵活运用、创造性地运用和发展，只有这样，才能使军事思想具有强大的生命力。

三、军事思想的科学体系

在《中国军事百科全书》中，军事思想是一个知识门类，下设马克思恩格斯列宁斯大林军事理论、毛泽东军事思想，军事辩证法，中国历代军事思想，以及外国军事思想四个学科。其中介绍毛泽东军事思想，也包括介绍邓小平新时期军队建设思想，介绍周恩来、朱德等中国无产阶级军事家的军事理论。军事辩证法以介绍军事领域矛盾运动的一般规律和主观指导的思想为基本内容，为人们研究和解决军事问题提供认识论和方法论工具。中国历代军事思想学科，即对中国古代和近代的军事思想发展及军事思想进行介绍。外国军事思想学科，分别介绍世界上一些有代表性的国家及著名军事将帅、著名军事著作等的军事思想。

军事思想在军事学科体系中处于基础性地位，对军事学科其他门类的研究和发展具有总体指导作用，又从军事学科其他门类中汲取营养，使自身不断发展。随着军事实践和军事科学的发展，新的军事专业将不断出现，如国防经济学、国防教育学、军事心理学、军事管理学等等。新的学科和边缘学科的不断产生，为军事思想的研究开辟了新天地，提供了更丰富的原材料。

四、中外军事思想的产生与发展

（一）古代军事思想

1. 中国古代军事思想

中国古代军事思想大致经历了一个“屋顶”式的发展轨迹，萌生于夏、商、西周时期，春秋战国时期蓬勃发展，达到了中国古代甚至世界古代军事思想的高峰，从秦王朝建立到清前期，则是其长期缓慢的演进时期。

（1）萌芽时期（约公元前21世纪至前8世纪，即夏、商、西周时期）

中国是最早的文明发祥地之一，于公元前2100年前后建立了夏王朝，进入了奴隶社会，夏、商、西周时期战争频繁，作战样式有步战、车战，其间军事思想也开始萌芽，有军事文献《军志》、《军政》，在古代典籍《尚书》、《周易》等书中也包含着一些军事思想，从中可以看出当时人们对建军、作战等问题的一些规律性认识。

（2）蓬勃发展时期（约公元前8世纪至前3世纪，即春秋战国时期）

由于周王朝的衰落和各诸侯国实力的膨胀，社会处于大动荡、大变革、大发展之中，争霸、兼并、统一战争激烈。人们对军事思想的认识，已经不是停留在感性认识阶段，而是上升到理性认识层次，军事思想进入到一个蓬勃发展时期。其中最成熟的标志是兵书《孙子兵法》的问世，以及其后涌现的《吴子》、《孙膑兵法》、《司马法》、《尉缭子》、《六韬》等一大批军事著作，诸思想家如墨子、孟子、荀子、商鞅等也有大量论兵之作。

图 2-1　孙武

孙武（见图2-1）是先秦军事理论家的杰出代表，其著作《孙子兵法》不仅是中国，也是世界军事思想发展史上的第一座里程碑。以孙子为代表的先秦军事思想，对战争的认识，系统的建军理论、战争指导和作战原则等方面，有着深入而系统的观点阐述，对日后的中国及世界军事思想的发展产生了广泛而深远的影响(见视频 2-1)。

(3)缓慢演进时期(公元前 3 世纪至 1840 年)

自公元前 221 年秦王朝的建立到 1840 年鸦片战争的两千多年间，政治上的主要特点是专制主义和中央集权，经济上自给自足的小生产占统治地位，思想文化上的儒家学说起主导作用。军事思想虽没有出现像春秋战国时期那样的兴盛景象，但还是时慢时快地向前发展。这一时期可分充实提高阶段(公元前 3 世纪至公元 10 世纪中叶)和系统完善阶段(公元 10 世纪至 19 世纪中叶)，此间颁布了《武经七书》，官定为武学教材，成为将帅及武科举子的必读书，对培养了大批军事人才、繁荣了军事学术起到了促进作用。

总之，中国古代军事思想的发展从奴隶制社会到封建社会前期，战争之多，兵书和论兵要著之多，军事群星之多，军事典章之多，堪为世界之最，其军事思想的发展水平和理论成就一直居于世界前列。学习、借鉴中国古代军事思想，无论对弘扬中国军事文化的优良传统，还是汲取其思想哲理、启迪智慧都具有极其重要的意义。

2. 西方古代军事思想

西方古代军事思想以古希腊和古罗马时期的成就最为显要。从史上记载的古希腊色诺芬、埃帕米农达斯、亚历山大，到古罗马的费也、汉尼拔、恺撒等军事人物的军事实践，以及这一时期的代表性军事著作，如色诺芬的《长征记》、恺撒的《高卢战记》和《内战记》等战史著作，以及具有较强理论色彩的军事著作都可反映出古代欧洲一些国家的军事思想。

(二)近代军事思想

1. 中国近代军事思想

自 1840 年的鸦片战争之后，传统兵学受到西方军事思想的严重冲击。林则徐、魏源等有识之士提出“师夷长技以制夷”的著名战略思想，“以守为战”的防御思想，以及“器良、技熟、胆壮、心齐”的建军思想，标志着变革传统军事思想的开端。随着中国兴办近代军事工业，引进西方枪炮、战舰，依照西方编练军队，在国防建设思想、作战指导思想和作战方式上向近代化迈进了一步。以孙中山为代表的资产阶级革命党人，提出以党治军、军队与国民相结合，建立党代表和政治工作制度，在建军思想上迈出了重大的一步。从 1927 年到 1949 年，蒋介石及国民党政府引进西方和日本的一些军事技术、体制编制和资产阶级军事思想，并与法西斯的军事思想掺杂混用，从而形成了其军事思想和政治特色。

2. 西方近代军事思想

从 17 世纪到 20 世纪初，西方军事思想迎来了变革创新时期。军事技术突飞猛进，新的武器装备纷纷登场，新的作战方式不断出现，各类战争日益增多。这些变化标志着西方军事思想从中世纪这一缓慢发展阶段进入一个大变革、大发展阶段，涌现了一批资产阶级的军事思想家和军事理论著作，如若米尼的《战争艺术概论》、克劳塞维茨(见视频 2-2)的《战争论》等。两部著作在总结战争政治的基础上，对军事领域的一些基本问题进行了系统的分析与研究，使西方军事思想达到了前所未有的系统性，充分体现了西方近代军事思想所取得的突出成就。

19 世纪中叶，无产阶级以特殊身份参加了欧洲资产阶级革命，既反对封建地主阶级的统治，又举行反对资产阶级的大规模起义，如巴黎六月起义、柏林三月起义、意大利和匈牙利等国的民族解决放运动等。马克思和恩格斯总结了这些无产阶级斗争的经验，发表文章对人民战争、战争与政治的关系、战略战术和武装起义的思想进行了阐述和评论，体现了马克思的早期军事思想。19 世纪中叶，为适应当时工人运动发展的需要和迎接即将到来的无产阶级暴力革命，创立了关于城市工人武装起义、无产阶级军队和人民战争及其战略战术原则的学说，集中反映在马克思(见图 2-2)、恩格斯的《共产党宣言》、《共产主义者同盟中央委员会告同盟书》、《德国农民战争》、《中国革命和欧洲革命》、《波斯和中国》、《法兰西内战》等一系列著作中，及为《美国新百科全书》撰写的军事条目和关于军事问题的书信中。马克思主义军事理论的诞生，是人类军事思想发展史上一次划时代的伟大革命，为无产阶级军事思想的发展奠定了坚实的理论基石。

（三）现代军事思想

1. 中国现代军事思想

中国现代军事思想产生和形成于中国革命战争实践之中。毛泽东思想以回答现实军事实践所面临的问题为出发点和落脚点，博采古今中外军事思想的优秀成果，尊重人民群众的实践经验，将个人智慧与集体智慧融为一体，是一个求实的、开放的和不断创新的思想体系。20 世纪 70 年代末期，邓小平从新的历史条件出发，继承和发展毛泽东军事思想，创立了新时期军队建设思想，强调坚持人民军队的性质，指导思想是解决现代化正规化的问题，从而提高军队战争力。1989 年以来，江泽民就加强军队质量建设，把思想政治建设摆在首位，实行科技强军战略，走有中国特色的精兵之路，以改革创新精神迎接世界新军事变革的挑战，在高技术条件下，仍要坚持人民战争思想等方面，作了一系列重要论述，提出“政治合格、军事过硬、作风优良、纪律严明、保障有力”的军队建设总要求。

2. 外国现代军事思想

19 世纪中叶以后，世界列强竞相利用产业革命所提供的崭新物质技术手段，在全球争夺势力范围，对外扩张的军事理论大量产生。英国 H. 斯宾塞的“社会达尔文主义”、“社会有机论”和德国 F·拉采尔的“地理环境决定论”认为，“强存弱汰”是国防生活的“自然法则”，一个“健全的国家有机体”有权通过战争扩展自己的“生存空间”。美国 A·T·马汉（见图 2-3）的“海权论”则提出，谁控制了海洋谁就能控制了世界。英国 H·T·麦金德提出“大陆的心脏说”，认为谁控制了东欧和中亚，谁就能控制世界。意大利的 G·杜里、美国的W·米切尔等人，认为空中力量在现代战争有决定性作用，应主动建立

图 2-3 A·T·马汉

并优先发展独立的空军等等。到了第二次世界大战，上述理论得到了一定程度的运用，形成了著名的“空军制胜论”、“海军制胜论”、“总体战”、“闪击战”等一系列重要的军事思想和理论。

第二次世界大战结束后，以美国为代表的“核战略”理论、“有限战争”理论、“空地一体战”理论，以及 90 年代后提出的“联合作战”、“信息战争”理论，既体现了美国霸权主义思想，也反映了科学技术的发展对现代战争形态演变了重大影响，当前，以机械化战争理论为核心的工业时代的军事思想，正逐渐向信息化战争理论为核心的信息时代的军事思想转变。

俄国十月革命开辟了无产阶级军事实践的新纪元，列宁领导的俄国革命战争中，创立了关于战争与革命、武装起义和建设工农红军、实行全民战争等学说，主要的著作有《旅顺口陷落》、《革命军队和革命政府》、《无产阶级革命的军事纲领》、《社会主义与战争》等。斯大林在领导苏联工农红军和反对法西斯侵略的卫国战争中，制定了苏维埃国家军队和国防建设的基本原则，作出了关于决定战争命运的诸因素及其相互关系、战略与策略等问题的论述，全面建立起苏联军事思想体系。其著作有《武装起义和我们的策略》、《论中国革命的前途》、《论红军的三个特点》等。

第二节　毛泽东军事思想

毛泽东是中国共产党、中国人民解放军和中华人民共和国的主要缔造者和领导者。毛泽东军事思想可以说是毛泽东一生最光辉、最精彩、最成功的篇章。（见视频 2-3）

一、毛泽东军事思想的科学含义

毛泽东军事思想是毛泽东关于中国革命战争、人民军队和国防建设及军事领域的科学理论体系，是毛泽东思想的重要组织部分。

（一）毛泽东军事思想是马列主义的基本原理与中国革命战争具体实践相结合的产物

毛泽东军事思想的产生、形成与发展，离不开马列主义的理论基础，更离不开中国革命战争实践。中国革命和革命战争发生在一个以农民为主体的半殖民地半封建的东方大国，无产阶级的政党怎样组织军队，如何进行革命战争，如何按照中国革战争的客观规律将革命战争引向胜利，这是摆在中国共产党人面前的一个特殊的困难任务。以毛泽东为代表的中国共产党人，坚持马列主义的基本原理与中国革命战争具体实践相结合的思想原则，从中国革命战争的实际出发，创造性地运用马列主义的科学理论，开辟了一条崭新的以农村包围城市，武装夺取政权的革命战争道路，成功地解决了中国革命中一系列重大的理论与实践问题。这种一切从实际出发、实事求是的品格是毛泽东军事思想的灵魂之一 。

（二）毛泽东军事思想是中国革命战争、人民军队和国防建设实践经验的科学总结

毛泽东军事思想的显著特点是具有鲜明的实践性，中国革命战争、人民军队和国防建设的伟大实践，是毛泽东军事思想赖以产生和发展的源泉和基础。中国共产党领导的人民革命战争，其时间之长、规模之大、战争之频繁、情况之复杂、道路之曲折、形式之多样、内容之丰富、歼敌之多，不仅在中国历史上是空前的，在世界历史上也是罕见的。新中国成立后，又进行了抗美援朝战争，以及中印、中苏、中越的边境自卫反击作战，并从各方面加强了以现代化为中心的军队与国防建设。毛泽东军事思想正是对上述实践经验在理论上的科学

概括总结。

（三）毛泽东军事思想是以毛泽东为主要代表的中国共产党集体智慧的结晶

毛泽东军事思想不只是毛泽东一个人智慧的产物，是毛泽东和他的战友的集体智慧。从“红色割据”区域，发展抗日民主根据地，再到各解放区，在这样的斗争环境中，造就了一大批能够独当一面的领袖人物和军事帅才，他们对毛泽东军事思想的形成与发展作出了重要的贡献。

强调毛泽东军事思想是集体智慧的结晶，并不意味着否认毛泽东个人的独特贡献。毛泽东同志集党的领袖、革命家、军事理论家和军事统帅于一身，将我党的军事理论以毛泽东的名字命名，是完全符合历史实际的。

（四）毛泽东军事思想是毛泽东思想的重要组成部分

1981 年党的十一届六中全会通过的《关于建国以来党的若干历史问题的决议》提出，毛泽东思想主要内容的基本点：一是关于新民主主义革命的理论；二是关于社会主义革命和社会主义建设的理论；三是关于革命军队的建设和军事战略的理论；四是关于政策和策略的理论；五是关于思想政治工作和文化工作的理论；六是关于党的建设理论。其中第三点就是军事思想，是毛泽东思想整体科学体系中的重要组成部分。在取得全国政权前的 22 年，军事斗争是我们党的工作重心，毛泽东对军事实践活动倾注了大量精力，其军事思想必然在整个思想体系中占有重要的位置。

二、毛泽东军事思想的主要内容

毛泽东军事思想的科学体系的主要内容由以下相互联系的五个方面构成：无产阶级的战争观和方法论、人民军队思想、人民战争思想、人民战争的战略战术和国防建设理论。

(一)无产阶级的战争观和方法论

1. 无产阶级战争观

(1)战争的起源与根源

战争的起源同战争的根源既有区别又有密切的联系，私有制是战争的起源，私有制导致了阶级的出现；剥削者阶级，为了贪图更多的私有财产，将以掠夺、奴役为目的的战争变成其经常性的职业，因此，剥削者阶级是人类战争的根源。

毛泽东对战争的起源和根源作了精辟的概括。他说："战争——从有私有财产和有阶级以来就开始了的，用以解决阶级和阶级、民族和民族、国家和国家、政治集团和政治集团之间，在一定发展阶段上的矛盾的一种最高的斗争形式。"在现代，毛泽东提出帝国主义和霸权主义是战争根源的理论以及争取和平、反对霸权主义的主张和措施，对于维护世界和平起了重要的作用。

(2)战争与政治

"战争无非是政治通过另一种手段的继续"，克劳塞维茨的这句话，被列宁称为"至理名言"。列宁曾指出，任何战争都是同产生它的政治制度分不开的。毛泽东发展了列宁的观点，他明确指出，战争是政治的继续。毛泽东关于战争与政治的关系的论点，阐明了两层意思：一是战争从属于政治，服从于政治，政治处于主导和支配地位，战争居于从属和被支配地位；二是战争不仅是实现政治目的的手段和工具，而且反作用于政治、推动政治。

(3)战争与经济

经济是战争的物质基础，战争依赖于经济。恩格斯指出，暴力的胜利是以武器的生产为基础的，而武器的生产又是以整个生产为基础的。毛泽东发展了前人的观点，他在指导中国革命战争中，特别重视根据地的经济建设，在井冈山时期，他就把"有足够给养的经济力"作为选择和建立根据地的基本条件之一，他说："只有开展经济战线方面的工作，发展红色区域的经济，才能使革命战争得到相当的物质基础，才能顺利地开展我们军事上的进攻，给敌人的‘围剿’以有力的打击，才能使我们有力量去扩大红军，…… ”毛泽东在这里充分说明了战争与经济的关系，即经济是战争的物质基础，战争依赖于经济。

(4)战争的性质及对战争的态度

正确区分战争的性质是确定对待战争的正确态度的前提。毛泽东明确指出，历史上的战争分为两类，一类是正义的，一类是非正义的。一切进步的战争都是正义的，一切阻碍进步的战争都是非正义的。

(5)战争的最终目的和消灭战争的道路

列宁指出，无产阶级无论现在还是将来都要始终不懈地反对战争，只有完全消灭社会划分为阶级的现象，才可能消灭战争。毛泽东明确指出，战争——这个人类互相残杀的怪物，人类社会的发展终究要把它消灭的。但是消灭它的方法只有一个，就是用革命战争反对反革命战争。毛泽东指明了实现这个目标的根本途径和方法。

2. 无产阶级的战争方法论

(1)正确把握战争的规律

战争规律是战争在发生和发展过程中，战争双方在政治、经济、军事、自然、地理诸方面因素的本质联系及其发展趋势，不以人们的主观意志为转移的客观实际。毛泽东在总结土地革命战争的经验时指出，战争的规律——这是任何指导战争的人不能不研究和不能不解决的问题。战争规律分为一般战争规律和特殊战争规律。

(2)主客观的一致性

认识和研究战争规律的目的在于确立指导战争的方法。战争的客观规律是随着社会政治、经济、军事、自然地理诸条件，以及作战的敌情、我情、民情和国际环境等情况的变化而变化。毛泽东指出，一切战争指导规律，依照历史的发展而发展，一成不变的东西是没有的。因此，研究指导战争要从实际出发，着眼其特点和发展，客观全面地了解和掌握敌我双方各方面的情况，找出其行动的规律，使主观指导符合客观实际。这是战胜敌人的关键，解决指导上的主客观一致，应注意三个问题：一是知己知彼；二是要善于学习，勇于实践；三是要在客观物质的基础上，充分发挥主观能动性。

(3)着眼于特色及发展

毛泽东指出，战争情况的不同，决定着不同的战争指挥规律。我们研究各个战争的指导规律时，应该着眼其特点和着眼其发展，反对战争问题上的机械论。

(4)总揽全局，把握关键

全局统帅局部，局部从属全局，构成全局与局部之间的正确关系。战争的有些局部失利，并不给全局以严重影响，而有些局部失利，却对全局带来重大影响，甚至导致全局的失利。而关键就是对全局有重大影响的关键性环节。正如毛泽东所言，应当把自己注意的重心，放在那些对于他所指挥的全局来说最主要、最有决定意义的问题或动作上，而不应当在其他的问题或动作上。

(二)人民军队思想

1. 人民军队的性质与宗旨

关于人民军队的性质，毛泽东指出，中国的红军是一个执行革命的政治任务的武装集团。并且强调指出，这个军队是服从于无产阶级思想领导、服务于人民革命斗争和根据地建设的工具。坚持中国共产党对人民军队的绝对领导，是确保人民军队的无产阶级性质的根本原则。关于人民军队的宗旨，毛泽东指出，紧紧地和中国人民站在一起，全心全意地为中国人民服务就是这个军队的唯一宗旨。

2. 人民军队政治工作的三大原则

开展强有力的政治工作，是毛泽东军事思想的一个突出特点，是保持我军无产阶级性质、提高战斗力、促进军队建设的可靠保证。三湾改编后，毛泽东就把政治教育作为人民军队建设的关键环节，将官兵一致、军民一致、瓦解敌军作为我军政治工作的三大原则。

3. 人民军队的三大民主制度

实行民主制度是党的群众路线在军队中的体现，是我军团结一致、战胜敌人的强大武器。毛泽东在《军队内部的民主运动》一文的指示中，将军队内部的民主生活概括为政治、经济、军事三大民主。政治民主指的是官兵没有高低、贵贱之别，政治上一律平等；经济民主指的是官兵有权管理和监督经济生活；军事民主指的是军事训练中，官兵互教，开展评教评学。

4. 人民军队的严格管理

既要发扬民主，建立民主制度，又要建立严格的纪律，实行严格管理，这是毛泽东建军思想的又一重要内容。为保证我军政治上、思想上、行动上的一致性，毛泽东亲自制定了"三大纪律，八项注意"。三大纪律是：一切行动听指挥，不拿群众一针一线，一切缴获要归公。八项注意是：说话和气，买卖公平，借东西要还，损坏东西要赔，不打人骂人，不损坏庄稼，不调戏妇女，不虐待俘虏。

5. 人民军队的顽强作风

作风是思想、意志、士气等精神因素在行动上的集中反映。我军从诞生之日起，就面临着强大敌人的包围和进攻，面临着生活条件十分艰苦的环境，要夺取最后胜利，必须有一个顽强的作风，为此，毛泽东从创建红军起，就十分重视人民军队的作风建设，要求人民军队必须发扬勇敢战斗、不怕牺牲、不怕疲劳和连续作战（即短期内接连打几仗）的优良作风。人民军队的顽强作风和勇敢牺牲精神，概括起来，就是一不怕苦，二不怕死。

（三）人民战争的战略战术

历经长期的中国革命战争，毛泽东总结出了我军以少胜多、以弱胜强的战略战术思想及原则，这是毛泽东高超的战争指导艺术的总结，也是毛泽东军事思想中十分精彩的部分。

1. 积极防御的战略方针

积极防御又叫攻势防御、决战防御；消极防御，又叫专守防御、单纯防御。消极防御实际上是假防御，只有积极防御才是真防御，才是为了反攻和进攻的防御。这一论述深刻揭示了积极防御的实质和消极防御的要害，指明了积极防御的目的的必然进程。

2. 保存自己，消灭敌人

保存自己，消灭敌人，是战争的目的，也是战争的本质。消灭敌人的含义，是指解除敌人的武装，即“剥夺敌人的抵抗力”，不是完全消灭敌人的肉体。毛泽东指出，进攻，是直接为了消灭敌人，同时也是为了保存自己。防御，是直接为了保存自己，同时也是辅助进攻或准备转入反攻的一种手段。保存自己，消灭敌人是兵家公认的原则，两者之间的关系是相辅相成的，是对立统一的。

3. 战略上藐视敌人，战术上重视敌人

毛泽东关于帝国主义和一切反动派既是“纸老虎”又是“真老虎”的论断，奠定了人民战争战略战术的基本原则。在战略上，敌人是纸老虎，我们要藐视它，树立敢打必胜的信心。在战术上，敌人又是真老虎，我们要重视它，讲究斗争策略和斗争艺术。毛泽东在指挥弱小的人民军队对抗强大的反动军队时，通过巧妙的指导艺术，抑制和削弱敌之强点，扩大和利用敌之弱点，先以我局部的强，打击敌人局部的弱，一战取胜。照此各个击破，逐步削弱敌人总体上之强，最后完成在总体上由弱变强的转变，取得胜利的结局。

4. 歼灭战为主，消耗战为辅

歼灭战是消灭敌人全部或大部的作战，消耗战是逐渐消耗敌人力量的作战，击溃战是打跑敌人迫使敌人溃退的作战。毛泽东在指导战争中，确定了歼灭战为我军的基本作战方针。毛泽东形象地比喻：对于人，伤其十指不如断其一指；对于敌，击溃其十个师不如歼灭一个师。因为只有歼灭战，才能给敌人毁灭性打击，只有歼灭战，才能俘获敌军和物资，增强我军斗志。

实行歼灭战方针，并不排斥消耗战。消耗战有战略消耗和战役战斗消耗之分。从战役战斗上讲，局部的消耗是为了全局的歼灭，在整个战争中，歼灭战和消耗战是相辅相成的。在敌强我弱的情况下，应力求避免得不偿失或得失相当的消耗战，但作为歼灭战的辅助手段，为歼灭战创造条件的消耗战则是必要的。因此，将消耗战与歼灭战巧妙地结合，是毛泽东高超的战争指导艺术的体现。

5. 集中优势兵力，各个歼灭敌人

集中优势兵力，各个歼灭敌人，是毛泽东战略战术思想的重要组成部分。只有集中优势兵力，才能达到各个歼灭敌人的目的；只有各个歼灭敌人，才能形成和保持兵力的优势。这条原则之所以重要，首先是由于只有集中优势兵力，才能使自己的军队在战争中处于主动地位。其次是由于只有集中优势兵力，才能最有效地打击敌人，既能全歼，又能速决，既能使我军迅速转移兵力各个歼敌，又能不致因敌援军云集而使自己陷于被动地位。

6. 三种作战形式相结合，并适时转换

作战形式，主要有运动战、阵地战和游击战三种。前两种属于正规战，后一种属于非正规战。运动战是正规兵团在较长的战线和较大的战区上，从事战役战斗的外线的速决进攻战形式，特点是进攻性和流动性；阵地战是军队依托阵地进行防御战，对据守阵地之敌实施进攻的作战形式；游击战是民兵、游击队或正规部队组成的游击部队，分散流动，灵活机动地袭击敌人的作战形式，它的特点是队伍小，具有灵活性、进攻性、主动性和流动性等特点。毛泽东在指导中国革命战争中，根据敌我实际，灵活采用各种作战形式，并根据不同的战略形势，审时度势，适时地进行作战形式上的战略转变，对于战争的坚持、发展和胜利具有重大意义。

（四）人民战争思想

人民战争思想是中国共产党的群众路线在革命战中的具体运用和发展，是人民军队建设、我军战略战术的形成和国防建设的理论基础，是毛泽东思想的核心内容，也是毛泽东军事思想区别于其他军事理论的主要标志。

1. 人民战争思想的含义与特征

人民战争是指广大人民群众为反抗阶级压迫或抵御外敌入侵而组织和武装起来进行的战争。人民战争具有两个基本特征：一是战争的正义性，其根本标志在于是否符合广大人民群众的根本利益，这是实行人民战争的首要条件和政治基础；二是战争的群众性，是指战争必须有广大人民群众支持和参加，这是人民战争的重要标志。我党的人民战争，较之一般意义上的人民战争，群众性更广泛，革命性更彻底，组织性更严密。

2.人民战争思想的理论基础

(1)人民群众是战争胜负的决定力量

战争是力量的抗争，人民战争的主体是人民群众，人民群众是社会发展变革的决定力量。毛泽东曾说：人民，只是人民，才是创造世界历史的动力。战争的伟大之最深厚的根源，存在于民众之中。这就是毛泽东人民战争思想的根本出发点和理论基础。中国革命战争的历史和实践证明，人民群众是人民军队赖以生存和发展的条件，是战争中一切力量的源泉，是战争胜负的决定力量。

(2)战争正义性是实行人民战争的前提

只有正义战争才符合广大人民群众的利益，才能唤起亿万人民的激情，最大限度地激发广大人民参战的热情。这就是所谓“得道多助，失道寡助”。非正义战争违背民众的根本利益，难逃失败的结局。只有建立在革命性、正义性这个政治基础之上的正义的革命战争，才能实行最广泛的人民战争。

(3)战争胜负的因素是人不是物

正确处理人与武器的关系，是人民战争思想的一个重要理论问题。决定战争胜负的是人民，而不是一两件新式武器。这是毛泽东同志在战争问题上对人与武器关系的精辟论述和高度概括。

3.人民战争思想的主要内容

(1)坚持党对战争的正确领导

实行人民战争必须要有正确的领导，必须要有革命的政策和措施。只有坚持共产党的领导，才能保证革命战争的正确方向，才能最广泛和深入地发动群众，才能发挥各条战线紧密配合的整体威力，中国共产党对革命战争的统一领导包括政治领导、思想领导和组织领导。

(2)广泛深入地发动人民群众

广泛深入地动员和组织群众,是毛泽东人民战争思想的基本内容之一。人民战争的威力,在于革命政党发动人民群众参加战争的广度和深度。毛泽东指出,只要充分动员人民,坚决依靠人民,进行人民战争,任何强大的敌人都是可以打败的。这是人民战争赢得胜利的最基本条件。我党的经验是:一要倾注极大精力抓好群众动员和组织工作;二要时刻关心群众的切身利益;三要实行正确的统战政策,团结一切可以团结的力量。

(3)实行以人民军队为骨干的三结合的武装力量体制

在中国革命战争的长期实践中,毛泽东创造性地提出了"主力兵团与地方兵团相结合,正规军与游击队、民兵相结合,武装群众与非武装群众相结合"的以人民军队为骨干的三结合的体制。毛泽东指出,没有一个人民的军队,便没有人民的一切。实践也证明:没有广大群众组织和人民群众的协同和支持,是不可能取得中国人民革命战争的胜利。

(4)以武装斗争为主与其他斗争形式密切配合

以武装斗争为主、各种斗争形式相配合,是进行人民战争的有效斗争形式。毛泽东指出,着重武装斗争,不是说可以放弃其他形式的斗争,相反,没有武装斗争以外的各种形式的斗争相配合,武装斗争就不能取得胜利。只有这样,才能充分发挥总体威力,确保和加速战争的胜利。

(5)建立巩固的革命根据地

创建革命根据地,走农村包围城市最后夺取中国政权的道路,是毛泽东指导中国革命战争的伟大战略思想,是中国革命战争的显著特点之一。它的具体内容,就是在中国共产党的领导下,在敌人统治力量薄弱的农村地区,依靠和发动农民群众,实行土地革命,建立和组织民主政权,进行武装斗争。只有建立巩固的农村革命根据地,才能把人民群众充分动员、组织和武装起来,才能实行真正的人民战争,夺取革命战争的最后胜利。

（五）国防建设思想

国防建设指的是国家为了保卫自己的安全，遏制和抵御外来侵略而采取的军事、经济、政治、科技、文化等一整套措施的总称。毛泽东提出的国防建设思想具体包括以下内容。

1. 建设一支正规化、现代化的人民军队

毛泽东认为，人民军队必须随着战争形势和建军过程的发展，在军队建设上逐步实现现代化和正规化。国防现代化的核心是军队现代化。在正规化方向，毛泽东强调要处理好现代化、正规化与革命之间的关系。他亲自领导了我军现代化、正规化建设，颁布了各种条令、条例，开办了各类正规的军事院校，加强了部队训练，颁布了新中国第一部兵役法，使我军实现了由步兵为主的单一陆军向诸军兵种合成军队的转变。

2. 确立了向国防科技尖端发展的战略

国防科技和国防工业是实现现代化和进行战争准备的主要科学技术基础。毛泽东十分重视国防科学技术的发展，1956 年在《论十大关系中》提出："不但要有更多的飞机和大炮，而且还要有原子弹。"1958 年在军委扩大会议上又提出要"搞一点原子弹、氢弹、洲际导弹"，1960 年又强调"要下决心，搞尖端技术"。在这个战略思想的指导下，在自力更生的基础上，我国研制、生产出了原子弹、氢弹、卫星和导弹等一系列的新式武器和装备，成为世界上能独立自主地掌握核技术和空间技术的国家之一，较大地提高了国防能力，同时成立了掌握战略核力量的第二炮兵。这对提高我国在国际上的战略地位产生了重要影响。

3. 积极防御战略思想有了新的发展

1956 年，毛泽东批准了中央军委提出的阵地战结合运动战为未来反侵略的主要作战形式的积极防御的战略方针。积极防御战略方针以积极遏制战争的爆发为中心，以做好应战准备为基础，以坚决打赢战争为前提，相继提出了"大办民兵师"，"全民皆兵"和"深挖洞、广积粮、不称霸”的战略思想。

4. 发挥军事科学，实现国防理论现代化

毛泽东认为发挥我国的军事理论，是国防现代化建设的重要内容。20 世纪 50 年代中后期，他认为我们已进入了原子能的历史新时期，号召全党全军必须钻研现代化国防。他还为学习和研究军事理论规定了两条基本原则：一是在学习前人或今人关于战争的经验时，必须批判地继承，联系自己的实际再发展；二是必须重视在实践中学习，认为从战争中学习战争是我们的主要方法。

三、毛泽东军事思想的历史地位

毛泽东军事思想是马列主义思想宝库中一颗璀璨的明珠，在中国军事思想发展史上具有划时代的意义，在世界军事思想发展史上独树一帜，具有重要的历史地位。

（一）毛泽东军事思想对马列主义军事理论作出了重大而独特的贡献

毛泽东创造性地运用和发展了马列主义军事理论，并将其发展到一个新的高度。毛泽东的主要贡献在于：开创了一条农村包围城市、武装夺取政权的革命道路；创建了一支新型的人民军队，丰富和发展了马列主义的人民战争思想；创造了适合中国特点的人民战争的战略战术；科学地阐明了关于研究和指导战争的战争观和方法论。

（二）毛泽东军事思想在世界上具有广泛而深刻的影响

毛泽东军事思想受到世界各国的普遍重视，特别是到了 20 世纪 50 年代后期，在世界范围内逐渐掀起了一次研究和学习毛泽东军事思想的热潮，许多国家还成立了毛泽东军事思想的研究会和学习会。在美国、英国、法国、德国和日本等国，出版了不少毛泽东的军事著作，在越南、莫桑比莫、津巴布韦、安哥拉等第三世界国家的民族解放斗争中，毛泽东军事思想发挥了巨大的作用，受到普遍欢迎。毛泽东军事思想的理论和实用价值得到举世公认，作为人类优秀文化的灿烂结晶，在世界军事理论殿堂享有显著的地位。

（三）毛泽东军事思想是我军克敌制胜的法宝

毛泽东军事思想既提示了中国革命战争的特殊性，又反映了现代战争和国防建设的一般规律，是经过实践检验的科学真理。尽管现在国际国内形势都发生了巨大变化，科学技术发展日新月异，但毛泽东军事思想对于我军打赢高技术条件下的局部战争仍具有普遍的指导意义。

第三节　邓小平新时期军队建设思想

邓小平新时期军队建设思想，是关于新时期军队和国防建设的一整套理论、方针和原则的科学理论体系，这一理论极大地丰富和发展了毛泽东军事思想，是以邓小平为杰出代表的全党全军集体智慧的结晶，是新时期军事斗争、军队和国防建设的指导思想。

一、邓小平新时期军队建设思想的科学含义

（一）邓小平新时期军队建设思想是时代的产物

任何理论的产生都与历史条件的变化息息相关，认识邓小平新时期军队建设思想，必须从历史条件出发，深刻认识所处的历史背景。

1. 当今世界的时代主题和战略格局发生了变化

20 世纪初，列宁针对当时主要资本主义国家出现的情况，创造性地提出了帝国主义战争和无产阶级革命的时代论断，并领导十月革命取得了胜利。20 世纪 70 年代，毛泽东提出了划分三个世界和反对霸权主义的思想。党的十一届三中全会前后，邓小平通过对国际形势的长期观察和科学分析，提出了世界性的战争暂时打不起来，和平与发展是当今世界两大主题的科学论断。维护和平，促进发展，

是不可阻挡的历史潮流。新的国际形势,对我国的军队和国防建设提出了许多新情况和新问题。

2.党和国家的工作重心发生了变化

以党的十一届三中全会为标志,党和国家的工作重心转到了社会主义现代化建设上来。这是以邓小平为核心的第二代中央领导集体,在党的十一届三中全会之后领导全党和全国各族人民所从事的又一次伟大革命。建设有中国特色社会主义的伟大实践,正在不断探索、不断开拓和不断深化国家建设和改革的过程中,并已取得伟大成就。与此同时,我国的军队和国防建设遇到了许多以往不曾遇到的情况,发现了一系列过去没有提出过的问题,这些遇到的情况和发现的问题对军队和国防建设提出了新的更高的要求。

3.科学技术的迅猛发展给军事领域带来深刻变革

20世纪以来,特别是第二次世界大战以后,以电子信息、生物技术和新材料为支柱的一系列高新技术取得重大突破和飞速发展。尤其是20世纪70年代中期以来,随着微处理机大量生产和广泛使用,软件开发和大规模产业化,人类逐步进入了信息革命的新纪元。高新技术的广泛应用,引发了军事领域一系列革命性的变化。如武器装备的发展呈现出信息化、智能化、一体化的趋势;战争形态、作战样式也随之出现了一些新的特征,全纵深作战、非线式作战正在成为高技术条件下战争的基本交战方式,陆、海、空、天、电磁一体化的联合作战成为现代作战的突出特征;作战部队高度合成,趋于小型化、轻型化和多样化。同这种发展趋势相适应,世界各主要国家纷纷加快军队的现代化建设步伐,形成了以高技术质量建设为主要标志的竞争新态势。这种情况要求我国军队和国防建设必须适应新的情况,迎接新的挑战。

(二)邓小平新时期军队建设思想是对毛泽东军事思想的继承和发展

1.邓小平率先提出并确立毛泽东军事思想对我军的指导地位

邓小平亲自领导了《关于建国以来党的若干历史问题的决议》的起草，具体而明确地概括了包括关于革命军队的建设和军事战略在内的毛泽东思想的主要内容。在新的历史条件下，邓小平在继承中发展，实事求是地把毛泽东军事思想的基本原则同我军新时期的实践相结合，确立了毛泽东军事思想对我军的指导地位。

2.邓小平继承恢复和重申了毛泽东思想的方针和原则

在新的历史条件下，邓小平继承毛泽东的人民军队思想，重视军队的革命化建设，强调要坚持党对军队的绝对领导，坚持人民军队的性质；继承毛泽东关于建设强大国防的思想，强调要努力加速军队和国防的现代化建设；继承毛泽东关于要加强国防建设，提出要以经济建设为中心，军队和国防建设要服从和服务于国家经济建设大局；继承毛泽东关于人民战争、积极防御的战略思想，提出新时期的战略方针仍然是“积极防御”四个字，要研究现代条件下的人民战争，仍然要立足于以劣势装备战胜优势的敌人；继承毛泽东历来主张实行精兵的思想，强调军队要整顿，要精简整编，要减少数量，提高质量等。这些重要方针和原则使我军建设始终沿着毛泽东开创的道路不断前进。

3.邓小平创造性地提出了一系列新时期军队和国防建设的指导方针和原则

邓小平进一步丰富和发展了毛泽东军事思想的理论宝库。诸如关于和平与发展是当今世界的时代主题，改变以往我们建军的正确原则和方向，实行军队和国防建设指导思想战略性转变的思想；在以经济建设为中心的历史条件下，国家的主权和安全要始终放在第一位的思想；承认我们军队打现代化战争的能力不够，特别是指挥现代化战争的能力不够，指导思想要明确，就是要解决现代化问题的思想；没有现代科学技术就不可能建设现代国防，中国必须在世界高科技领域占有一席之地的思想；要把教育训练提高到战略地位，加强军队干部革命化、年轻化、知识化、专业化建设的思想；关于精兵合成、平战结合、提高效能和有利于人才成长的体制编制调整改革的思想等。

（三）邓小平新时期军队建设思想是邓小平理论的重要组成部分

邓小平军事理论就是邓小平理论中的军事内容，是邓小平理论在军事领域的具体化，是邓小平理论所坚持的科学世界观、方法论在军事领域的贯彻和运用。它把党在社会主义初级阶段的基本路线变为军事领域的方针政策，把邓小平理论具体贯彻到新时期的军队和国防建设及军事斗争准备中，为新时期军事定了向，定了位，定了奋斗目标和前进道路。

二、邓小平新时期军队建设思想的主要内容

邓小平新时期军队建设思想是新的历史条件下党和国家及其军队在军事领域丰富实践经验的科学总结，其内容十分丰富，是一个完整的科学体系，贯穿着解放思想、实事求是的思想精髓。这一理论体系，主要由以下四个方面组成。

（一）当代战争与和平理论

邓小平牢牢把握住时代脉搏，从理论上回答了前人未遇或条件限制未能全面解决的问题，提示了现代军事运动新的趋势和规律性。

1. 和平与发展是当今世界的主题

邓小平通过对国际形势发展的观察和分析，紧紧把握形势发展变化中最具有根本意义的时代条件，作出了和平与发展是当今世界两大主题的科学论断。这一论断，提示了当代世界的主要矛盾，指明了维护世界和平是当代世界的历史主流，促进发展是当代各国的根

本任务。

2. 霸权主义是现代战争的根源

马克思认为，战争的根源是社会的经济制度。毛泽东分析了超级大国霸权主义争夺与新的世界战争的内在联系。邓小平指出，无论是世界性霸权主义，还是地区性霸权主义，都是当代战争的根源。

3. 如果工作做得好，世界大战可以避免

20 世纪 80 年代后，由于世界战略格局的多极化转变，出现了制约世界大战的多种因素。邓小平指出，如果世界和平的力量发展起来，第三世界发展起来，可以避免世界大战。

4. 提出了用和平方式解决国际争端的新思路

邓小平针对新的情况，提出为了维护世界和平，应当慎用暴力方式解决国家间的利益矛盾和冲突，最好代之以政治解决，创造性地提出了“一国两制”、“共同开发”、“经济合作”、“和平对话”等新方法，并付之于实践。

（二）新时期国防建设理论

1. 国防和军队建设的指导思想实行战略性转移

国防和军队建设从过去立足于早打、大打、打核战争的临战准备状态，转向和平时期加强军队质量建设的正确轨道上来。

2. 正确处理国防和国家经济建设的关系

邓小平依据新时期以经济建设为中心，全面增强国家力量的总的发展战略，强调国防和军队建设要服从国家经济建设这个大局，要与国家经济建设协调发展。

3. 建设有中国特色的现代化国防

我国是自卫型国防，实行“军民兼容、平战结合”的方针。坚持独立自主、自力更生与坚持改革开放有机结合起来，加速我军现代化建设；加强国防教育，强化全民国防观念有助于建设有中国特色的现代化国防。

（三）建设一支强大的现代化、正规化的革命军队

1. 确立以现代化为中心的建设方向

现代化、正规化、革命化是我军建设的三项指标。现代化体现军队的武器装备、指挥、作战和协同等方面适应现代高技术战争的能力。以现代化为中心，不仅解决新时期我军建设的主要矛盾，而且是我军向高级阶段发展的必由之路。

2. 建立科学的体制编制

建立科学的体制编制是推进军队现代化建设的重要途径。邓小平明确提出了要把我军建设成一支机构精干、指挥灵便、装备精良、训练有素、反应快速、效率很高、战斗力很强的军队，为我军建立科学的体制编制指明了方向。

3. 把教育训练提高到战略高度

邓小平指出，和平时期部队战斗力的提高主要靠训练，部队要提倡勤学苦练。邓小平所讲的军队教育训练包括军事训练、政治教育、科学文化教育和民用技术训练。

4. 重视军事科学理论研究

科学的军事理论能提示战争的基本规律和特点，对于指挥军队的建设与发展起着至关重要的作用。建立和完善我国的现代军事科学体系，实现我军军事理论的现代化，以适应未来战争的要求。

（四）坚持现代条件下的人民战争

1. 要研究现代战争特点给人民战争带来的影响

现代战争的立体性增强、消耗增大，而且更加复杂。因此，现代条件下的人民战争将涉及国家的各个方面、各条战线、各个领域，对作战行动的时效性要求更高，指挥更加困难，对战争能力提出了更高的要求。

2. 要创造现代条件下人民战争的新战法

要着重研究高技术条件下的作战特点，力争在侦察与反侦察、空

袭与反突袭、机动与反机动、封锁与反封锁，以及电子战、夜战、近战等方面有所突破。

3. 认真做好人民战争的各项准备工作

认真做好人民战争的各项准备工作具体包括：第一，增强全民国防观念，培养国防意识，为打好现代条件下的人民战争奠定坚实的思想基础和组织基础。第二，加强武装建设。一方面要建立一支精干的常备军，另一方面要加强后备力量的建设。第三，注意打实人民战争的物质基础。国防工业建设要走平战结合、军民兼容的发展道路，要搞好战争物资准备。

三、邓小平新时期军队建设思想的地位和作用

（一）邓小平新时期军队建设思想是当代马克思主义军事理论

邓小平新时期军队建设思想作为邓小平理论的重要组成部分，它的形成和发展既是邓小平对当今国际形势冷静观察和正确判断的结果，又是他对新时期我国国情、军情进行实事求是的科学分析的产物。它具有鲜明的时代特征，着眼于马克思主义军事理论在新的历史条件下的运用，着眼于对国际战略形势和我国国情的深刻分析，着眼于新时期我军建设的实际，是具有中国特色的当代马克思主义军事理论。

（二）邓小平新时期军队建设思想是我军建设的科学指南

邓小平新时期军队建设思想，揭示了和平时期军队和国防建设的基本规律。它坚持把当今世界各国国防建设的一般规律和原则，同我国我军实际情况有机结合，把我军传统的经验原则同新时期新情况有机结合，抓住我军建设的主要矛盾，创造性地回答了解决了新时期我军建设亟待解决的一系列重大理论和实际问题。邓小平新时期军队建设思想是一个完整的科学体系，是马列主义军事理论、毛泽

东军事思想在新的历史条件下的创造性运用和发展，是新时期我军军事斗争和军队建设的科学指南。

（三）邓小平新时期军队建设思想是我军克敌制胜的锐利思想武器

邓小平新时期军队建设思想，提示了现代战争的特点和规律，为现代高技术条件下局部战争的作战指导提供了理论武器。邓小平提出了和平与发展的新理论，强调把建设强大的常备军与建设强大的后备力量相结合。他为我军建设确定了总目标、总任务，强调以现代化建设为中心，按照现代化战争的客观要求，全面加强军队质量建设，做好战争准备。因此，认真贯彻邓小平新时期军队建设思想是我军赢得高技术下局部战争胜利的锐利思想武器。

第四节　江泽民论国防与军队建设

以江泽民为核心的党的第三代领导集体，坚持把邓小平国防建设思想作为新时期国防建设的根本依据和指导思想，作为开创国防建设新局面的科学指南，结合新的形势和任务，根据我国国防建设的实际情况，作出了一系列关于加强国防建设的重要论述和重大决策。实践证明，以江泽民为核心的党中央、中央军委关于加强国防建设的论述和决策，是新形势下对毛泽东军事思想、邓小平新时期军队建设思想运用的科学结晶，是对毛泽东军事思想、邓小平军队建设思想的坚持、丰富和发展。它进一步丰富和完善了邓小平新时期军队建设思想，形成了系统的军事理论体系。

一、江泽民论国防和军队建设的主要内容

（一）始终不渝地坚持党对军队的绝对领导

坚持党对军队的绝对领导，是我军建军的根本原则。早在“三湾

改编”时，毛主席就提出“支部建在连上”，以后又明确提出了“党指挥枪”的原则。在新的历史时期，必须更好地发扬人民军队忠于党的优良传统，使我军永远置于党的绝对领导之下。

坚持党对军队的绝对领导，保持人民军队性质，是我们必须始终高度关注和着力抓好的一个根本问题。在当前和今后一个时期内，“西强我弱”的局面不会有大的变化，国际敌对势力对我“西化”、“分化”的政治图谋也不会改变，各种腐朽思想、错误观点的侵蚀渗透也将长期存在。我们一定要提高警惕，毫不动摇地坚持党对军队的绝对领导。保证枪杆子永远听党指挥，这是确保人民军队的性质不变，确保我们党执政地位的巩固，确保国家长治久安的根本政治问题。

（二）实行积极防御的军事战略方针，立足于打赢现代技术特别是高技术条件下的局部战争

1. 实行积极防御的军事战略方针

进入 20 世纪 80 年代以来，世界范围的高技术竞争日趋激烈，各国都在调整自己的发展战略，发展现代技术尤其是高技术在军事领域的运用，武器的打击精度空前提高，作战的突然性、立体性、机动性、快速性和纵深打击的特点十分突出，拥有高技术优势的一方明显地掌握着更多的战场主动权。在新形势下要坚持和发展积极防御的军事战略方针，符合现阶段我们的国情、军情，有利于在政治上和外交上保持主动。

2. 未来军事斗争准备的基点要放在打赢可能发生的现代技术特别是高技术条件下的局部战争上

要研究现代技术特别是高技术条件下局部战争的特点和规律，要努力发展具有我军特色的作战思想，要努力解决好诸军兵种的联合作战问题，要立足于最困难、最复杂情况充分做好战争准备，要在战争指导上坚持你打你的、我打我的，要依据战争的矛盾法则周密进行作战筹划，要把战略指导和作战思想建立在客观实际的基础上。

3. 研究实行人民战争新战法

我们应采取各种形式和办法，努力学习高新科技知识，跟踪学习高新科技运用于军事领域之后，了解战争样式、特点和规律发生的重大变化。要认真研究未来可能作战对象的国情、政情、社情和军情，了解其高技术作战的能力，熟悉其作战的理论和特点。深入研究和积极探索现代条件下人民战争的指导规律，努力探寻现代条件下以劣势装备战胜优势装备之敌的新战法。

（三）实施科技强军战略，加强军队质量建设，走中国特色的精兵之路

1. 推进军队质量建设，必须实施科技强军战略，科学技术是非常重要的战斗力

加强质量建设，最根本的是要在军队建设的指导上实现由数量规模型向质量效能型、由人力密集型向科技密集型转变。

2. 加快发展国防科技，集中力量把我军装备特别是“杀手锏”装备搞上去

必须把国防科研和武器装备建设摆在提高军事实力的突出位置，特别要注意发展我们自己的“杀手锏”，增强我军打赢高技术战争的物质技术基础。要建立和完善与社会主义市场经济体制相适应的国防工业运行机制；要集中优势兵力打歼灭战；有所为、有所不为，有所赶、有所不赶；以自力更生为主，引进为辅，瞄准实现技术发展的跨越，加强自主创新；要重视武器装备的体系建设；要重视质量和效益；要加强对现有武器装备的改进和保养。

3. 必须把培养和造就大批高素质人才作为军队现代化建设的根本大计来抓

决定战争胜负的是人而不是武器，人在战争中的作用始终是第一位的。如果我们有了高素质的人才，又有了先进的武器装备，就将如虎添翼。要采取超常措施，大力选拔培养年轻干部，为军队现代化建设和军事斗争提供可靠的人才保证。

4. 坚定不移地走有中国特色的精兵之路，核心是一个“精”字

要按照“精兵合成高效”原则，积极稳妥地推进体制编制的调整改革。要紧紧围绕建设一支现代化、正规化革命军队这个总目标，朝着规模适度、结构合理、指挥灵便的方向努力，把重点放在结构调整和指挥体制改革上，增强部队联合作战、机动作战和执行多种任务的能力。

5. 加强后勤现代化建设，全面提高后勤保障能力

实行统供与专供相结合的联勤保障体制，提高后勤保障能力。加强后勤和技术保障力量建设，尤其是要提高应急综合保障能力。要加强后勤动员工作，逐步形成军民兼容的后勤保障体系。

6. 要加强军事理论研究，发展具有中国特色的军事科学

先进的军事理论历来是军队建设得以健康发展的必要条件，是战争的重要制胜因素。必须坚持以毛泽东军事思想和邓小平新时期军队建设思想为根本指导，从我军的实际出发，面向世界，着眼未来，努力发展我们的军事理论。全军上下都要积极研究和探索新形势下治军的特点和规律，军事斗争准备的特点和规律，国防建设的特点和规律。

（四）按照“政治合格、军事过硬、作风优良、纪律严明、保障有力”的总要求，全面加强军队建设

1. 中国人民解放军是建设中国特色社会主义的重要力量

我们必须始终不懈地坚持党对军队的绝对领导，必须按照邓小平同志关于新时期军队建设的思想，走有中国特色的精兵之路，把人民解放军建设成为强大的现代化、正规化的革命军队，不断增强我国国防实力，为改革开放和经济建设提供坚强有力的安全保证。军队要努力搞好各项建设和改革，切实把教育训练摆到战略地位上，全面提高官兵素质，使全军做到政治合格、军事过硬、作风优良、纪律严明、保障有力。

2. 加强军队现代化、正规化建设

提高我军的战斗力,主要任务是解决现代化问题。正规化建设的一个重要任务,就是把革命化和现代化建设的基本成果和经验,用法规和条例的形式确定下来,使军队各项建设都有明确的规范,做到从严治军。要按照"政治合格、军事过硬、作风优良、纪律严明、保障有力"的总要求,加强军队的全面建设,使革命化、现代化、正规化建设的目标贯彻到军队各项工作中去。

3. 加快国防科技和武器装备的发展,缩短与世界先进水平的差距

关键性的技术、关键性的武器,要下决心集中必要的财力、物力和研究力量,统一组织攻关,力争有所突破,有所创新。更要加快主要装备的发展,尤其是重点发展打高技术战争所必需的武器,搞出几种使敌人害怕的"杀手锏"。同时,要加强对现有武器装备的改进和保养,实现人和武器结合。要下大力抓好部队的训练,以提高质量的训练弥补技术装备的差距。

4. 要科学地制定我军武器装备的发展战略和规划

坚持走重点发展、跨越式发展、系统配套发展的路子。我们要像当年搞"两弹一星"那样,继续发扬自力更生、艰苦奋斗的精神,集中力量,大力协同,尽快把我军武器的装备建设搞上去。

(五)建设符合我国国情并反映时代特征的现代化国防

1. 把经济建设搞上去和建立强大的国防,是我国现代化建设的两大战略任务

一是必须坚持以经济建设为中心,国防建设必须服从国家经济建设的大局。二是必须在集中力量进行经济建设的同时,努力加强国防建设,使国防在国家财力增加的基础上不断有所发展。

2. 要大力加强国防科研,提高部队装备现代化水平

按照发展社会主义市场经济的要求,我们要坚持平战结合,军民结合,建立和完善国防工业运行机制,提高军民兼容程度,增强平战转换能力。

3. 坚持寓军于民，形成充满活力的国防科技建设体制

我们必须坚持以经济建设为中心，国防建设服从国家经济建设的大局，同时又必须不断增强国防力量，使国防在财力增加的基础上不断有所发展。寓军于民，是把这两项战略性任务有机统一起来的重要举措。

二、江泽民论国防和军队建设的指导作用

江泽民论国防和军队建设是“三个代表”重要思想在军事领域的集中体现，为我军打赢未来高科技战争、捍卫国家主权和安全、维护世界和平提供了强大的理论武器，是新世纪国防和军队建设的理论指南。

（一）江泽民论国防和军队建设丰富和深化了马克思军事理论

江泽民论国防和军队建设，极大地丰富和发展了毛泽东军事思想和邓小平新时期军队建设思想。它不仅全面和系统地探索了和平时期建设现代化国防和职业化军队的特点和规律，而且具体和深刻地解决了新形势下中国国防和军队建设的基本理论和基本实践问题，卓有建树地开创了中国国防和军队建设的具有划时代意义的新局面。

（二）江泽民论国防和军队建设深化了我军现代化建设的基本理论

江泽民从国际关系全局和国家发展大局来思考国防和军队建设问题，在纷繁的矛盾中抓全局性、战略性的问题，不失时机地作出科学决策和正确判断，不断创新和发展我军现代化建设的理论。提出了我军现代化建设的方针和原则，指出了我军建设的主要矛盾是现代化水平与现代战争要求之间的矛盾，规划了我军现代化建设的主要任务，构建了我军现代化建设的理论体系，极大地丰富了我军现代化建设理论。

（三）江泽民论国防和军队建设是打赢未来战争的指南

如何打赢现代技术特别是高技术条件下的局部战争？这是江泽民提出的两个历史性问题之一，也是江泽民论国防和军队建设的核心内容。江泽民密切关注科技发展对军队建设和军事斗争准备的深刻影响，深刻分析高技术装备在局部战争中广泛运动的客观规律，提出了发展高技术武器装备的必要性、紧迫性，辩证地阐述了打赢高技术局部战争的信心问题。因此，江泽民论国防和军队建设对打赢现代技术特别是高技术局部战争具有重要的指导意义。

第五节　胡锦涛关于国防和军队建设的重要论述

胡锦涛军事思想是针对当前的国际国内形势提出的，有着深刻的历史意义和深刻的现实意义。我们深信有以胡锦涛同志为首的党中央的正确领导，有部队官兵的刻苦训练，我们的军队一定会成为“打得赢、不变质”的现代化威武之师，一定能够成为祖国经济建设的钢铁长城，为促进我国的经济社会发展和社会主义和谐社会建设作出新的更大的贡献。

一、坚持把科学发展观作为加强国防和军队建设的重要指导方针

科学发展观是我们推动经济社会发展必须长期坚持的重要指导思想，也是新世纪新阶段加强国防和军队建设的重要指导原则。军队要坚决服从、服务于国家经济社会发展的大局，关心支持地方经济社会发展，积极维护社会稳定，为构建社会主义和谐社会作贡献。要紧紧围绕“打得赢、不变质”，全面加强部队革命化、现代化、正规化建设，推动部队建设全面、协调、可持续发展。要牢固树立质量和效益观念，继承和发扬艰苦奋斗、勤俭建军的优良传统。要贯彻以人为本

的理念，充分尊重官兵的主体地位和创造精神，维护官兵正当权益。要广泛深入地开展尊干爱兵教育，引导干部骨干依法带兵、以情带兵、文明带兵，巩固和发展军队新型的官兵关系。各级党委要大力弘扬求真务实的科学精神和作风，始终把工作重心放在基层建设上，把基层党组织建设成坚不可摧的战斗堡垒。领导机关要牢固树立为基层服务的思想，真心实意帮助基层解决实际问题，不断改善官兵的物质文化生活条件。坚决贯彻从严治军的方针，严格执行条令条例和规章制度，确保部队的高度稳定和集中统一。

二、有效履行新世纪新阶段军队的历史使命

党的十六届五中全会，讨论通过了《中共中央关于制定国民经济和社会发展第十一个五年规划的建议》。这是指导今后一个时期中国经济社会发展的纲领性文件，也为国防和军队建设进一步指明了前进的方向。全军要认真学习贯彻五中全会精神，把思想和行动统一到党中央的决策部署上来，履行好新世纪新阶段中国军队的历史使命，自觉为维护国家发展的重要战略机遇期、确保实现全面建设小康社会的目标作出新的贡献。

从 2005 年开始，《政府工作报告》中出现了这样的提法："切实履行军队在新世纪新阶段的历史使命。"2007 年的报告提出："有效履行新世纪新阶段军队的历史使命"。新世纪新阶段我军历史使命的提出，是对军队地位作用的新认识和职能任务的新概括，是新世纪新阶段党和人民对军队的新要求，是三军将士积极投身中国特色军事变革和做好军事斗争准备的旗帜和号角。

三、科技练兵，狠抓训练

胡锦涛指出，我国安全形势发生深刻变化，我军肩负着新的历史使命，要求我们必须着眼战略全局大抓军事训练。军事训练作为和平时期生成和发展部队战斗力的基本途径，对于确保我军打赢信息化条件下局部战争，增强应对多种安全威胁、完成多样化军事任务的

能力，具有至关重要的作用。

胡锦涛强调，要立足机械化、信息化复合发展的实际，更加自觉、主动地推进机械化条件下军事训练向信息化条件下军事训练的转变。强军必须兴训，治训务必从严。要按照打赢信息化条件下局部战争的要求，从实战需要出发从难从严训练。要努力抓好各级各类人员训练，抓好技术战术基础、合同战术和战略战役训练，抓好战时政治工作研练和后勤、装备保障训练，加强院校教育和民兵预备役训练。坚持依法治训，按纲施训，进一步优化训练程序，强化军事训练全过程全要素精细管理。

胡锦涛指出，推进我军军事训练向信息化条件下军事训练转变，最根本、最紧要的是要在提高官兵综合素质上狠下工夫。要根据军事人才成长规律和各类岗位需求，强化院校和部队合力育人，加大开放式培养力度，建立完善以提高能力为核心、培训与使用紧密结合的人才全程培养机制，努力形成院校教育与部队训练衔接、军事教育与依托国民教育并举、国内培养与国外培训结合的官兵素质培养格局，使军队人力资源得到有效开发和充分利用。

胡锦涛强调，要进一步增强使命感和紧迫感，扎扎实实抓好军事斗争准备。要加强军队历史使命和战备形势教育，从难从严从实战要求出发搞好训练。要着力解决军事训练、战备落实的重点、难点问题，加大落实训练、战备各项计划的力度，切实把各项工作量化、细化、具体化。要紧密联系部队的实际，抓好培育战斗精神的工作，坚定部队敢打必胜的信念和立足现有装备打胜仗的信心。

四、促进国防建设与经济建设协调发展

胡锦涛强调，必须从确保国家现代化建设的安全环境和确保国家主权和领土完整的战略高度，全面贯彻国防建设与经济建设协调发展的方针，在经济发展的基础上努力推进国防建设，促进和保证全面建设小康社会宏伟目标的胜利实现。

他指出，当前国际局势总体上对我有利，我们要用好重要战略机

遇期，切实抓好党执政兴国的第一要务——发展，实现全面建设小康社会的宏伟目标。要高举和平、发展、合作的旗帜，坚持奉行独立自主的和平外交政策，坚定不移地走和平发展的道路，坚定不移地维护世界和平、促进共同发展。同时，我们必须始终把国家主权和安全放在第一位，坚决维护国家的根本利益，坚决维护国家主权和领土完整。胡锦涛说，正确认识和处理国防建设与经济建设的关系，是中国社会主义建设中一个带有全局性的重大问题。十六大提出的坚持国防建设与经济建设协调发展的方针，是我们党对国防建设和经济建设内在规律的科学总结。经济建设是国防建设的基本依托，经济建设搞不上去，国防建设就无从谈起。国防实力是综合国力的重要组成部分，国防建设搞不上去，经济建设的安全环境就难以保障。因此，我们在集中力量进行经济建设的同时，必须切实加强国防建设，使国防建设和经济建设协调发展，形成相互促进的良好局面。

胡锦涛强调，各级党委、政府都要大力支持国防领域的改革发展，认真抓好国防建设相关工作的落实。要进一步搞好国防后备力量建设，建立完善快速高效的国防动员体制；进一步加强国防法制建设，使国防建设走上法制化、规范化的轨道；进一步加强军政军民团结，密切军政军民关系，认真抓好拥军优属各项工作的落实，努力创造有利于激励官兵安心服役、献身国防的良好社会环境。要高度重视和加强国防教育，大力弘扬爱国主义精神，增强民族自尊心、自豪感，形成全党全国关心国防、支持国防、建设国防的浓厚氛围。

五、军政军民团结

胡锦涛指出，坚持军民一致，加强军政军民团结，是我们党三代领导核心的一贯思想，是我们从胜利走向胜利的重要法宝。在以江泽民同志为核心的党中央、中央军委的领导下，广大军民在改革开放和现代化建设中相互支持，在维护国家安全、统一和社会稳定中密切配合，在抵御各种严重自然灾害中并肩战斗，军政军民团结显示了不可战胜的强大力量。

胡锦涛说，我们正处在世纪之交的重要历史时期，既面临着难得的发展机遇，也面临严峻的挑战。我们要战胜前进道路上的种种困难和风险，把建设有中国特色社会主义伟大事业全面推向21世纪，实现中华民族的伟大复兴，需要全党全军全国各族人民万众一心、艰苦奋斗。在党的领导下，把军政军民团结的伟大作用充分发挥出来，把广大军民同心同德干事业的积极性充分调动起来，这是我们的事业必定要胜利的基本保证。各级党政军领导一定要从民族振兴、人民幸福和国家长治久安的战略高度，充分认识加强军政军民团结的重要性，把双拥工作摆在事关全局的重要位置，坚持不懈地抓紧、抓实、抓好。

胡锦涛说，要使社会主义中国永远立于不败之地，必须不断增强我国的经济实力、国防实力和民族凝聚力。这是着眼于我们国家和民族的根本利益，充分估量当今国际局势的发展变化，深刻总结历史和现实经验得出的科学结论。军政军民团结既是凝聚中华民族的强大精神力量，也是推动经济和社会发展的强大物质力量。不断巩固和加强军政军民团结，对于增强我国的综合国力，捍卫国家的主权、安全和统一，具有重要的意义。我们要适应形势和任务的需要，紧紧围绕实现我国现代化建设的跨世纪发展目标，努力做好双拥工作，更好地发挥军政军民团结在改革发展稳定中的积极作用。要始终坚持用共同的理想把军心民心凝聚起来、振奋起来，引导广大军民深入学习邓小平理论，广泛开展国防教育，进一步激发广大军民建设和保卫祖国的政治热情。要牢固树立经济建设与国防建设统筹兼顾、协调发展的思想，人民解放军和武警部队要继续贯彻服从国家建设的方针，为加快国民经济和社会发展建立新的功勋；地方各级党委、政府和人民群众，要一如既往地关心和支持军队建设，为提高部队战斗力创造良好的条件。要把维护社会稳定摆在双拥工作的突出位置，从讲政治的高度看待和处理军政军民关系，以坚强的军政军民团结促进社会稳定。

胡锦涛强调，80年来，我们党坚持把马克思主义军事理论同中国革命战争和人民军队建设实践结合起来，创造了一整套中国特色建军治军的方针原则，形成了毛泽东军事思想、邓小平新时期军队建设思想、江泽民国防和军队建设思想三大军事理论成果。毛泽东军事思想、邓小平新时期军队建设思想、江泽民国防和军队建设思想，是马克思主义军事理论中国化的重大成果，是引领人民军队不断发展壮大的科学指南，是对马克思主义军事宝库的丰富和发展。

思考题：

1. 军事思想的基本特征是什么？
2. 简述我国古代和现代军事思想的形成与发展。
3. 毛泽东军事思想的科学价值主要有哪些？
4. 邓小平论新时期军队与国防建设的主要精神是什么？

第三章　战略环境

当前，国际局势正在发生深刻的变化，国际形势中的不稳定、不确定因素明显增加，世界还很不太平。霸权主义和强权政治在国际政治、经济和安全领域中依然存在，并有新的发展。以新的“炮舰政策”和新的经济殖民主义为主要特征的“新干涉主义”严重损害了许多中小国家的主权独立和发展利益，也给世界和平和国际安全造成威胁。与此同时，因种族、宗教、领土等问题引起的地区冲突此起彼伏，国际犯罪、环境恶化等跨国问题远未解决，国际社会面临的共同挑战还很多。但从总体上看，国际形势缓和的大趋势没有改变，多极化进程是不可阻挡的时代潮流，任何旨在建立“单极”世界的图谋都是注定要失败的。

第一节　国际战略环境

一、战略的特点和分类

（一）战略的含义

战略是筹划和指导战争全局的方略。它是根据对国际形势和敌对双方政治、军事、经济、科学技术、地理环境等诸要素的分析判断，科学预测战争的发生与发展，制定全局方针、原则和计划，筹划战争准备，指导战争实施所遵循的原则和方法。

战略是在军事斗争的实践中产生的，也是在军事斗争实践不断发展、深化的过程中丰富和完善的。应当说，早在战略这个概念出现之前，人们就已具备一定的战略思维与战略意识，只是没有直接使用“战略”这个词语来表述。即使在战略这个概念出现后的相当长时间里，人们也没有对它的内涵和外延作出确切的界定。随着社会的演变、环境的变化，以及军事斗争的不断发展，在人们认识、运用以及驾驭战略的能力不断得到提高的同时，战略所服务的主体（阶级、民族、国家、政党及政治集团）的性质、地位和斗争的目的、目标等也表现出不同的特点。因此，在不同的社会时代和不同的历史时期以及不同的国家（集团），都有自己的战略概念，其含义和内容也不尽相同。

例如，瑞士的若米尼（1779—1869）认为：战略是在地图上进行战争的艺术，“就是指一支军队的最大部分兵力集中到战争区或作战地区的最重要点上去的一种艺术”。

普鲁士的克劳塞维茨（1780—1831）认为：“战略是为了战争目的运用战斗的学问。”

英国的利德尔（1895—1970）在其《战略论》中指出：“战略是一种分配和运用军事工具以达到政治目的的艺术。”

美国参谋长联席会议认为：“军事战略是运用一国武装力量，通过使用武力或以武力相威胁，达成国家政策的各项目标的一门艺术和科学。”

《苏联军事百科全书》称战略是“军事学术的组成部分和最高领域，它包括国家和武装力量准备战争、计划与进行战争和战略性战役的理论与实践”。

日本防卫研究所认为：“军事战略是有关军事力量的运用及计划。”

战略概念在中国出现最早，使用也最广，但对战略的界定一直是围绕着战争和作战活动展开的。古代是这样，近代和现代也是这样。这里仅从新中国出版的辞书中引证几例：

1972 年军事科学院出版的《军语》，称战略是“对战争全局的筹划和指导”。

1978 年商务印书馆出版的《现代汉语词典》，称战略是“指导战争全局的计划和策略”。

1997 年军事科学出版社出版的《中国军事百科全书》和中国人民解放军《军语》,称战略是“筹划和指导战争全局的方略”。

战略这个概念产生于军事斗争的实践,长期以来也一直运用于军事领域。但近年来被其他领域使用得越来越广泛。为了便于对不同领域的战略作出明确区分,使用时须在“战略”之前冠以领域的名称,如政治战略、外交战略、经济战略等。如果只在军事领域内进行研究和使用,也可直接使用战略称谓。

战略的本义是战争谋略,是对战争的大计谋,是对战争中整体性、长期性、基本性问题的计谋。军事战略通常由战略目的和任务、战略方针、战略手段和军事力量等几个基本的要素构成,主要通过对军事力量的建设和运用来达成既定的政治目的。军事战略应当解决的主要问题是:判明国家(集团)安全面临威胁的性质和程度,确定战略上的主要对手和作战对象,提出军事斗争所要达到的总体目的和主要任务,规定战略上的重点方向、地区,确定准备与实施军事斗争的指导方针和基本原则,明确斗争的主要手段、形式和协同、保障的主要方法等,并依此制定总体的行动计划和实施步骤。不同历史时期的战略,有着不同的内容和特点,其决定的因素主要有以下三个方面:

一是战略思想。战略思想,即国家(集团)对待军事斗争特别是战争问题的根本立场和态度,指导军事斗争的基本观点和理论原则,这是它的理论基础。

二是战略环境。战略环境包括世界战略格局、国际战略形势,尤其是周边安全和国内稳定的基本状况,这是它的客观依据。

三是军事力量。军事力量主要是国家(集团)军事力量的性质、职能、构成、规模、作战能力、战争潜力、动员机制和发展方向等,这是它的物质条件。

战略指导者基于对一定历史时期内上述情况的综合分析,提出军事斗争的基本对策和保障国家(集团)安全的基本方法,就是这个时期军事战略的基本内容。

（二）战略的特点

军事战略因有特定的研究对象、内容和表现形式而具有自身的特点，主要表现为：

1. 全局性

全局性是战略的首要特点。这个全局指的是国家（集团）整个军事斗争的全局，带有照顾各方面、各部分和各阶级的性质，战略是国家（集团）关于军事问题的最高决策，处于军事领域的最高层次。在现实生活中，全局是可以区分层次的，凡是独立的具有照顾各个方面、各个部分、各个阶级性质的事物，都可以称之为全局，如世界可以是一个全局，一个国家可以是一个全局，一个独立战区可以是一个全局。战略统筹军事斗争的各个方面和各个部分，指导军事斗争的全部过程，并通过对全局具有决定影响的关键问题的策划和解决来实现。

2. 对抗性

军事斗争，尤其是战争，是一种有组织、有计划的暴力行为，是敌对双方以军队或其他武装组织为骨干而展开的激烈较量。战略本身所具有的政治性质，是其对抗性产生和依存的基础。战略的对抗性，在实践中主要表现为针对国家安全所面临的威胁，全面筹划和运用国家的军事力量去夺取军事斗争的胜利。战略的对抗性，具有整体性和连续性的特点，表现在对整个国家（集团）军事斗争全局的整体运筹上，具有更广阔的空间和时间范围。它既包括对军事力量建设的全局筹划，也包括对军事力量使用的全面策划；既包括战时对战争的全局的整体运筹，也包含和平时期对各级军事斗争方式的整体运筹。

3. 谋略性

谋略是指挥员基于客观情况而提出的计谋和策略。它是人的自觉能动性的高度体现，是指导军事斗争取得胜利的一个重要因素，也是战略的一个突出的特点。战略是主客观结合的产物。从本质上讲，它是政治的选择，有严格的规定性，但从实践的意义上讲，它又是手段的选择，有高度的灵活性。自古以来，任何战略都体现着一定的谋略思想，中国历史上战略的谋略性更有自己的特色。《孙子兵法》就是一部充满谋略思想的经典之作。它明确提出，“兵者，诡道也”，主张“上兵伐谋”，把以智谋取胜定为用兵之上策。广为流传的《三十六计》也是一本专门论述军事计谋的兵书。

4. 相对稳定性

军事斗争情况的发展变化，决定着军事斗争指导规律的发展变化。战略必须随着军事斗争的发展而发展，依照情况的变化而改变，一成不变的战略是不存在的。然而，由于战略处于军事领域的最高层次，指导范围广，影响重大而深远，是一切军事活动的依据和准则，因此，战略又具有相对的稳定性。这主要体现在：一是战略的指导对象是相对稳定的，战略是对军事斗争全局的筹划和指导，这个全局不是一个方向、某一个地区或某一种斗争方式；二是战略的理论指导原则是相对稳定的，战略作为国家（集团）根本性的军事政策，其基本的理论指导原则受国家（集团）所遵循的理论和总政策的支配和制约，因而在一定时期内也是基本稳定的；三是战略的基本内容是相对稳定的，战略是为了实现国家（集团）在一定时期内所确定的政治目的，而从全局上对军事斗争进行的筹划和指导，它具有很强的前瞻性和导向性，因而是基本稳定的。

（三）战略的分类

战略可按不同的标准划分不同类型。按社会历史时期划分，有古代战略、近代战略、现代战略；按军事行动的基本样式划分，有进攻战略和防御战略；按军事行动的目的划分，有扩张战略和自卫战略；按军事行动的性质划分，有歼灭战略、消耗战略、瘫痪战略，以及军事竞争战略、遏制战略；按军事行动的方式划分，有实战战略、威慑战略，以及实战和威慑相结合的战略；按作战持续时间划分，有速决战略和持久战略;按使用武器的类型划分,有常规战争战略和核战争战略;按军种划分,有陆军战略、海军战略和空军战略;等等。

二、战略环境的内容

战略环境是指世界各主要国家和政治集团在一定时期内在战略上相互联系、相互作用、相互斗争所形成的世界全局性的大环境。它包括国际战略格局和国际战略形势两个方面:国际战略格局是国际战略环境的框架结构,国际战略形势是国际战略环境的动态表现。它从本质上反映了世界各主要国家的政治集团建立在一定军事、经济实力基础上的政治关系的基本状况和总体趋势,其核心是世界范围内的战争与和平问题。国际战略环境是在一定的时代背景下形成的,时代的特征对它的基本面貌有决定性的影响。

此外,影响国际战略环境的主要因素还有:国际战略利益的矛盾及其发展;政治、军事、经济力量在世界范围内的分布与配置;主要国家之间的战略关系及其斗争、制约、合作的态势;战争的进程和结局,以及战争威胁的性质和程度等。国际战略环境是国家安全和发展的国际条件,对实现国家的战略目标和战略利益有重大的影响,并决定或制约着一个国家政治、军事、经济斗争的对象和敌友关系以及采取的方针、政策和策略。任何一种战略,都是依据一定的环境条件而提出来的,在实施过程中都要受到这种环境条件的制约,因此,对国际战略环境的分析和判断,是制定战略决策和战略实施过程中必须特别加以重视的一个至关紧要的问题。只有站在时代的高度,从各主要国家或政治集团的战略利益关系入手,较系统地考察一个时期内国际战略格局的状况和国际战略形势的发展趋势,综合分析影响国家安全和发展的各种国际化条件,判明本国遭受威慑的可能、方向、性质和程度,才能提出正确的战略对策。战略和战略环境之间存在三方面的关系:战略环境与战略是客观实际与主观指导的关系,正确认识和分析战略环境是正确制定战略的先决条件,战略对战略环境的发展变化也具有重大的能动作用。

第二节　国际战略格局

一、国际战略格局的类型和特点

（一）基本含义

国际战略格局，是国际社会中有关国家或力量集团，在一定时期，为了一定的政治、经济、军事利益，相互依赖、相互制约而组合的一种关系和结构，是这些国家或力量集团在斗争中处于相对平衡的发展阶段的关系和结构。

（二）国际战略格局的类型

1. 单极格局

单极格局，即某一个大国在国际战略格局中占据主导地位，形成一国独霸的局面。这种情形在历史上曾经出现过，如资本主义初期的西班牙、荷兰和英国，都曾有过独霸世界的历史。英国的世界霸权地位甚至维持了200年之久。这种格局，是资本主义刚刚形成时期的特定产物。当资本主义刚刚在局部地区出现，当现代意义上的国际社会正在逐步形成时，在资本主义发展最早的国家，往往能够确立独霸地位，这种霸权在很大程度上仅局限于欧洲，真正的世界霸权并未建立起来。

2. 两极格局

两极格局是指两大战略力量之间的相互对立和相互斗争，对整个国际事务起着决定性影响的局面。这种格局在历史上曾多次出现过，如第一次世界大战期间的同盟国和协约国，第二次世界大战期间的法西斯轴心国和反法西斯同盟国，战后初期的社会主义和资本主义两大阵营以及随后的美苏两极对抗等。从上述例子中可以看出，“两极”主要是两大对立的国家集团，而不完全是两个国家之间或某个国家单独与另一个国家集团之间的对立。同时，在两极之外总有不从属于两大集团的其他国家存在。如第一次世界大战前的两大集团之外有美国和日本；第二次世界大战期间也存在一些没有卷入战争的国家；战后初期则存在着广大的“中间地带”国家等。当然，以上所分析的两极格局，除了冷战时期两个超级大国和两大政治军事集团的对抗具有较典型的两极特征并延续了较长时间外，其他都是在新旧格局过渡时期形成的具有一定特殊性的两极体制。

3. 多极格局

多极格局，即多种战略力量既相对独立又相互联系、既相互合作又相互制约而形成的一种相对平衡的战略关系。在多极格局中，作为格局构成要素的战略力量，可以是单个的国家，也可以是国家集团。这种格局类型在20世纪70年代以后已见端倪，即中、美、苏、日、西欧和其他第三世界这六大力量的竞相发展。冷战结束后，多极化趋势呈现出更加强劲的发展势头，目前已经形成了初步的轮廓。

4. 多元交叉格局

这是一种由两极向多极，或由多极向两极的过渡性格局。在这种格局状态下，一方面存在着主导格局的两大战略力量或多种战略力量之间的对立，另一方面也存在着独立于上述力量之外的其他战略力量。这些战略力量既在一定程度上受到现有格局中的支配力量的影响，又能够在国际事务中发挥自身的独特作用，从而构成国际战略格局中潜在的一极。冷战结束后，在向多极格局的过渡时期，多元交叉格局表现得更为明显。欧美虽是盟友关系，但欧洲正在成为新的一极；美日同盟也有新的发展，但日本的政治独立性有很大增强，很可能在多极格局中占有一席之地；中、俄既与其他战略力量保持着联系，同时又坚持自身的独立地位。这种多元交叉格局无疑成了未来多极格局的基础。

(三)当前国际战略格局特点

20世纪90年代，以两德统一、华约解散、苏联解体为标志，延续了45年之久的两极世界战略格局宣告结束。两极格局结束至今,已有10多年了,新的世界战略格局仍没有形成,目前处在新、旧世界战略格局的过渡转型时期。此次世界战略格局的转换,不同于以往。以往几次战略格局的转型都是通过大规模战争方式实现的,因而格局转型快,过渡时间短,甚至没有过渡时期。这次战略格局的转型,基本是以和平方式进行,在此期间,各种力量慢慢地产生变化,由量变到质变,最后才能定型,因此需要时间较长。

在新、旧世界战略格局转型的过渡时期,虽然新的世界战略格局没有完全形成,但是,其特点和发展趋势是明显的,对目前世界战略格局特点和趋势主要有以下几种观点和看法。

1.“一超多强”战略格局论

冷战结束后,美国成为世界上唯一的超级军事大国,它凭借其强大的军事、经济实力,推行霸权主义、强权政治,企图建立单极世界,充当世界的霸主,是当今世界格局中最重要的一极。

苏联解体后,俄罗斯继承了原苏联80%的军事遗产,虽然其国内矛盾较多、困难重重,但俄罗斯仍凭借其强大的军事实力,加之近年经济状况的好转,在世界舞台上、在世界军事领域里仍发挥着重要作用。因此,俄罗斯仍是当前世界上仅次于美国的军事大国,是目前世界战略格局中重要的一极。

欧洲作为一个整体,随着欧元的统一、欧洲一体化进程的进展,加之欧洲是世界政治、经济的中心,具有强大的政治、经济、军事实力,所以,作为一体的欧洲,在世界政治、军事、经济事务中有极其重要的作用,是世界战略格局中强有力的一极。

中国经过30年的改革开放,综合国力大大提高,军队建设逐步走向现代化,经济保持长期的高速发展。当今的中国,在世界政治、经济、军事舞台上都发挥着重要的作用。因此,中国理所当然的是世界战略格局中的一支重要力量。

日本凭借其经济、科技大国的地位,大力拓展在世界舞台上的活动空间,一方面扩大在国际社会活动范围,力争在国际社会发挥更大的作用，另一方面大力发展军备，逐步走向军事大国，对世界战略格局发挥重要影响，日本也是当前世界战略格局中的一极。

2."三圈"、"三环"、"三角"战略格局论

"三圈"战略格局是指在欧洲以德、法为中心的政治、军事、经济圈，在美洲以美国为中心的美洲政治、军事、经济圈，在亚洲以东盟、日本、中国为代表的政治、军事、经济圈。

"三环"战略格局是指内环是美国，中环是欧洲各国、加拿大、澳大利亚、俄罗斯及独联体各国和亚洲少数国家，其他发展中国家为外环。

"三角"格局是指以美国、俄罗斯、中国为代表的三角格局，类似冷战时期的美、苏、中三角关系。

3."四边"或"五边"世界战略格局论

"四边"格局论是指地处欧洲中部、统一后的德国，与美国、俄罗斯、中国形成一个"四边"世界战略格局。由于日本越来越强大的经济、军事实力，在世界发挥的作用越来越大，加上日本，世界战略格局将呈现"五边"战略格局。

未来的世界战略格局究竟怎样定型，现在下定论还为时过早，但总的趋势可以肯定，美国建立单极世界的路是走不通的，未来的世界战略格局必将呈现出多极化、多元化态势，这是绝大多数国家和人民所希望的，是历史的潮流，不可阻挡。

二、世界主要国家和集团的军事概况

（一）美国军事概况

美国军事力量的前身是独立战争时期的大陆民兵，经过 200 多年的发展演变，美军已成为当今世界上装备最精良、现代化程度最高的军队，是美国政府推行全球战略，维护其所谓"美国利益"的重要工具。

美国是当今世界的唯一超级军事大国，经济实力雄厚，军事潜力

巨大。美军的统帅机构是美国军事力量的领导阶层。美军的统帅机构由总统、国家安全委员会、国防部系统(包括其领导下的参谋长联席会议和陆、海、空三军的军种部以及九大联合司令部组成)三个主要部分组成。美国宪法规定,总统是武装力量总司令,是美军的最高统帅,平时通过国家安全委员会(美国国防最高决策机构)和国防部(美军最高军事机关)统率全军,紧急时可越级指挥一线部队,战略核武器由总统集中使用。

1. 美国武装力量的组成

美军军事力量由现役部队、预备役部队和在军内工作的文职人员三部分组成。现役部队 142.7 万人,预备役人员 117.6 万人,文职人员 70.8 万人。除了美国以外,世界上绝大多数的国家都在本国国土的范围内划分战区,但美国却是世界上唯一将战区划分覆盖全球的国家。美国将全球划分为五大战区,即欧洲总部辖区、太平洋总部辖区、北方总部辖区、南方总部辖区和中央总部辖区。

(1)美军现役部队

美军现役部队是美国武装力量的骨干以及在战争初期投入使用的基本作战力量。从总体上看,美军的现役部队由陆、海、空三军组成,其中海军所属有海军陆战队(海军陆战队基本上是以一个独立的军种作战,战时由海军指挥)。因而对于美军现役部队的组成,也有陆、海、空、海军陆战队和海岸警卫队四部分组成的说法。

美国现役陆军:陆军兵力 49.9 万人,编有 3 个集团军司令部(第 3、第 7 和第 8 集团军司令部)、4 个军部(第 1 军、第 3 军、第 5 军和第 18 空降军)。其主要作战部队编成 10 个师、2 个独立旅、4 个独立团(3 个装甲骑兵团和 1 个别动团)、1 个特种作战司令部和 5 个特种作战大队。在 10 个现役师中有 2 个装甲师、4 个机械化步兵师、2 个轻型步兵师、1 个空降师和 1 个空中突击师。美陆军共装备主战坦克 7620 辆、装甲人员输送车和步兵战斗车 22110 辆、各类火炮 8160 门(105 毫米以上的 5836 门)、反坦克导弹发射装置 34940 具、防空导弹发射架 2228 部、各类飞机 4895 架(其中直升机 4597 架)。

美国海军：海军总兵力为55.1万人（内有陆战队17.7万人），编为太平洋舰队和大西洋两支舰队，辖5支编号舰队，即第2舰队（大西洋）、第3舰队（太平洋）、第5舰队（印度洋、波斯湾和红海）、第6舰队（地中海）和第7舰队（西太平洋），11个舰载机联队。共装备各类舰艇258艘（其中包括13艘航空母舰）（见视频3-1）、各类飞机4311架（作战飞机2061架）、直升机1509架（武装直升机487架）、潜射战略导弹432枚、坦克403辆。

美国空军：空军总兵力37.7万人，编有12个航空队、辖49个联队、124个中队。共有飞机6073架，其中作战飞机2988架，运输机339架；洲际导弹523枚。

海军陆战队编为3个陆战师、3个陆战航空联队和3个勤务支援大队；按作战编组编为3支陆战远征部队、6个陆战远征分队及若干特种用途小队等空地联合特遣部队。装备有主战坦克420辆、轻型装甲车1966辆、牵引炮789门、反坦克导弹发射装置3320具、作战飞机475架、武装直升机156架。

(2)美军预备役部队

美军预备役部队是美国武装力量的重要组成部分，是美军扩充现役部队的首要来源，也是平时保卫美国本土的重要力量。

美军的预备役分为国民警卫队和联邦后备队两大类，由陆军国民警卫队、陆军后备队、空军国民警卫队、空军后备队、海军后备队、陆战队后备队和海岸警卫队后备队七部分组成。其中，国民警卫队是各州的地方部队，但美国总统有权征调并使其执行联邦任务；联邦后备队分别归各军种领导，战时集体或单个编入现役部队；海岸警卫队后备队与海岸警卫队现役部队一起归海军部领导。

陆军预备役部队共有68.32万人，坦克约3200辆。陆军国民警卫队现有精选预备役人员35.11万人，编为8个师、15个旅、1个装甲骑兵团和16个野战炮兵旅。陆军后备队现有精选预备役人员21.18人，编为7个训练师、5个训练支援师。

空军预备役部队共有23.74万人，172个中队，飞机1754架。

空军国民警卫队现有精选预备役人员 10.81 万人，编为 105 个中队，拥有飞机 1312 架。空军后备队现有精选预备役人员 7.47 万人，编为 67 个中队，飞机 433 架，分别为军事空运、特种作战以及战略和战术空中部队提供支援。

海军后备队共有 15.53 万人，其中精选预备役人员 8.82 万人，编有 1 个舰载机联队，25 艘舰艇，34 个支援、巡逻机联队和直升机中队，飞机 204 架。

陆战队后备队共有 9.96 万人，其中精选预备役人员 4.1 万人，编为 1 个陆战师、1 个航空联队、1 个勤务支援大队，装备飞机 164 架。

美军的预备役部队，具有较高的训练水平和战备程度，按照美国国防部的要求，地面部队能于 3 个月内到世界任何地方参战，空军飞行中队能在 3 天内参战，海军后备队能于 1 个月内参战。

(3)美军文职人员

美军是世界上雇用文职人员最多的军队。截至 2003 年底，美军共雇用文职人员 70.8 人。美军文职人员不在编制数额之内。

美军的文职人员除了在国防部供职的高级文官之外，绝大部分是在美军各级机关、部队中从事行政管理、科学研究、技术操作和勤务保障等方面工作的人员。美军大量雇用文职人员，可使部队在不增加军人编制员额的情况下，广泛吸收社会上的人才和劳动力为军队服务。截至 2004 年 9 月，美军共雇用直接文职雇员(美军雇用的美国公民)66.82 万人，其中陆军 18.5 万人，空军 15.6 万人，海军(含陆战队)18.01 万人，国防部与各直属局 9.87 万人。共雇用间接文职雇员(海外美军雇用所在国的公民)约 4 万人。

2.美国的防务政策

美国的军事战略总体上可分为两个阶段。第一个阶段是冷战时期，在此期间，随着国际国内形势的变化，美国军事战略历经了多次调整，但总体战略目标没有改变，那就是以苏联为主要作战对象，以核威慑为主要手段，争夺世界霸权。

冷战结束后，美国军事战略进入第二个阶段，尽管也进行了局部甚至是大幅度的调整（老布什“地区防务”战略、克林顿第一任期的“灵活与选择参与”战略、第二任期的“塑造、反应和准备”战略，以及到小布什的军事战略），但美国军事战略的总目标都是为了维护美国唯一超级大国地位，建立以美国为主导的世界新秩序。

小布什上台后，美国面临的安全环境发生了很大的变化，为了适应新的形势，应对新的挑战，布什政府一直在酝酿新的军事战略，2001年“9·11”事件后不久，美国便发表了《四年防务评估》，可以说是为军事战略定了基调。

2009年3月，美国总统奥巴马宣布了两项有关军事方面的重大举措：2010年8月前从伊拉克大举撤军，并向国会提交了为数5000亿美元的国家军费开支预案。《联合早报》发表署名评论称，这标志着美国武装力量已正式开始新一轮的战略调整。

（1）将反对恐怖主义和“保卫美国本土”作为军队的首要任务

这是美国军事战略有史以来的最大变化。在此之前，美国军事战略主要着眼于在海外进行扩张，保卫美国所谓的“全球利益”，从来没有把“保卫美国本土”纳入其军事战略的视野。因为，美国本土有着得天独厚的地缘优势——“东西有大洋，南北无强邻”，正是有这种地缘优势，两次世界大战均远离美国本土，使得美国人有一种心理上的安全感——“炮声远处响，战火隔重洋，任他国战火纷飞，我自安然无恙”，但是，2001年9月11日，由十几名恐怖分子劫持的几架飞机撞向了美国国防部五角大楼以及位于纽约曼哈顿区的世贸大厦，使美国遭受了几千人的伤亡和巨大的财产损失，随后，在美国国内发现了数宗装有炭疽病毒的邮包。通过这些事件，美国认为，对美安全的主要威胁不再是国家实体的军事行动，而是“恐怖主义和核生化等大规模毁伤性武器的突然袭击”。恐怖主义对美国已经构成了致命的威胁，对付恐怖主义威胁和保卫美国本土安全已经上升为美军的“首要任务”。虽然冷战结束之后，美国也不止一次地把恐怖主义列为美国面临的威胁，但还是在“9·11”事件后，才第一次真正把恐怖主义的威胁上升到了战略高度来认识。

在2001年《四年防务审查报告》中，“保卫美国”被作为一条原则提出。在报告中，不但将保卫美国列为国家的关键利益，而且将其称为战略的基石，防务改革的首要目标，军队的首要任务和实施作战的关键。

2002年6月，美国在国家层次上成立了专门负责美国本土安全的“国土安全部”，11月25日，布什批准了这一决定。这是继1947年美国国防改组以来美国安全机构规模最大的一次改组。与之相适应，军队指挥体制也进行了重大调整，组建了全面负责本土安全的“北方司令部”，主要任务是统一指挥国内部队保卫美国本土安全。可以认为，美国的防务战略发生了变化：美国的新防务战略是两线作战战略，一线是为保卫本土安全而战，另一线是为扩展全球利益而战。

(2)调整防务规划模式，建设“基于能力型国防”

在克林顿时期，美国的防务计划模式为“基于威胁型”。这种模式要求，首先明确敌人是谁(即威胁)，战争可能在哪里发生，战争规模有多大，然后再据此进行国防和军队建设。“打赢两场同时爆发的大规模战区战争”的战略指标，就是典型的依据“基于威胁型”进行防务的产物。在制定这一战略时，首先认定美国的主要敌人是伊拉克和朝鲜，战争可能在中东和东北亚同时发生，战争规模不小，为战区级，而后再根据战争的要求进行国防建设。“9·11”事件发生后，情况发生了变化，美国感到现在无法预知敌人的位置、攻击的方向以及进攻的时间。面对恐怖主义袭击和未来不确定的多种威胁，很难预测敌人是谁，更不知道敌人可能从哪里发动进攻。前国防部长拉姆斯菲尔德也说，现在“熊的威胁”没有，但是“蛇的威胁”却到处存在。因此，必须把防务规划模式由“基于威胁型”转向建设“基于能力型”国防。只要具备了相应的能力，不管敌人是谁，威胁来自何方，都能有效地对付。2001年9月30日，美国国防部出台的《四年防务审查报告》强调，美国的防务计划制定，再也不能像过去以“敌人是谁”，

“战争可能在哪里发生”为思路，而应当“以敌人有何种能力”，“战争将取何种方式”为思路，也就是由“基于威胁”向“基于能力”转变。美国政府认为，“为战胜未来的敌人做好准备”的投资再大，也不会比未做好准备而可能遭受的损失大。因此，美国政府大幅度增加国防预算，2003 年为 4174 亿美元，2008 年度美国军费预算为 5550 亿美元，2009 年度为 5854 亿美元。

(3)军事至上，“先发制人”，实施“预防性打击”

美国认为：由于“全球一体化”的趋势为军事技术的发展扩散提供了极为便利的条件，加之美国是一个开放型的社会，这使得美国面临的威胁，更加“不可知、不可见、不可预测”，因此，对付不确定性威胁必须成为美国防务规划的核心原则，正是基于对威胁不确定性的认识，美国国防部首次提出了“预防性战争”的概念。2002 年 9 月 20 日，美国发表的《国家安全战略报告》进一步提出了“先发制人”的战略指导思想。这一战略的依据是：恐怖主义防不胜防，无法慑止，以往的威慑和惩罚手段已经不能有效地阻止恐怖袭击，最好的防御就是进攻。美国必须主动出击，摧毁它从事恐怖活动的能力，直至彻底消灭。前国防部长拉姆斯菲尔德说：“美国之所以要采取先发制人的战略，是因为美国要防贼，却根本不知道贼在哪里。由于美国不可能在任何地方、任何可以想象的时间来防御任何威胁，所以对付各种威胁的唯一方式就是将战争引向敌人，最好的防御就是有效的进攻。”

美国在《国家安全战略报告》中多达 12 处指出，无论联合国是否授权，无论盟国是否合作，美国只要认为有必要，就会对任何一个敌对国家或者拥有大规模毁伤性武器的恐怖组织，予以“先发制人”的军事打击。前总统布什强调，“依靠防御无法取得反恐战争胜利，最好的防御便是有效的出击，为抢先阻止我们的敌人采取敌对行动，美国将在必要时先发制人”。

(4)退出反导条约，大力推进导弹防御系统的部署

1972 年 5 月 26 日，美国和苏联在莫斯科共同签署了一项题为《美利坚合众国与苏维埃社会主义共和国联盟之间关于限制反弹道

导弹系统的条约》,人们把这项条约简称为反弹道导弹条约(ABM)。这是冷战时期美国和苏联签署的一项限制发展战略弹道导弹防御条约的国际条约。反导条约比较明确地规定:美国和苏联双方只能在两个允许的地点部署规模有限的导弹防御系统:一是以首都为中心、半径不超过150公里的范围内,部署不超过100枚的拦截导弹和不超过6个用于反弹道导弹的雷达设施;二是以洲际弹道导弹的部署基地为中心、半径不超过150公里的范围内,部署不超过100枚的拦截导弹、不超过2部的大型相控阵雷达和不超过8部的小功率雷达。1974年7月3日,美国和苏联又在莫斯科签署了反导条约的补充议定书,规定双方只能在上述两个地点中任选一个地点部署导弹防御系统。美国选择在洲际弹道导弹基地周围部署导弹防御系统,俄罗斯则选择在首都周围部署导弹防御系统。

当然条约也规定,双方可以对条约提出修正,如果认为有危及本国最高利益的情况发生,双方也有权退出条约,但必须在退出前6个月把退出决定通知对方。反导条约的目的,就是保障双方有相互摧毁的能力,保持核军事平衡。

2001年12月13日,小布什在美国白宫玫瑰花园发表了讲话,宣布退出反导条约,从而为发展国家导弹防御系统(NMD)扫清了障碍(见图3-1)。2005年,美军继续投资100亿美元发展导弹防御系统。

美国部署NMD系统的目的一旦得逞,后果将会是十分严重的:

第一,按照目前的技术和经济能力,只有美国能够研制和部署NMD系统。美国一旦部署NMD系统,势必造成当前战略力量的严重不平衡。

第二,美国部署NMD系统将迫使俄罗斯和其他拥有战略弹道导弹的国家不得不采取两种应对手段:或是增加弹道导弹的数量,或是改进现有的弹道导弹,提高突防能力,从而使多年的军备控制成果付之东流,导致新的军备竞赛。

第三,美国现在强调,它研制和部署的NMD系统只是为了保护

图 3-1　美国国家导弹防御系统

美国本土免遭无赖国家少量弹道导弹的袭击。但是，美国是至今一直拒绝承诺不首先使用核武器的核大国，一旦有了 NMD 系统，就有可能增加美国首次使用核武器的诱因，增加爆发核战争的危险。

（二）俄罗斯军事概况

当今的俄罗斯是在苏联俄罗斯加盟共和国的基础上发展起来的。苏联解体后，俄罗斯继承了苏联绝大多数的军事遗产，尽管目前的俄罗斯与苏联相比军事实力大大下降，但俄罗斯仍是当今世界上除美国之外军事实力最强大的国家。俄罗斯联邦总统是俄罗斯武装力量的最高统帅，总统通过国防部长和总参谋长对武装力量实施领导与指挥。俄罗斯联邦安全会议是俄罗斯联邦国家安全的最高决策机构和立法机关，俄罗斯国防会议是最高国防决策咨询机构，国防部长通过国防部对武装力量实施直接领导，总参谋部通过各军兵种司令部对武装力量实施指挥。

1.俄罗斯武装力量的组成

俄罗斯的整个军事力量由武装力量、准军事部队组成。

(1)武装力量

俄军编制员额为120.7万人,其中义务兵33万人,女兵约10万人。

苏联解体以后,各加盟共和国瓜分了苏联的军事遗产,俄罗斯继承了苏联军事实力的75%,共计282.23万人。俄罗斯也继承苏联军种划分方法,将武装力量划分为战略火箭军、陆军、防空军、空军、海军5大军种和空降兵1个独立兵种。

俄罗斯认为,在冷战结束后的新形势下,保持如此规模的军事力量既没有必要,也超出了俄罗斯国民经济的承受能力。在这种情况下,俄罗斯政府从1992年5月起开始对武装力量进行裁减,从1992年到1997年以每年二三十万人的速度裁减部队员额,到1997年,武装力量就裁至150万人左右。从1997年起俄罗斯在继续裁减员额的情况下,加快了编制体制调整的步伐,2001年,俄罗斯将防空军与空军合并组成空军,将战略火箭军由军种降为兵种,将原属战略火箭军的军事航天力量和导弹太空防御兵组建成为航天兵,从而形成了目前的三大军种和三大独立兵种的武装力量组织形式。

下面是有关俄罗斯各军兵种力量的情况。

陆军:陆军是俄罗斯军队总人数最多、战斗编成最大的一个军种,总兵力达32.1万人。现编有6个军区、1个战役战略集群、8个集团军司令部、3个步兵军司令部、39个师(坦克师5个、摩步师19个、空降师4个、机枪炮兵师6个、炮兵师5个),7个军区训练中心、13个独立旅(摩步旅10个、空降旅3个),7个特种部队旅、18个独立炮兵旅、15个战役战术导弹旅、5个反坦克旅、3个反坦克团、19个防空导弹旅、20个直升机团以及其他部队。主要装备有坦克21870辆(封存8000辆)、装甲战斗车辆2.59万余辆、火炮2.07万门,直升机2000余架。

海军：总兵力大约为 15.5 万人，装备各型舰艇 770 余艘，各型飞机 800 余架。海军编成有水面舰艇部队、潜艇部队、海军航空兵、海军陆战队和海岸防御部队等，共编有四个舰队：北方舰队、波罗的海舰队、太平洋舰队、黑海舰队和里海分舰队。

空军：俄罗斯空军总兵力 18.46 万人，编有远程航空兵、前线和防空航空兵、军事运输航空兵等，远程航空兵编成 6 个航空兵师，前线和防空航空兵编成 7 个航空兵集团军、49 个航空兵团，军事运输航空兵编成 9 个航空兵团。装备有各型飞机 4500 余架、防空导弹发射架 2500 余部。

战略火箭兵：编有导弹集团军、导弹师。总兵力达 12 万人，装备有洲际导弹 700 多枚，反弹道导弹 100 枚。

空降兵（见视频 3-2）：编有 6 个空降师、1 个独立空降旅。总兵力近 4 万人。

航天兵：编有空间防御集团军、航天试验发射场等。空兵目前编有 1 个试验与测控中心、1 个导弹—太空防御集团军、14 个独立无线电技术枢纽及 3 个航天发射场，总兵力达 9 万人。

(2)准军事部队

俄罗斯准军事部队编制 40.9 万人，包括以下几个部分。

联邦边防军（直属总统）：兵力 14 万人，编成 10 个地区局、7 个边防群，装备有步战车 1000 辆、火炮 90 门、飞机 70 架、直升机 200 架、巡逻和岸防舰艇 237 艘。

内卫部队（隶属俄罗斯内卫部）：兵力 15.1 万人，编成 7 个内卫军区；共计 11 个师（含 5 个特别行动师）、29 个独立旅（含 10 个特别行动旅）、65 个团以及航空兵，装备坦克 69 辆、步战车 1700 辆、火炮 65 门。

联邦安全部队（联邦安全局和特种建设总局）：兵力 4000 人，包括代号为阿尔法、贝塔、天顶等特种部队。

联邦警卫部队：兵力 1 万～3 万人，编成 1 个机械化步兵旅和 1 个空降团、总统警卫团（直属总统）。

联邦政府通讯和信息署：兵力 5.4 万人。

铁道兵(联邦铁路局)：兵力 5 万人，编成 4 个铁道军、28 个铁道兵旅。

2. 俄罗斯的防务政策

俄罗斯成为独立国家以后，军事战略几经变化，从初期的延续苏联后期的"纯防御战略"(三不承诺：不首先对任何国家进行战争或采取军事行动，不首先使用核武器，不越过边界作战)。根据安全形势的变化调整到后来的"积极防御战略"(强调作战行动攻防结合的同时，更强调进攻具有决定性的作用)。也开始在军事学说中指出："俄罗斯新军事学说应清楚、明确、毫不含糊地反映这一原则，即如果敌人开始了侵略，武装斗争的法则立即生效，国界也不复存在。武装力量应选择和使用最有效的军事行动样式和方法：可能是进攻，也可能是防御，抑或是向敌实施火力突击。1997 年以后，俄罗斯逐渐形成了当前的"现实遏制战略"基本框架。

俄罗斯现行军事战略是"现实遏制战略"，其主要内容用一句话概括：确立一个威胁，铸强一面盾牌，明确三个建军目标，维持一个联盟。具体而言，俄罗斯军事战略包括以下几个方面的内容：

(1)以北约为主要威胁和作战对象

俄罗斯为什么以北约为主要威胁和作战对象呢？北约的东扩使俄罗斯的战略利益受到现实的威胁。

俄罗斯是一个欧亚大国，几百年来，其政治、经济、文化和军事的重心始终在欧洲，俄罗斯国家和民族根本利益的重心也在欧洲，可以说欧洲是俄战略利益所在。但是 20 世纪 90 年代中期以后，随着北约东扩战略的提出和实施，以美国为首的西方国家借机挤压俄罗斯的战略生存空间，削弱其国际地位；截至目前，北约已进行了两轮东扩，2000 年的第一轮东扩，将波兰、匈牙利、捷克纳入北约，北约的前沿阵地向前推进了 600 公里，使俄失去了 48 万平方公里的缓冲地带；在此期间的另一件事也深深地刺激了俄罗斯，那就是 1999 年北约不顾俄罗斯的强烈反对，悍然发动了对其传统盟友南联盟的战争，这极大地伤害了俄罗斯的民族自尊心，也打破了俄罗斯对西方所抱有的幻想。

2004 年 3 月 29 日，北约完成了第二轮东扩，一举接纳保加利亚、爱沙尼亚、拉脱维亚、立陶宛、罗马尼亚、斯洛伐克与斯洛文尼亚 7 个国家，北约成员国增至 26 个。俄罗斯因此失去了上千公里的战略纵深。从地理上看，北约的领土和俄罗斯接壤，俄一部分领土——加里宁格勒，还被北约包围。从军事上讲，俄罗斯和北约近在咫尺。从波罗的海三国到俄中央地区，装甲车只需一昼夜的路程，巡航导弹只需几分钟。这一新形势直接关系到俄罗斯的切身利益和安全。这不能不引起俄罗斯的忧虑。俄罗斯认为，北约的东扩就是想扼住自己以欧洲为主要地区复兴发展的咽喉，这是与俄罗斯复兴大国的目标完全相悖的，也是俄罗斯决不能容忍的。俄罗斯与北约的矛盾正日益加深。

(2)以核武器为后盾，实施战略威慑

俄罗斯拥有庞大的核武库，核武器在俄罗斯的军事战略中始终占有重要的地位。

早在 1982 年，当时苏联领导人勃列日涅夫向联合国秘书长写信公开承诺："苏联不首先使用核武器。"因为当时苏联在与美国全球争霸中处于全面进攻的有利地位，其在常规力量上(特别是在数量上)占有绝对性的优势，可以说，苏联的常规力量就足以让西方国家心惊胆战。

但是，时过境迁，由于国力的衰弱，俄罗斯在 1993 年制定的《俄联邦军事学说》中，放弃了"不首先使用核武器"的承诺。这表明俄罗斯开始将核力量作为维护其安全利益的重要支柱。2000 年通过的《新军事学说》则宣布，"当国家主权和领土完整受到威胁而且其他手段不能奏效时，将考虑使用核武器"。根据这一新的军事学说，俄罗斯降低了核门槛的高度。所谓核门槛，也就是使用核武器的底线。1997 年出台的《国家安全构想》的提法是："只有在俄联邦的生存受到威胁的时候，才能使用核武器。"2000 年 1 月，俄批准的《俄联邦国家安全构想》则指出，“如果解决危机的其他手段都不能奏效的话，俄将使用核武器击退侵略”。

为了与核门槛降低相适应，俄罗斯也修改了核打击的样式，俄军认为，只在遭受核打击后才进行核还击的作战样式已不能适应核政策的变化，所以俄罗斯的核打击样式将不再仅限于核还击，必要时将实施核迎击甚至是主动的核打击。俄罗斯核作战样式的变化，使俄罗斯核打击手段更加灵活，选择性更强，也提高了其核威慑的能力。

为什么俄罗斯高举核盾牌不撒手呢？可以说这是俄罗斯在经济实力大大下降情况下的无奈但也是明智的选择。争强好斗的俄罗斯虽然不能重温昔日美苏争霸世界的美梦，但也决不甘心完全沦为二流角色，但由于常规军事力量已无法和美国相拼，囊中羞涩的俄罗斯再也玩不起与美国一掷千金的军备竞赛游戏，要想有效地对抗美国，维护自身的战略利益，为经济的复苏创造一个良好的安全环境，俄罗斯仍然要靠自己的核武器。

(3)建设一支精干、职业、现代化的军队

俄罗斯在总结反思了前10多年改革，特别是两次车臣战争及科索沃战争经验教训的基础上，逐步理清了军事力量建设的思路。提出俄罗斯要在未来15年内建成一支“精干高效、机动灵活、编成合理、装备先进，有充分遏制能力”的现代职业化军队，以应对俄罗斯面临的威胁。在这一思想的指导下，俄罗斯建军目标表现在以下三个方面：

首先，保持各军种均衡发展。前总统普京指出，各个军种关于地位争论的实质是如何妥善处理发展核力量与发展常规力量的关系，处理好以核武器支撑大国地位和以常规力量应付现实安全威胁的关系，因此，必须纠正前一时期由于偏重于某一军种而致使其他军建设几乎陷于停顿的错误做法。

2001年6月，普京总统颁布命令，将战略火箭军由军种降格为直属国防部的独立兵种，同时成立了航天兵，从而完成了由建军初期的五大军种(陆、海、空、防空、战略火箭军)向三军种(陆、海、空)和三兵种(战略火箭兵、空降兵和航天兵)的过渡。

其次,是保持军队与国民经济协调发展。俄罗斯军费一直在低水平徘徊,最低时仅占国内生产总值的2.5%,仅为苏联军费最高时期的1/30。有分析家认为,俄军费投入只是实际需要的1/3,其中70%用于人员生活费用,只有30%用于军事训练和武器装备的研制。1999年俄军费仅为47亿美元,随着俄经济形势的好转,2001年俄军费较上年增加了50%,达到了78.5亿美元,2003年达到110亿美元,2004年达到了137.11亿美元。2008年9月18日俄罗斯总理普京确认,俄罗斯2009年的军费将增长27%,达到2.4万亿卢布(941亿美元)。

最后,着眼提高军队的质量,加快军事体制调整。俄罗斯建军初期就把"提高军队的质量参数"作为一句响亮的口号来提,但事实是,质量非但没有上去,反而不断下滑。在分析其原因时,普京指出,军体制的不合理是制约俄军建设的主要因素。

俄立国之初,叶利钦就曾提出建立职业化军队的指导思想,还制定了2000年全部实现职业化的时间表,但因国力不济未能实现。普京担任总统后,重新启动了俄军职业化改革进程,并划分了三个阶段:第一阶段为试点阶段,2002年9月至2003年底在空降兵驻普斯科夫第76师进行职业化试点。第二阶段为部分职业化阶段,2004年至2007年对陆军、空降兵和海军陆战队的92支部队共16.7万人进行职业化改造,合同制士兵和军士的比例将由现在的12%提高到50.7%。第三阶段是2007年以后开始全面实行职业化至2015年建成全职业化军队的目标。

梅德韦杰夫总统在2008年底的一次讲话中说,俄军存在军队官兵比例过高问题,必须加以解决。因此,此次军官精简是俄军缩编的重头,将缩减和调整各级军事指挥人员。到2012年,将军人数将从1100人降至900人;校级军官人数也将大幅缩减;中尉和上尉军官将从5万人增至6万人;取消现有准尉军衔,解散培养准尉军官的军校。到2012年,俄军人数将从目前的120万人裁减至100万人,军官人数将从目前的35.5万人降至15万人。

(4)加强独联体的集体联盟(维持一个联盟)

苏联解体后,在俄罗斯的提议下由原苏联的15个加盟共和国成立了"独立国家联合体"简称"独联体"(爱沙尼亚、亚美尼亚、拉脱维亚、立陶宛、白俄罗斯、乌克兰、格鲁吉亚、阿塞拜疆、摩尔多瓦、哈萨克斯坦、塔吉克斯坦、吉尔吉斯斯坦、土库曼斯坦、乌兹别克斯坦)。

独联体的现状也促使俄罗斯加大推动独联体一体化的力度:从总体上看,整个20世纪90年代,俄所推动的独联体一体化进程并不顺利,独联体是"独"多"联"少。俄罗斯和独联体其他国家虽然在发展一体化方面具有共同的利益和基础,但俄希望实现以它为主的联合,其实质是通过一体化加强对独联体的影响和控制,而独联体其他国家所追求的是在保持自身独立和主权基础上的平等合作。政策目标的不同是阻碍一体化深入的根本原因;独联体各国在发展相互关系的同时,都致力于发展同西方国家的关系,这使独联体一体化困难重重;外部势力也竞相以经济合作为诱饵与独联体国家发展关系,特别是中亚和外高加索地区由于其独特的地理位置和丰富的油气资源,成为大国经济和地缘政治争夺的对象,因此,这一地区的地缘政治更加复杂,不少独联体国家游离于俄罗斯和美国等西方国家之间;北约和欧盟东扩对独联体一体化也产生了不利的影响。美国以打击恐怖主义为由加强在中亚地区的军事存在,这更增加了中亚地区独联体国家的离俄倾向。2003年下半年,俄罗斯与乌克兰为刻赤海峡的争端而剑拔弩张,年底格鲁吉亚发生亲美政治力量的"天鹅绒革命",并由此引发俄在格鲁吉亚的驻军危机。

尽管面对诸多的困难和不利因素,但俄罗斯仍然把独联体视为外交的"重中之重"和"绝对优先方向"。

(三)印度军事概况

印度的国防体制是,总统为武装力量最高统帅,总统通过总理对全国武装力量实施领导和指挥。印军最高决策机构为内阁政治事务委员会，最高军事行政长官是国防部长，印度陆、海、空三军平时作战权直属内阁总理，战时通过授权主要军种参谋长实施统一指挥。

1. 印度武装力量的组成

印度武装力量(见视频3-3)由现役部队、后备役部队、准军事部队组织成，现役部队由陆、海、空三个军组成，现实行募兵制度。

印军现役部队总兵力为114.5万人，其中，陆军98万人，空军11万人，海军5.5万人。陆军以轻型装备为主，包括轻型坦克、装甲车、榴弹炮、防空火炮等，另有车载及肩扛式防空导弹，印陆军拥有直升机部队，共有武装直升机88架。主要武器装备包括坦克3500余辆、装甲车辆约1700辆、火炮6550门、作战飞机1400余架、各型舰艇150余艘(其中航空母舰2艘)，另有4艘导弹艇、34艘巡逻快艇、2艘扫雷艇、76艘各式两栖登陆舰艇、2艘常规动力攻击潜艇，是目前东南亚国家中唯一拥有潜艇的国家，海军实力在东盟中最强。空军目前有12架F-16A/B、16架F-5E/F、20架A-4S/E战斗机、12架OV-10F轻型攻击机、11架海上侦察机，另有教练机89架，运输机、空中加油机等89架，直升机59架。陆、海、空三军均装备了各种型号的导弹，具有近、中程核打击能力。预备役部队54万人，准军事部队约180万人，装备有飞机35架、舰船50余艘及部分装甲战车。

2. 印度的防务政策

1950年印度建国后，将军备置于优先发展地位，对外推行地区大国主义政策，对周边国家保持进攻态势和强大的军事压力，以控制南亚地区和印度洋为战略目标，以实现世界大国的设想。冷战结束后，随着国际战略环境的变化，印度的防务政策也作出了相应的调整，调整后的防务政策要点表现在以下几个方面：

(1)推行务实、全方位的外交防务政策

两极格局解体后，印度在失去"印苏"联盟对抗"美巴"同盟的防务支撑点后，印度适时调整对外政策，确立了一些新的防务平衡点。一是同邻国签署了一些旨在减少冲突、降低军事对抗程度的协议，以图稳定周边环境。二是恢复"印俄罗斯"防务合作，发展与中亚国家的关系。1993年，“印俄罗斯”重新签订了“友好合作条约”和“防务合作协定”，主张在保持“印俄罗斯”传统友谊的基础上，建立互利互惠的“新型”合作关系。印度还派团出访中亚国家，寻求全面发展关系。三是主动而又谨慎地加强同美国的军中联系。四是在安全与防务问题上与东盟加强联系。如同新加坡、马来西亚、印尼和泰国举行联合军事演习，与马来西亚签署防务合作协定等。印度这种“联西拉东，稳北定南”的全方位防务外交，确实改善了印度在安全上的战略态势，有利于其左右逢源，捞取实惠。

(2)继续推行“地区性有限威慑”的军事战略

印度在军事上始终把防务重点放在西部和北部边境，把控制印度洋作为未来的重点。印度把战略重点置于西部边境，采取进攻态势，把一半以上的三军兵力置于西部边境和阿拉伯海，从兵力与装备上对西部邻国形成了绝对军事优势，准备打一场全面局部战争，印度对北部的主要邻国保持进攻性防御态势，立足于打半个局部战争。

近年来，印军虽将北部边境部分前沿部队后撤至纵深地区，但这只是将前沿部署变为前沿存在，同时，印度还加强了控制印度洋的力度，这表明其战略重心开始由陆地转向海洋。从近期看来，印度为了“执牛耳于印度洋”，完成海上战略扩张的目标，其海军不断朝大型化、远洋化方向发展。2000年，印度开始执行1艘航空母舰、3艘德时级驱逐舰、3艘布拉马普特拉河级和4艘考拉级护卫舰的庞大造舰计划，并从俄罗斯购进3艘克里瓦克级导弹护卫舰。印度计划实施“三航母战略”，三艘航母包括现役的“维拉特”号航母、购买并改装的“戈尔什科夫海军上将”号，还有2006年开始建造的“蓝天卫士”号。由于“维拉特”号将在2010年左右退役，印度后又宣布多建造一艘国产航母。与此同时，计划再引进90余架高性能的海上作战飞机，包括60架米格-29K舰载机、6架图-22M3“逆火”战略轰炸机、4架卡-31预警直升机、6架卡-28反潜直升机及配套的空舰导弹，以强化海空一体的作战能力。

英国政府已向印度出售60架“鹞”式战机，合同金额达10亿英镑，按照远景规划，印度将为东部舰队、西部舰队及远东海军司令部各配备一个航母战斗群，印度海军将成为仅次于美国的全球第二航母大国。

(3)大力发展武器装备及核武器

印度约有70%的武器装备来自苏联，随着苏联的解体，一方面开始自行生产常规武器、“阿君”式主战坦克、“火”式中程导弹，改造部分“米格”飞机，海军还准备自行建造航空母舰；另一方面，加紧研制生产核武器，20世纪末，印度接连进行多次核试验，而后又进行过多次运载工具的试验，使印军目前具备了核打击能力。目前印度已经拥有射程达2500公里的“烈火”-2型中程导弹，正在研制射程为3000公里以上的“烈火”-3型导弹和射程超过5000公里的“太阳神”洲际弹道导弹。

(4)争取21世纪初成为世界军事强国

20世纪70年代以前，印度的武装力量在世界甚至南亚地区并未引起人们的多大重视，80年代以来，印度把“立足南亚，面向印度洋，争取在21世纪初成为世界军事强国”作为国防发展的新战略，其武装力量悄然崛起，使得印军实力大为提高，成为世界上军事实力较强的国家之一。印度在加强陆、海、空三军常规军事建设的同时，目前又在向一个新的战略目标发展，根据“空间发展长远规划”，印度今后十几年将加快空间技术的发展。目前，世界军备可能出现大幅裁减，而印度则可能抓住这个时机，迅速向军事强国迈进。

(四)日本军事概况

在日本，内阁总理大臣是国防组织的最高领导人和自卫队的最高统帅，对自卫队行使最高指挥监督权。内阁会议是国防问题的最高决策机构。安全保障会议是国防问题的最高审议机构，防卫厅是在内阁总理大臣直接领导下处理国防事务的行政机关。防卫厅长官通过各自卫队参谋长对陆上、海上、航空自卫队实施领导和指挥。参谋长联席会议主席协助防卫厅长官对陆上、海上、航空自卫队进行统一协调。

2005年11月22日，日本自民党推出修宪草案。该草案删去了“和平宪法”第9条关于日本“放弃战争、战争力量及交战权”的规定，并且把自卫队升格为“自卫军”。2007年日本防卫厅升格为省，此举不仅仅是提升了原防卫厅的权限和地位，而且在法律上为日本自卫队“名正言顺”地走向海外扫清了障碍，更有可能会改变日本和平国家的组织架构。

1. 日本武装力量的组成

日本武装力量（见视频3-4）由现役部队、在军事部门服务的文职人员和预备役部队组成。正规部队分为陆上自卫队、海上自卫队、航空自卫队。实行志愿兵役制（又称募兵制）。上等兵（含）以下实行任期制：陆上自卫队2年（专业技术兵为3年），海上自卫和航空自卫队为3年；任期届满后，根据本人自愿并经审查合格后，任期可延长2年。军士和军官为职业军人，实行退休制。

现役部队总兵力约25万人，陆军约15万人，装备坦克和装甲战车约2000余辆，火炮5000多门，飞机500余架，岸对舰导弹、防空导弹、反坦克导弹若干。海军约5万人，装备各型飞机900余架、各型导弹若干。准军事部队1.2万人，装备舰船500余艘、飞机60多架。预备役部队约5万余人。

日本经济实力雄厚，战争潜力巨大。近几年来，日本军费开支都接近500亿美元，仅次于美国和俄罗斯。冷战结束后，日本加快了军事大国的步伐，大力发展军备，军事综合实力有了极大提高，特别是为了适应在距离本土1000海里外实施“洋上防御”的新战略，日本的“十九舰队”计划开始全面启动。所谓“十九舰队”，即在原各护卫队群舰船的基础上，每队再增编一艘金刚级导弹驱逐舰和一艘最新型的村雨级（排水量4400吨，可载一架SH-60J反潜直升机）驱逐舰，使之达到10艘驱逐舰和9架反潜直升机的规模。这一目标实现后，日本海上自卫队的护卫队群虽然无法跟美国的大型航母战斗群相提并论，但它却具有在远离日本本土1000海里的洋上独立实施反潜、反舰和防空作战的能力，能够有效地控制方圆150海里内的海域和150海里内的空域，这无疑使其成为当今世界上综合作战能力最强的水面作战舰艇群之一。如果其渴望已久的航空母舰能建成，那么，日本海军的作战能力将更加强大。

2.日本的防务政策

冷战结束后，世界战略形势发生了重大的变化，日本战略环境也相继产生了重大变化。日本认为，目前日本的战略压力不再来自北方，其主要的潜在威胁是中国和朝鲜，基于这种观点，日本的军事战略和防务政策都进行了调整，以适应日本战略环境变化后的战略需要。其表现在以下几个方面：

(1)防务重点从对付北方威胁转向对付西方威胁

近年来，日本一方面承认冷战结束后日本周边地区已不存在针对日本的“特定威胁”，声称日本“不做威胁他国的军事大国”，另一方面又强调“朝鲜半岛局势持续紧张”，中国日益强大，特别强调邻近国家均在大力进行军事力量扩充和加强军队的现代化，实质上就是宣传“朝鲜威胁论”和“中国威胁论”。

因此，日本正在对自卫队的部署态势进行调整，部分陆上自卫队从北海道调往九州，海上自卫队也正在加强位于西部的吴港基地的建设，其实质就是将战略重点从北面移向西面，以防范中国和朝鲜。

(2)加强美日安全合作

日本认为，日美安全合作对新形势下的日本至关重要，是日本防卫政策的支柱和基石。在日本看来，冷战后美国仍然是世界上最强大的军事大国，日本可以依赖美国的核威慑力量维护日本的安全，同时在这一保护伞掩护下，不断加强自身的防卫力量，建立起完善的防卫体系，扩大自卫队活动空间及提高其对各种危机冲突的反应能力。

(3)积极推行外向型防卫政策

日本在调整战略重点后，全面推行积极的外向型防卫政策，使得日本的“专守防务”原则名存实亡，由被动型防卫变成了主动型防卫，由自卫型走向外向攻击型。

(4)大力发展军备,提高武装力量的质量

通过对自卫队体制的调整,自卫队的“快反”能力和“应变”能力得到很大提高。日本还不惜巨资大量加强海上自卫队、航空自卫队建设,花重金购买世界发达国家尖端武器装备,以提高现有武装力量的质量。

(五)欧盟

欧洲联盟简称欧盟,是由欧洲共同体发展而来的,是一个集政治实体与经济实体于一身、在世界上具有重要影响的区域一体化组织。1991 年 12 月,欧洲共同体马斯特里赫特首脑会议通过《欧洲联盟条约》,通称《马斯特里赫特条约》。1993 年 11 月 1 日,《马约》正式生效,欧盟正式诞生。总部设在比利时首都布鲁塞尔。欧盟现有 25 个成员国(见图 3-2),人口总数 4.595 亿。欧盟成员国的总面积达到 397.3 万平方公里,整体生产总值 10 万多亿美元,经济实力与美国不相上下。

多年来,传统认为欧洲的安全一直由美国和以美国为主导的北约“罩”着,形成了以美国为主导的局面,欧洲似乎面临着被边缘化的威胁。而在阿富汗战争、伊拉克战争等重大国际安全问题上,美国并没有秉承北约倡导的“集体安全原则”,而是甩开欧洲自己单干。经历了数度战争的刺激以及地区安全冲突的冲击,欧洲国家深刻地认识到,必须加快建立自己的欧洲防御体系,以期独立承担防务责任,主导欧洲及其周边的安全事务。早在科索沃战争结束之时,欧盟便作出了组建一支 6 万人快速反应部队的决定。美国对欧盟的这项决定从一开始便异常反对。美国认为,在有北约存在的前提下欧盟自行建军,完全是多此一举,这也是对北约功能的削弱。欧盟内部对此虽有争议,但最终取得了一致,坚持达成建军的目的。其一体化进程不可逆转,组建统一的快反部队是大势所趋。同时,欧盟一体化的进程具有浓厚的独立性、自立性,其摆脱对北约的依赖是迟早的事。欧盟还以耗资 30 多亿欧元的代价研制、部署“伽利略”卫星定位系统,并已于2003年与中国签订了合作研发合同，这一项目已进入实质性研发阶段。

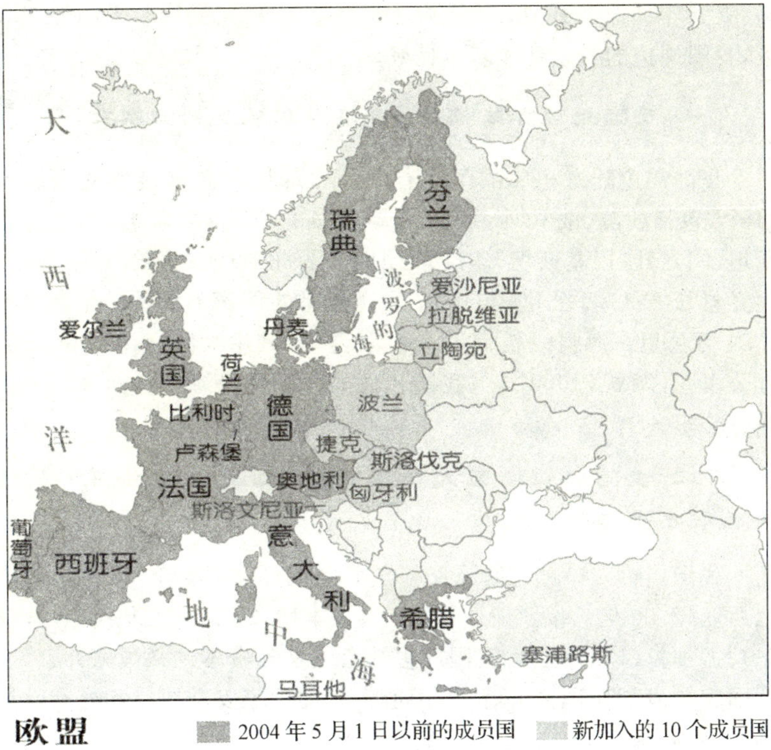

图3-2　欧盟成员国

第三节　我国周边安全环境

一、我国周边安全环境的基本情况

两极格局解体后，世界军事形势发生了重大的变化，加之中国与众多周边国家在社会制度、意识形态、宗教传统及政治、经济、文化等方面存在着差异，而且与许多国家存在领土、领海主权的争议，因而我国周边安全环境并不十分乐观。但是从总体上看，由于在亚太地区，有俄罗斯、中、美、日、印等国相对平衡的力量及利益关系，加之我国30多年的改革开放，综合国力显著提高，以及推行和平的外交政策，我国周边的安全环境基本良好。

（一）我国是边界线较长，相邻国家最多的国家之一

我国周边陆海相邻的国家有21个，陆地与我国接壤的国家有14个，包括朝鲜、俄罗斯、蒙古、哈萨克斯坦、塔吉克斯坦、吉尔吉斯斯坦、阿富汗、巴基斯坦、印度、尼泊尔、不丹、缅甸、老挝、越南等国。边界总长2.28万公里，与中国隔海相邻的国家有7个，海岸线有1.84万公里。海疆线长大约3.2万公里，其中大陆海岸线长1.65万公里，有海岛7100个，与我国相邻的3个边缘海的总面积468万平方公里。

（二）我国周边地区人口众多，周边国家政治制度及经济发展水平差距较大

我国周边人口过亿的国家有6个，分别是：印度(9.82亿)、印度尼西亚(2.06亿)、俄罗斯(1.47亿)、日本(1.26亿)、巴基斯坦(1.48亿)、孟加拉(1.25亿)。我国周边社会主义与资本主义国家并存，发达国家与发展中国家并存，各国所奉行的国家安全战略和外交政策不同，对我国安全造成了一定的不利影响。

（三）我国周边地区是世界上大国最集中的地区

俄罗斯是一个拥有大量尖端科技、先进武器和核武器的世界大国；日本是一个世界经济大国；印度是一个人口仅次于我国的人口大国，并在南亚次大陆举足轻重；印度尼西亚在东南亚的地位不断上升；美国是一个比其他国家对我国更有影响的大国。

（四）我国与周边国家改善关系的合作日益频繁

我国实行独立自主的和平外交政策，在和平共处五项原则的基

础上发展同邻国的睦邻友好关系，与15个国家建立了友好关系，与俄罗斯、哈萨克斯坦、吉尔吉斯斯坦、塔吉克斯坦解决了边界问题，与15个国家有经济贸易往来。

二、我国周边安全存在的主要问题

（一）祖国统一问题

1. 台湾问题的由来与实质

第二次世界大战结束之后，台湾不仅在法律上而且在事实上已经归还中国。台湾问题的出现，是国民党发动反人民内战的结果，其本质是中国的内政问题。台湾问题之所以长期存在且迄今尚未解决的一个重要因素，是美国等西方反华势力插手台湾问题，干涉中国内政，阻碍中国统一。

1945年抗日战争胜利后，中国人民迫切要求走和平民主、团结建国的道路，建设一个独立统一、繁荣富裕的新中国。但是，以蒋介石为首的国民党统治集团依仗美国的支持，置全国人民渴望和平与建设独立、民主、富强的新中国的强烈愿望于不顾，撕毁国共两党签订的《双十协定》、政协协议和一切停战协议，悍然发动了全国规模的反共反人民内战。亟待休养生息的中国，再次陷入全面内战之中。

1949年1月，蒋介石迫于国民党内部反蒋势力的压力宣布下野后，开始了对台湾的苦心经营。他制定了“建设台湾、闽粤，控制两广，开辟川滇”的战略计划，并设想建立一个“北连青岛、长山列岛，中段连接舟山群岛，南到台湾、海南岛”的海上锁链，使其成为封锁、包围以致反攻大陆的战略基地。

1949年12月7日，国民党宣布“政府”迁至台北。12月11日，国民党中央党部迁至台北。中国大陆上战事基本结束。以蒋介石为首的国民党势力从大陆全面溃退，撤到台湾，在美国反华势力的支持下，继续维持着一个所谓“代表全中国”的反共政治架构。自此，台湾再次陷入与祖国大陆的分离状态之中。

2. 外国势力插手台湾问题阻碍中国统一大业

抗日战争胜利后，美国出钱出枪，支持蒋介石打内战，这是战后美国世界战略的一个组成部分。而台湾问题的产生，就是这种战略的直接产物。

(1)战后美国对华侵略及其对台政策的变化

从 19 世纪末开始，美国就以极大的兴趣倾注于东亚，尤其是中国，但限于当时的实力，在很长一段时间内，只能以“门户开放”政策与列强一道分享在中国的特权。太平洋战争爆发，美国加入到第二次世界大战的反法西斯阵营中来，并与中国的抗日战场发生了密切的联系。美国在 1943 年初制定了要把中国建成一个“大国”的对华政策。所谓“大国”政策，就是美国出于自身战略的考虑，建立以蒋介石为领导的亲美政权，让中国(以蒋介石为核心)与美苏英同为世界四大强国，以便与苏联对抗。罗斯福曾强调：“一个稳定的中国，对苏俄在远东的野心，将形成一道屏障，也可以当作一种最有价值的向心力，以限制亚洲革命暴动的影响。”正是基于这样一种“大国”政策，美国同意战后将日本所窃取的中国领土东北、台湾、澎湖列岛归还中国。战后，美国继续扶植和加强蒋介石政权，并且支持蒋介石发功了全国规模的内战。

从 1948 年冬季开始，人民解放军发起的辽沈、平津、淮海三大战役渐次展开，中国革命形势迅猛发展，美国感到国民党大势已去，开始重新审核对华政策，把政策目标从“尽一切力量阻止中共取胜”改为“尽一切力量阻止中国成为苏联的附庸”，决定逐步从中国内战中“脱身”，而集中力量“不让台湾落入中共之手”。1949 年 8 月 5 日，美国国务院发表《美国与中国的关系》白皮书和艾奇逊国务卿给杜鲁门总统的信，公开承认美国对华政策的失败，标志着美国开始从中国大陆“脱身”。同时，美国开始在分离台湾上做文章。

为达到把台湾从中国领土上分离出去的目的，美国曾设计了种种方案，但这些方案都没有行得通，到 1949 年底，美国确认蒋介石是“台湾最终真正权威”，于是决定继续援助在台湾的国民党政权。

(2)美国等外国反华势力阻挠我国解决台湾问题

中华人民共和国诞生以后，当时美国政府本来可以从中国内战的泥潭中拔出来，但是它没有这样做，而是对新中国采取孤立、遏制的政策。美国一方面大幅度改变对日政策，采取了一系列措施扶植日本，将日本变成它在东亚对付苏联以及中华人民共和国的遏制力量；另一方面，美国国会通过援款法案，加强对中国周边国家的军事、经济援助。

1950 年 6 月 25 日，朝鲜战争爆发。6 月 27 日，美国总统杜鲁门公然发表声明宣布："我已命令第七舰队阻止对台湾的任何攻击。"他还正式提出"台湾地位未定论"，宣布："台湾未来地位的决定，须等到太平洋安全恢复之后，由对日和约或由联合国决定。"美国政府这种继续干预中国内政、阻挠中国统一的错误政策，造成了台湾海峡地区的长期紧张对峙局势。台湾问题至今不能彻底解决，美国政府负有不可推卸的责任。

朝鲜停战后，1954 年 12 月，美国与台湾当局签订了所谓《共同防御条约》，公然将台湾置于美国的"保护"之下，声称要对中国人民解放台湾的正义斗争，同台湾当局采取"共同行动"。这是美国政府干涉中国内政、插手台湾问题的又一重大步骤。

1958 年 7 月，美国怂恿国民党部队加强对中国大陆的骚扰。8 月 23 日，中国人民解放军开始炮击金门、马祖。美国匆忙从地中海调海军来支援美国在台湾海峡的第七舰队。美国总统艾森豪威尔次日重申美国武力"保护"台湾的所谓"责任"。美国国务卿杜勒斯 9 月 4 日扬言要把美国在台湾海峡的侵略范围扩大到金、马等中国沿海岛屿。他们甚至以原子武器相威胁。周恩来 9 月 6 日就此发表声明，重申解放台、澎、金、马是中国的主权，任何外国不得干涉，并强调美国如不顾中国的再三警告，把战争强加于中国人民头上，美国政府必须承担由此产生的一切后果。之后，美国政府搬出所谓的"停火"方案。杜勒斯于 9 月 30 日表示，如果中国愿意在台湾海峡地区停火，美国可以劝蒋军撤出金、马。其意图是要在台湾海峡划一条永久停火线，以便实现其“划峡而治”、制造“两个中国”的图谋。这一方案不仅遭到中国政府的坚决拒绝，也不为蒋介石所接受。

1979 年 1 月中美建交，但美国对台湾问题政策的本质并未改变，仍然把台湾作为其全球战略中“一艘不沉的航空母舰”扶植台湾，阻挠中国完全统一。中美建交三个月后，美国参、众两院先后通过《与台湾关系法》，并于 4 月 10 日经美国总统签署生效。《与台湾关系法》公然声称：“美国决定同中华人民共和国建立外交关系是基于台湾的前途将通过和平方式解决这样的期望”；“以非和平方式包括抵制或禁运来决定前途的任何努力，是对西太平洋地区的和平和安全的威胁，并为美国严重关切之事”；美国仍将“向台湾提供防御性武器”。这表明，中美建交以后，美国一方面表示遵守《中美联合公报》，执行一个中国政策，但同时又以《与台湾关系法》为基础，继续在政治、经济、军事等各方面扶植台湾，并且以中国政府执行和平统一方针为美国执行一个中国政策的前提，从而继续阻挠中国人民解决台湾问题，实现祖国完全统一。

(3)日本、美国反华势力长期支持“台独”活动

“台独”活动的出现，从一开始就有国际背景。从历史上说，日本军国主义是“台独”的始作俑者。1945 年 8 月，日本天皇宣布无条件投降后，日驻台湾总督安藤利吉即策动一些日军中的军国主义分子和汉奸分子，在台湾建立起“台独”组织；同时，驻台日本右翼军人发动“台湾独立”事件，即为“台独”活动的发端。但是，台湾重归中国已不可逆转，日本军国主义势力进行的“台独”活动遭到失败。

由于蒋介石在台湾采取镇压“台独”的措施，“台独”分子只能在海外从事活动。1951 年、1956 年“台独”分子先后分别在日本、美国建立组织。至 60 年代中期，日本是“台独”势力的大本营。当时在日本的“台独”派别众多、组织复杂，其中以廖文毅为首的“台湾共和国临时政府”是最具代表性的“台独”组织。

60 年代末至 70 年代初，随着中日关系的发展，特别是 1972 年中日建交之后，在日本的“台独”组织逐渐衰落，“台独”活动的重心由日

本转移到美国。1970 年 1 月,“台独”分子彭明敏逃往美国 ;而统一指挥“台独”活动的“世界台湾人争取独立联盟”(即“台独联盟”)亦在美国成立。此后,美国成了“台独”活动的大本营。公开的“台独”势力以美国为其大本营绝非偶然。早在太平洋战争开始时,美国国防部成立了远东战略小组,其使命之一就是研究战后美国托管台湾方案。该小组在 1942 年春曾建议麦克阿瑟,从日本手中夺取台湾后,由美国军队暂时接管台湾,战后再进行“台湾民族自决”或成立“台湾共和国”,并着手培训一批“接管”台湾的行政人员 1949 年 1 月 19 日,美国国家安全委员会的文件提出,“美国亦宜扶植台湾自主分子,并使其发动台湾独立时,可含美国之利益”。1957 年美国参议院发表《康隆报告》,建议“中共入联合国,承认台湾共和国为美国保护国”。正是在美国反华势力的庇护和支持下,在美国的“台独”势力在 70 年代进一步整合,有了较大发展。中美建交以后,一些“台独”组织继续在美国活动。他们用各种方式游说美国议员,争取通过提升美台关系的议案;鼓吹“台湾加入联合国”,并组织各种宣传“台独”主张的活动。1995 年李登辉访美得逞,也包含了这些“台独”组织的势力所起的作用在内。

3. 对待台湾问题的原则

(1)坚持“一国两制,和平统一”

1956 年 3 月,周恩来说:“我们从来没有把和谈的门关死,任何和谈的机会我们都欢迎。我们是主张和谈的,既然我们说和谈,我们就不排除任何一个人,只要他赞成和谈。蒋介石还在台湾,枪也在他手里,他可以保持,主要的是使台湾归还祖国,成为祖国的一个组成部分,这就是一件好事。如果他做了这件好事,他就可以取得中国人民的谅解和尊重。”

1956 年 10 月,毛泽东说:“如果台湾回归祖国,一切可以照旧。台湾现在可以实行‘三民主义’,可以同大陆通商。但是不要派特务来破坏,我们也不派‘红色特务’去破坏他们。谈好了可以订个协议公布,台湾可以派人来大陆看看,公开不好来可以秘密来。台湾只要与美国断绝关系,可以派代表回来参加人民代表大会和政协全国委员会。蒋经国安排在人大或政协，陈诚可在中央工作，并在傅作义之上，蒋介石总要在中央安排，台湾还是他们管。”

2000年3月20日，江泽民指出，台湾地方选举已经结束了，我们过去说过，现在仍然认为，台湾不管谁当权，我们都欢迎他来大陆谈；同时，我们也可以到台湾去。但是，对话、谈判要有个基础，就是首先必须承认一个中国的原则。在这个前提下，什么都可以谈。

(2)不承诺放弃使用武力

江泽民指出：台湾问题不能无限期地拖下去，解决台湾问题要有一个时间表，搞好对台军事斗争准备刻不容缓，必须集中力量，加大投入，加紧推进，务求必成。

军委原副主席张万年指出：如果出现台湾被以任何名义从中国分割出去的重大事变，如果出现外国侵占台湾，如果台湾当局无限期地拒绝通过谈判和平解决两岸统一问题，我们只能被迫采取一切可能的断然措施，完成祖国统一大业。

2005年3月14日，十届全国人大三次会议表决通过了《反分裂国家法》。《反分裂国家法》是一部促进两岸关系发展，推进两岸和平统一的法律，是一部维护国家主权和领土完整、反对和遏制“台独”分裂活动、维护台海及亚太地区和平稳定的法律，是一部符合中华民族根本利益的法律。

《反分裂国家法》共有10条，却用了7条的篇幅来阐明：立法目的是为了反对和遏制“台独”分裂势力分裂国家，维护台湾海峡地区和平稳定，维护国家主权和领土完整，维护中华民族的根本利益；完成统一祖国的大业，是包括台湾同胞在内的全中国人民的共同义务和神圣职责；台湾问题是中国内战的遗留问题，是中国的内部事务，不受任何外国势力的干涉；并反复强调和平统一，一国两制的方针。本法还以法律的形式规定：国家以最大的诚意，尽最大的努力，实现和平统一。

《反分裂国家法》第8条指出：“台独”分裂势力以任何名义、任何方式造成台湾从中国分裂出去的事实，或者发生将会导致台湾从中国分裂出去的重大事变，或者和平统一的可能性完全丧失，国家得采取非和平方式及其他必要措施，捍卫国家主权和领土完整。

《反分裂国家法》为“台独”分裂势力划出了一条清楚的“警戒线”，同时明确指出，国家打击的是“台独”分裂势力，保护的是台湾平民，让大多数的台湾同胞放心、安心。可见本法是遏制“台独”的有力武器，“台独”势力分裂国家的阴谋必将失败。

（二）海洋权益存在问题

在我国周边安全环境中，维护海洋权益的斗争具有较大的复杂性和敏感性。

1. 关于东海大陆架和钓鱼岛的争议

中日东海问题由来已久，近年来则愈演愈烈，双方争议的焦点在划界的原则和钓鱼岛的主权问题上，至今没有达成实质性的协议，有待借助其他的国际争端解决方式予以解决。尽快地解决东海问题，符合两国的根本利益。

东海面积 77 万平方公里，大陆架一直延伸到冲绳海槽。冲绳海槽大部深度超过 1000 米，坡度很陡，形成西部大陆架和东部岛架的天然分界。但日本却提出以东海中心线为界，企图占去我 20 多万平方公里的海洋面积。

钓鱼岛又称钓鱼岛列岛，因其主岛叫钓鱼岛而得名。该列岛位于我国东海大陆架上，距我国台湾省基隆市东北约 92 海里，由钓鱼岛、黄尾屿、赤尾屿、南小岛、北小岛及三个小岛礁组成，总面积 6.3 平方公里。其中钓鱼岛面积最大，达 4.3 平方公里，海拔约 362 米。岛的东南侧山崖陡峭，东侧岩礁似尖塔。由于岛上缺乏淡水，自然环境恶劣，长期无人居住。1403 年以前，钓鱼岛即被中国人发现并命名，明朝把钓鱼岛正式划入了中国的海防范围。1895 年，日本强迫清政府将钓鱼岛群岛随同台湾一起割让给日本。1945 年，日本战败，我国政府收复台湾、澎湖列岛的同时，客观上也收复了钓鱼岛的主权。但是，日本投降后，冲绳受美国托管，美国却将我钓鱼岛作为靶场,并违反《开罗宣言》,于 1971 年把钓鱼岛划入“归还区域”交给日本。

钓鱼岛自古以来就是我国领土。大量确凿的历史事实表明,是中国人首先发现钓鱼岛,并给它命名,而且列入中国防区。钓鱼岛主权属于中国。但自 20 世纪 60 年代以来,日本一次又一次制造事端,向中国发起挑战,妄图侵占钓鱼岛,小小钓鱼岛由此迅速成为世人注目的焦点。国家关系中最敏感的问题,莫过于领土主权。在钓鱼岛主权问题上,中日之间争端由来已久。

在 1972 年中日恢复邦交谈判时,两国同意将这一问题挂起并留待以后条件成熟时解决。本着这一原则,中国暂不进入该岛,日本自己也明确表示:日本的主权不包括日本以武力或贪欲所攫取的土地。1978 年,中日缔结友好条约谈判时,邓小平提出了在主权给我前提下,搁置争议共同开发的设想,希望和平协商解决钓鱼岛问题。如果从钓鱼岛的历史及国际法的角度看,不能不说中国在这一问题上对日本采取的是相当宽容而现实的态度。

然而 1978 年,日本右翼团体日本青年社成员却在钓鱼岛上设立灯塔,显示“日本的主权”。此后,小小钓鱼岛风波不断:1979 年 5 月,日本派巡视船运载人员和器材登上钓鱼岛,修建了直升机场。1981 年 7 月,日本冲绳县又派船去钓鱼岛,调查渔场情况。1988 年,日本青年社成员又开始在岛上修建新灯塔,这一活动得到日本海上保安厅的指导。

进入 90 年代以来,随着世界格局和国家间力量对比发生变化,日本再次染指钓鱼岛。1996 年 7 月 14 日,又是日本青年社的 7 名右翼分子,在钓鱼岛上设置了一个高 5 米、重 210 公斤的铝合金灯塔。3 天后日本内阁官房长官尾山静六在会见记者时竟声称:“尖阁列岛的所有权属于日本,日本青年社在那里干的是合法的事情,中国政府对此不能说三道四。”

1997 年 5 月 6 日上午 8 时 30 分,日本新进党众议院议员西村真悟、大阪市议员仲间均和两名摄影记者,携带日本太阳旗,在钓鱼岛搞所谓的慰灵祭活动，再次对中国发起挑衅。

2. 南海争端

南海由东沙、西沙、中沙和南沙及其诸岛屿岛礁组成，面积350万平方公里。平均水深1212米，最浅处500米，最深处5559米（见视频3-5）。

南海是连通太平洋与印度洋的咽喉要道，具有非常重要的战略地位。南海是大型舰船的试验场。南海的经济价值非常高，已探明的石油蕴藏量达500亿吨，天然气为15万亿立方米，还有丰富的稀有矿藏和丰富的水产资源。

从战略上来看，中国南海的地位更是重要。它是沟通太平洋与印度洋、联系亚欧大陆的交通要冲，被地缘战略学家称为"亚洲的地中海"。南海海域南接马六甲海峡，东北部紧连巴林塘海峡、巴士海峡和台湾海峡。尤其是马六甲海峡素有"东方直布罗陀"之称，它不仅是西方尤其是日本海上运输石油等战略资源的必经之路，也是美国海军从西太平洋进入印度洋的主要通道。

20世纪60年代前，南海周边没有任何一个国家对南海提出争议。世界上18个主要国家出版的198种地图都把南海列入中国版图的范围。自60年代在南海发现了大油田后，争端即起，并且愈演愈烈。70年代后，菲律宾率先侵入，接着马来西亚、越南、文莱侵入。

在短短10多年的时间里，中国南海岛屿大部分已被侵占。目前我国只控制了6个岛礁。越南侵占了27个岛礁，与15个国家的30多家石油公司联合开采石油，年开采石油2000万吨。并向有生活条件的岛礁移民，修建了若干个军事基地，派驻了军事人员2000多名、坦克60多辆、火炮数百门。菲律宾侵占了8个岛礁，与15家外国石油公司联合开采石油，钻井数十口。1991年钻井3口，每口井储量1亿吨以上，每口井日产原油700余吨，并在岛礁上修建了军事基地，同时还炸毁了我设在岛礁上的标志。马来西亚侵占了3个岛礁，与27家外国石油公司联合开采石油，开采面积达24万平方千米，已深入我传统领海120海里，年开采石油800万吨，天然气110亿立方米。在侵占的岛礁上派了驻军，修建了军事基地。印尼侵占了我传统海域5万平方公里，打井17口，其中有一口天然气井为世界十大气井之一，储量达11亿立方米。文莱侵占了我传统领海海域3000平方千米，打井200多口。

越南曾是贫油国，在此之前每年都需从国外进口大量石油，但现在的石油年产量却达400多万吨，一跃成为石油出口国。可以说，中国南海已被搞得千疮百孔。值得注意的是，在南海问题上与中国有争端的国家正通过各种途径促使该问题国际化，甚至不惜“引狼入室”，把美国等外部势力引入其中，增大解决这一问题的难度。越、菲、马等国为了长期侵占中国南海的岛礁，经常进行接触。三国在划分南沙势力范围、维护各自既得利益方面，已达成了默契，彼此互不影响，共同对付中国。特别是菲律宾，近几年在侵占中国南沙岛礁问题上更是不择手段。1996年，菲律宾政府邀请数十名外国记者至其非法占领的岛礁上参观采访，试图使其侵占中国岛礁成为既成事实，并得到西方承认。1998年12月，菲律宾政府又拉美众议员罗拉巴克尔乘坐菲空军飞机飞抵南沙群岛，特别是在美济礁上空盘旋了几圈。罗拉巴克尔看后声称，他将向美国会提出报告，敦促美国政府“以外交和经济手段促使中国设法放弃使用武力，撤回军舰和拆除防御工事”。这是美国企图介入南沙问题的一个明显的信号。仅仅在半年之后，美国就采取了实际行动。1999年5月，美菲两国签署了《部队访问协定》，允许美国军队重新在菲律宾举行演习。菲律宾总统埃斯特拉达就此表示，该协定将“帮助菲律宾抵挡中国对有争议的南沙群岛的‘入侵’”。至此，美国海军在1992年撤出菲律宾之后又重返南海。它预示着美国将介入南沙争端。

同时，菲律宾国会议员还鼓动日本介入南沙群岛问题。菲律宾国会对外关系委员会主席奥普莱曾露骨地煽动说，菲律宾“与中国抗争客观上是在保卫日本的生存机会”。对此，日本政府似乎心领神会，将南沙群岛问题列入了“周边事态”范围。这预示着，一旦南沙有事，日本就有可能采取军事行动。

越南向马来西亚、菲律宾建议：以菲律宾、马来西亚、越南海岸线为准向外200海里为各自的海区，再把剩下的南海面积分为四等份，每个国家（指中、越、马、菲）各一等份。此建议立即得到了马、菲的响应。

菲律宾提出：南海问题是一个国际问题，应由联合国安理会或国际法院裁决。

日本则表示：正在忧虑地注视南沙事态发展，有可能卷入保护海上航道的行动。

美国直言不讳地说：在南海和东南亚地区有美国的重大利益，美国要在南海争端中发挥重要作用。并提出要仿效《南极条约》，建立包括争议各方以及美国、日本、俄罗斯、印尼等国在内的国际性《南沙权利机构》。

俄罗斯、新加坡、印尼等国附和美、日等国，表示南海争端属国际性的问题，不仅其他国家可以参与南海资源的开发活动，而且应在该海区建立一支提供航海保障的国际海军力量。

目前的局面表明：越南、菲律宾、马来西亚等国出于侵占海洋国土的需要，印尼、文莱处于掠夺海洋资源的目的，必然会一保现在已经占领的岛礁，二夺另外一些岛礁。越南加入东盟，其目的是想与东盟联合行动；菲律宾态度积极，是想借助越南的力量抗衡中国。美、日、俄则从大战略考虑，期望南海局面长期维持下去。

（三）中印边界争端

中印边界共分东段、中段、西段，边界全长1700余公里，历史上从未划定过正式边界，只有一条按双方管辖所形成的传统习惯线。应该说中印边界曾经是一条长期和平友好的边界，不存在边界争端。由于印度成为英帝国殖民地以后，对英国以印度为基地向北扩张，特别是在1913年10月至1914年7月在印度西北小镇西姆拉举行的“西姆拉会议”上，人为地、平白无故地捏造出一条所谓的“麦克马洪线”，为中印边境争端埋下了祸根。印度独立后，以此为由，对中印传统习惯中国一侧的领土采取“蚕食”政策，至1962年，占领了东段9

万平方公里、中段2000平方公里、西段3.3万平方公里的领土面积。中国政府曾指出，中印边界未正式确定，均存在争议，最大争议在东段，边界问题解决只能是互谅互让，本着和平与发展的外交政策，目前双方正积极寻求有效途径，努力解决相关领土争议问题。

印度与中国有着1700多公里长的陆上疆界。在谈论中国周边安全问题时，不能不关注印度。

由于历史原因，中印两国没有正式划定过边界，但两国人民在长期相处的过程中，按照双方行政管辖范围，早已形成一条传统习惯的边界线。其西段沿着喀喇昆仑山脉，中段沿着喜马拉雅山脉，东段则沿着喜马拉雅山南麓。

1913年11月，中、英、西藏三方会议在印度北部城市西姆拉举行。会议期间，英国代表麦克马洪，胁迫西藏代表夏扎在他事先准备好的秘密换文及附件地图上签了字。那张地图上用粗略的红线划出印藏东段边界线，它从中印传统习惯线向中国方面推移了大约100公里，其范围包括西藏的门隅、洛瑜、察隅三个地区约9万平方公里。这条线就是历史上著名的“麦克马洪线”。

1951年，印度当局继承英帝国主义的衣钵，继续侵占了“麦克马洪线”以南9万多平方公里的中国领土。1954年后，印度当局又侵占了中印边境中段的巨哇、曲惹、什布奇山口、波林三多、香扎等2000多平方公里的中国领土，同时，还侵占了中印边境西段的巴里加斯。1955年，印度又越过“麦克马洪线”，侵占兼则马尼，并一度入侵塔马顿和朗久等地，在马及墩地区挑起了武装冲突，气焰十分嚣张。

1959年3月，西藏反动农奴主上层集团发动叛乱后，印度当局趁机向中国提出大片领土要求，要求中国承认印度占领的中印边境东段9万多平方公里的中国领土和中段2000多平方公里的中国领土是合法的，而且要求中国政府承认从未被印度占领过的中印边境西段3.3万平方公里的中国领土(即阿克塞钦地区)也属于印度。印度政府还多次派军队和飞机入侵中国领土和领空，挑起武装冲突。1962年10月10日，印度军队在中印边境东段和西段向中国发动大规模的全面进攻。解放军被迫向入侵印军发动猛烈还击，一举歼灭印军8700多人，把所有盘踞在中国境内的印军据点全部拔除，给印度侵略者一个毁灭性的打击。

近几年来，印度的经济实力有所增强，其军事战略目标也有所变化，即发展强大的军事力量，威慑巴基斯坦，控制弱小邻国，遏制中国，拦阻地区外大国向南亚渗透，最终称霸南亚、控制印度洋、跻身世界一流大国行列。

在这种战略目标的指导下，印度近年来每年投入大量军费发展军事力量，并逐年增加，争取在2015年前进入“世界一级军事大国”的行列。印度海军已拥有包括2艘轻型航母在内的100余艘舰只。为了获得海上强国的地位，印度海军的主战装备正向大型化、导弹化和自动化方向发展，目标是控制印度洋，而印度洋是中国与中东、波斯湾、地中海、东非等地联系的海上必经之路。印度控制了印度洋，就等于控制了中国通往这些地区的海上通道。

为了适应与中国未来在山地作战的特点，印度专门组建了10个山地师，其中9个部署在中印边境。目前，印度中印边境上部署了印全部军力的1/3以上，特别是空军在中印边境对中国形成局部的绝对优势。另外，印度在中印边境还部署有担任边防警戒、巡逻和配合作战任务的准军事部队以及武装警察10余万人。

印度退役将军活拉在其《战略分析》一书中提醒印度军队：“印度在中印边境的防御计划必须确保有进行反击的能力，而中国的新藏公路的脆弱性是值得注意的。”在中印东段、中段和西段三段边境中，印度重点强化西段边界的战备活动。自80年代起，印度不惜耗巨资在地理环境恶劣的中印西段边界的拉达克地区全面进行战场建设，目前该地区的战场准备已具规模，集结了7倍于中国的兵力。此外，印度在近几年的时间里举行了数十次以中国为假想敌的作战演习。

1998年5月，印度连续进行了多次核试验，强行跨入了“核门槛”。而印度进行核试验的原因在很大程度上是针对中国。在核试验前，印度国防部长费尔南德斯多次公开宣称中国是印度“潜在的头号威胁”。在核试验后，印度总理又公然声称，印度是在“对地区和全球安全形势作了全面、认真的评估”后决定进行核试验的。他说，“印度处在核武器包围之中”，它与两个邻国的“互不信任”是其进行核试验的原因之一，其中一个邻国指中国，另一个指的是巴基斯坦。

印度国防部长费尔南德斯多次叫嚣说，“中国是印度的最大威胁”。有关专家称，他通过出访日本和加强同美国的军事关系，正在构筑对中国的封锁。在该部长的亲自主持下，印度军方正在加强同在南沙问题上与我有主权争端的国家的军事关系。2000 年 10 月，印度本计划与越南等国在中国南海举行针对中国的联合演习，由于中方的抗议，此次演习才未如期进行。印度这样做的意图是想封锁中国的“南大门”。种种现实和迹象已表明，印度对中国的安全已构成现实威胁。

思考题：

1. 简述目前世界军事战略格局的基本特征与国际军事形势。

2. 从目前我国面临的周边安全环境，谈高校学生加强国防教育的重要性。

3. 简述台湾问题的历史由来与实质。

4. 根据当前国际形势，认识我国政府在领土问题上的处理方式。

第四章 军事高技术

科学技术的发展特别是军事高技术的发展正在军事领域引发一场深刻的变革。从 20 世纪 80 年代以来发生的屡次局部战争，特别是 20 世纪末发生的科索沃战争中，人们可以看出：现代战争不仅是军事力量和谋略的较量，更是武器装备的竞赛。武器装备技术含量的高低已经成为衡量军队战斗力的重要指标。

第一节 军事高技术概述

一、高技术

（一）高技术的定义和特点

高技术的概念源于美国，是一个历史的、动态的、发展的概念。20 世纪 70 年代以来一批新技术的涌现，使得科学与技术之间原有的界限不再明显，到 80 年代这批技术被称为高技术，由于它们与科学技术融为一体，所以又被称为“高科技”。高技术是建立在现代科技和科学技术全面发展的基础上，处于当代科学前沿的，对提高生产力，促进社会文明，增强国防实力起先导作用的技术群。

学术界认为高技术的主要特征是：高效益、高智能、高投入、高竞争、高风险、高潜能。

（二）高技术的种类

目前得到各国公认并将列入 21 世纪重点研究开发的高技术领

域有:信息技术群、新材料技术群、新能源技术群、生物技术群、航天技术群和海洋开发技术群。

二、军事高技术

(一)军事高技术的含义

军事高技术就是应用于军事领域的高技术。具体地说,是指建立在现代科学技术成就的基础上,处于当代科学技术前沿,对武器装备的发展起巨大推动作用的那部分高技术。

(二)军事高技术的主要领域

1.军事基础高技术

军事基础高技术是指支撑高技术武器装备发展的基础技术。主要包括军用微电子技术、军用光电子技术、军用计算机技术、军用新材料技术、军用生物技术、军用航天技术、军用信息技术、军用核技术、海洋技术、先进制造技术等。

2.军事应用高技术

军事应用高技术是直接应用于武器装备研制和生产的技术,以及充分发挥武器装备效能的综合使用技术。军事应用高技术的内容非常广泛,分类方法也多种多样。

按其功能,可分为侦察监视技术、伪装与隐身技术、夜视技术、激光技术、电子战技术、军用航天器技术、精确制导技术、核生化武器技术、指挥自动化技术和新概念武器技术。

按其完成的军事任务,可分为战略武器装备技术、战役战术武器装备技术、后勤保障装备技术、军事工程技术、军事系统工程技术等。

三、高技术武器装备对现代战争的影响

（一）对现代战场与作战的影响

1. 信息能力成为现代战争的核心

信息的获取与利用是古今中外作战的精髓。在现代作战中，信息的地位和作用发生了重大变化。信息能力作为一种新的、更重要的作战能力，已被列在传统的“火力、机动性、防护力”战争三要素之上。包括探测技术、通信技术、智能技术和控制技术在内的信息技术广泛渗透到战场的各个领域，对作战的胜负有举足轻重的作用。

特别是信息技术装备构建的C4ISR系统成为现代战争的神经中枢，它创造了软杀伤与硬杀伤结合的电子战手段，这已成为现代高技术战争的重要特征。

在人类战争史上，信息化战争已成为继徒手战争、冷兵器战争、热兵器战争、机械化战争之后的新一代战争形态。其基本特征是：信息技术大量使用，信息武器装备成为主导武器，构成信息化网络战场，争夺全时空制信息权。

2. 空域向远距离、大纵深和立体化方向发展

战场地域范围大大扩展，兵力兵器远距离作战能力空前提高。大纵深攻击与反攻击，成为现代作战双方斗争的一大焦点。

武器装备的分布高度增大，从高达3.6万公里的太空，到低于500米的水下，高低结合的立体化作战，成为现代作战的基本样式。

远距离、大纵深和立体化作战，使传统战场前方与后方的区别明显缩小，甚至趋于消失。

3. 作战行动向高速度、全天候、全时域发展

自动化作战指挥系统反应灵敏，明显增强了部队的快速反应能力。新型陆、海、空运载装备机动运输能力强，能及时快速地部署兵力兵器。高技术兵器机动性能提高，作战反应时间空前缩短，能快速实施作战。先进光学电子装备具有全天候性能，提高了不良气象条

件下的作战能力。各类夜视器材突破夜障，能昼夜远距离观瞄，大大提高了夜间战场透明度。

4. 战略空袭与反空袭已成为独立的战争阶段

空袭兵器性能发生了质的飞跃：空中突防能力有了长足进步，远程奔袭能力极大提高，命中精度大大提高，载弹量大，弹药威力大幅度提高。

战略空袭已可摧毁敌方军事实力和战争潜力：空袭的突然性空间增大，空袭的手段多、范围广，空袭的时间长、强度高，空袭的效果十分突出。

5. 陆海空天电"五维一体"合同作战

高技术的应用，大大扩展了合同作战的范围，形成多军兵种、多种武器装备的多元一体化合同作战战场：大纵深、高立体的陆战场，多维一体的海战场，多机配合的空战场，攻防兼备的天战场，密布陆海空天的电磁战场。

（二）对作战方式的影响

1. 原有的作战方法发生变革

高技术兵器大量运用使远战多于近战，夜战多于昼战，立体战多于平面战，速决战多于持久战，多军兵种合同作战多于单一军兵种作战。

2. 新的作战方法或作战样式

高技术兵器大量运用使导弹战、电子战贯穿于战争全过程，天战（反卫星战）将会出现，如"外科手术式"打击等。

军事高技术引起作战方式的变革，不仅在具体的战法、战争形态、作战样式上出现了一些新的特征，如全纵深作战、非线性作战、陆海空天一体战等，特别是信息战将成为未来战争的焦点。

信息战是信息化战争的核心。信息战攻防兼备，即运用信息技术影响敌方信息和信息系统，保护己方信息和信息系统。其核心是夺取信息权。

（三）对军队指挥的影响

1. 必须注重充分发挥高技术武器装备的综合效能

军队指挥体制将向“扁平网络化”发展，其主要特征是：外形扁平，横向联通，纵横一体，以减少纵向层次，优化信息流程；其主要优点是：信息传输速度快，保密性好，失真率低，抗干扰能力强，生存率高。总之，使指挥更加灵便、高效。

2. 必须掌握并有效地利用新的指挥技术器材

C3I 系统——人机结合的指挥自动化系统，利用其对各种武器装备进行“粘合”，对战争各层次、各阶段、各领域进行“联接”，对军队各种行动进行“协调”，成为现代战争指挥控制的“神经中枢”，现代战争综合作战能力的“倍增器”。

3. 对指挥员的素质提出了更高的要求

对指挥员的基本要求是：既懂战术，又懂技术。军队指挥关注的焦点是掌握信息支配权，军队指挥使用的手段是 C3I 系统，军队指挥面临的关键问题是生存与稳定。

第二节　高技术在军事上的应用

一、侦察监视技术

在高技术武器面前，只有没被发现的目标，没有发现了打不到的目标，更没有打到了不能摧毁的目标。这也就是说，高技术战争中，发现就意味着遭打击，遭打击就意味着被摧毁。可见，在现代战争中，侦察的地位更加突出。

（一）侦察监视技术的基本概念

侦察，是军队为了获取敌情和有关作战的其他情况（包括地形、气候、作战效果等）而采取的行动，其目的是及时获取指挥员定下决心和指挥作战所需的准确情报。

从技术的角度来说，侦察是探测目标，具体可分为发现目标、识别目标、监视目标、跟踪目标以及对目标进行定位。

发现，即通过把目标与其背景作比较，或依据周围背景的某些不连续性，将潜在的目标提取出来，即确定在某个地方有目标。

识别，即确定目标的真假和区分真目标的类型。所发现的目标可能是真目标，也可能是假目标，真目标中还有敌友以及种类之分，如是敌方目标还是友军目标，是坦克还是装甲运输车或汽车等，必须通过侦察加以识别与区分。

监视，即严密注视目标的动静，强调观察在时间上的连续性。

跟踪，即对目标的连续不间断的监视，对于已发现并已识别的特定目标特别是运动目标应进行连续不断的监视，强调观察在时间和空间上的连续性。

定位，按照一定的精度确定出目标的位置，包括目标的方位、高度和距离，强调空间上的准确性。

（二）侦察监视技术的原理

人眼是一种很特殊的接收器，当波长为0.38～0.76微米的电磁波作用于视网膜上的感光细胞时，就能引起视觉，所以这一部分电磁波长称为可见光。在可见光范围内，我们还能感觉到光的不同颜色，如红、橙、黄、绿、青、蓝、紫等。这些色光之所以呈现不同的色彩，是因为它们的波长各不相同，不同波长的光能引起不同的视觉。当眼睛同时受到各种颜色光的同时作用时，就产生白光的感觉，所以白光是复合光。光学侦察的很多器材（如目视望远镜等）都是利用可见光这一波段进行工作的。

在可见光的红光外端，波长范围为0.76～1000微米的电磁波称为红外线。按波长不同，红外线又可分为近红外（0.76～3微米）、中红外（3～6微米）、中远红外（6～20微米）、远红外（20～1000微米），其中近、中、远三个红外波段已被各类主动和被动式红外侦察器材所利用。

在可见光的紫光外端，波长范围为0.01～0.4微米的电磁波称为紫外线。来自太阳辐射中的紫外线，波长小于0.3微米的部分均被高层大气中的臭氧所吸收，只有波长为0.3～0.4微米的近紫外线能透过大气层到达地面，可借以进行紫外照相。

比红外波长更长的一段电磁波称为微波，其波长范围为1毫米～1米。微波实际上是无线电波的一部分。按照波长不同，微波又分为毫米波、厘米波和分米波。

侦察设备通常远离目标，所以目标发射和反射的电磁波需通过大气传输到侦察设备。电磁波的波长不同，在大气中传输能力也不同。由于大气中的水汽、二氧化碳、臭氧等气体分子对不同波段的电磁波有不同程度的吸收作用（称为选择性吸收），结果使有些波段的电磁波被削弱，有些波段甚至完全消失，被大气吸收较少的波段（即大气透过率较高波段）通常形象地被称为“大气窗口”。目前知道的大气窗口有以下几种。

①0.3～1.3微米：该窗口包括全部可见光、部分紫外光和部分近红外波段，属于目标的反射光谱。

②1.4～2.5微米：属于近红外波段，既是目标的反射光谱，也是目标的辐射光谱。

③3～5微米：属于中红外波段，既是目标的反射光谱，也是目标的辐射光谱。

④8～14微米：属于中远红外波段，是目标本身的热辐射波段，该窗口目前利用得也较为广泛。

⑤大于1.5厘米：属于微波波段，是微波雷达应用最为广泛的窗口。

可见电磁波谱虽宽，但并非所有波段均能利用，侦察器材只能选用大气窗口中的电磁波段进行工作。

(三)侦察监视技术的分类

1. 无线电通信侦察技术

(1)定义

无线电通信侦察(见图 4-1)是使用无线电收信器材，截收和破译敌方无线电通信信号，查明敌方无线电通信设备的配置、使用及其战术技术性能，判明敌方编成、部署、指挥关系和行动企图的技术。

图 4-1　我军无线电通信

无线电通信侦察具有侦察距离远，速度快，工作隐蔽，受环境、地形、气候等自然条件影响小的特点。

(2)分类

无线电通信侦察技术主要包括无线电通信侦听和无线电通信测向。

①无线电通信侦听。无线电通信侦听主要是运用电波传播、信号及联络三个规律来实施侦察，它能够在不知道敌方通信地点、通信制度、工作频率、调制方式、记录方法等情况下，实施并完成无线电通信侦听任务。无线电通信侦听设备主要是无线电接收机。

②无线电通信测向。无线电通信测向是指利用无线电定向接收设备来确定正在工作的无线电发射台方位的工作过程。通过测向能确定敌方通信电台的方位，是通信侦察的一项重要手段。无线电通信测向的种类较多，按显示方法不同可分为听觉测向和视觉测向，按使用方式不同可分为固定测向、半固定测向和移动式测向。

2. 照相侦察技术

(1)定义

照相侦察技术(见图 4-2)是运用照相机摄取目标图像,获取情报资料的一种技术。

该系统包括照相机、胶卷、洗印放大设备和判读设备。

照相侦察可用于地面、空中。若放置于卫星上,还可以实施航天侦察。照相系统性能的主要参数包括两个方面:一是照片分辨率,二是地面分辨率。

图 4-2 照相侦察技术

(2)分类

照相侦察技术分为四种。

①可见光照相侦察。可见光照相机是一种常见的侦察器材,是利用普通黑白胶片作为感光材料的照相机。由于可见光的波长很短,所以可见光相机的分辨率很高。正是由于可见光照相分辨率高,相片容易判断和理解的优点,至今,可见光相机仍然是军事侦察中的重要手段。但可见光相机的主要缺点是需要太阳作光源,装置在卫星上的可见光相机只能在晴朗无云的白天工作。

②红外照相侦察。红外照相机与普通可见光照相机的成像方式是一样的,不同的是要采用对红外辐射敏感的专门的红外胶卷。它们能感受到波长为 0.3～1.36 微米的光,最佳敏感的波段是 0.76～0.85 微米的近红外辐射。与可见光照相相比,它有个优点,能在夜间或浓雾等不良条件下拍摄远距离的影像,但是因为目前只能制造出对近红外区敏感的红外胶卷,而常温下的物体的近红外辐射能力又很弱,所以红外照相时必须用强光源照射目标,这是很容易暴露自

己的，目前已较少使用。

③多光谱照相侦察。把电磁波划分为几个窄的谱段，用几台照相机同时对同一地区拍照，就可得到同一地区的几个谱段的一套照片，将这套照片经过适当处理后并比较后，就可将地面物体进行分类和区别，从而识别伪装，找到军事目标。

④激光扫描照相侦察。激光扫描相机是一种可昼夜使用的实时侦察设备，其工作原理是用高亮度的激光束扫描、照射地面目标场景，并接收场景反射的电信号还原成肉眼可见的图像。激光扫描相机是20 世纪 60 年代初随着连续激光器的出现而发展起来的，美国是最早研制激光扫描相机的国家，曾在越南战争中使用过，效果良好。目前，激光扫描相机已可以做到三维成像。由于激光通过大气时能量有衰减，因此，激光扫描相机主要用于低空和夜间摄影。它的优点是无需使用闪光源或其他大面积照明装置，因此提高了侦察飞机的生存能力。

3. 雷达侦察技术

(1)定义

雷达侦察是利用物体对无线电波的反射性来发现目标和测定目标状态(位置、运动速度)的一种侦察手段。它的优点是探测距离远，探测速度快，即时性强，不受天时限制，精度高，并能自动搜索跟踪目标，使用附属设备可以识别敌我。

图 4-3　雷达侦察技术

(2)分类

雷达侦察技术分为四种。

①预警雷达。采用相控阵或超视距技术，作用距离在 1000～1500 公里之间，能在远距离上探测到各种远程导弹或轰炸机。

②中近程对空侦察雷达(见图

4-3)。作用距离在15～200公里之间，主要担任防空系统的空情侦察任务，也可为我方飞机导航或为制导雷达作方向引导。如美国的TPQ-36A型防空搜索雷达。

③炮位侦察雷达。用于对敌人火炮位置的测定，并能校正己方炮兵射击弹着点，其作用距离一般在20～50公里。如美国的AN/PQ-37炮兵侦察雷达。

④战场侦察雷达。利用多普勒效应工作，能够从地面各种物体中发现活动目标。战场侦察雷达的探测距离如表4-1所示。

表4-1　战场侦察雷达的探测距离　　单位：公里

	运动车辆	活动单兵
近程雷达	0.5～3	0.3～2
中程雷达	10～18	5～10
远程雷达	20～30	10～15

4.传感器侦察

(1)定义

地面传感器是一种能够对地面目标所引起的战场环境的物理场变化进行探测的小型侦察设备。它能够适应各种环境，全天候、全时段、被动地侦察敌人地面目标活动，或者在己方要地担任警戒任务。同时，它结构简单、便于携带埋伏、易于伪装，而且布置简单。

(2)分类

传感器主要有六种。

①震动传感器。利用敌目标发出的地面震动带动电磁线圈在磁场中进行切割，产生电流，从而形成目标信号。它的特点是探测灵敏，通常探测到30米以内运动的人员和300米以内的车辆。但其探测距离因土质变化而异。土质硬，探测距离远；土质软，探测距离近。它的识别能力不强。一般可区分人为震动与自然扰动，能区分人员和车辆。但它无法分清是徒手人员还是武装人员，是履带车还是轮

式车。美国陆军目前使用一种轻型的巡逻队用震动入侵探测装置，适合远程侦察巡逻队使用，这种装置可对灵敏度进行调整，能够有效探测距离约 130 米的人员活动引起的震动，且能在 5 分钟内设置完毕。侦察巡逻队可在距离 1800 米远的位置上监控震动传感器。巡逻队经过训练后，可以收到很好的探测效果。

②声响传感器。声响传感器的探测器是一个传声筒，是一种声电转换器。能鉴别目标的性质，探测范围也比较大，一般对人员正常谈话可以达到 40 米，对运动车辆可以达到 100 米。但其耗电量较大，为延长其使用寿命，通常以人工指令控制其工作，或与耗电量小的震动传感器联用。

③磁性传感器。探测器为磁性控头。主要原理是目标运动产生干扰磁场变化引起磁场指针的偏转，产生电信号，实现对目标的探测。对人探测距离 3～4 米，对车的探测距离 25 米左右。它的主要优点是，鉴别目标性质的能力较强，能区别徒手人员、武装人员和各种车辆；同时，对目标探测的响应速度快，通常为 2.5 秒，能探测快速运动的目标。

④红外传感器。利用钽酸锂材料制成的热释电探测器，在感受到目标的红外能量后，产生电信号。它能发现视角扇面内 20 米到 50 米的目标。红外传感器的主要优点是体积小，无源探测，隐蔽性好；响应速度快，能探测快速运动的目标，并能测定目标方位。不足之处是必须人工布设，探测角范围有限，只限于正对探测器的扇形地区，无辨别目标性质的能力。

⑤应变电缆传感器(又称压力传感器)。探测器为电阻丝，埋设在浅土层下，当上面有敌方行动带来的压力，电阻发生了变化，电流也随之发生变化，从而实现对目标的探测。这种传感器只能人工埋设，在野战使用上有一定的局限性，但在边海防、公安、特殊设施的预警上使用方便，可靠性高，能鉴别人员和车辆。

⑥水下传感器。水下侦察大体可分为水声探测和非声探测。

二、伪装与隐身技术

(一)伪装与隐身技术的概念

伪装就是为隐蔽自己和欺骗、迷惑敌人所采取的各种隐真示假的措施。

隐真,即隐蔽真目标,使己方的军事企图在一定的时间内不被敌人所知,使军事目标在一定距离外不被敌人发现或难以分辨。

示假,即显示假目标、实施佯动,散布假情报和封锁消息,使敌人认假为真,引诱敌人的注意力和火力,使其消耗兵力和弹药,丧失战机,陷于被动。

隐身技术(隐形技术或低可探测技术),是通过降低武器装备等目标的信息特征,使敌探测器材难以发现的综合技术。

在现代侦察技术迅速发展的同时,其对手现代伪装技术也不甘落后,大量的高技术伪装手段也层出不穷,新旧手段、高低手段的结合,使得伪装技术日益丰富多彩,现代伪装技术有很强的综合性,它涉及声、光、电、化学、物理、生物、植物、仿生、材料学等多门学科,已经成为一种专门的军用高技术。

在海湾战争中,伊拉克成功运用了伪装技术,虽然以美国为首的多国部队,连续不断地对伊进行了 38 天的空袭,但攻击的目标有 80%是假目标,消耗了多国部队大量的弹药,美国人自己也承认最多损坏伊军军力的 20%。在科索沃战争中,以美国为首的北约出动了数万架次飞机扔下了 1 万多吨的弹药,对南联盟实施了空前野蛮、残酷的轰炸,而南联盟只有 462 名军人和 114 名警察为国捐躯,80%的军事实力得以保存。这充分说明军事伪装在高技术局部战争中仍作用巨大。

1991 年 1 月 17 日凌晨 3 时,美军的 F-117A 战斗隐身轰炸机神不知、鬼不觉地潜入了巴格达上空,投下了一枚精确制导炸弹,揭开了海湾战争的序幕,隐身武器正式由幕后走到了前台。在战争中,美军的42架F-117A共出动270架次(仅占总攻击架次的1.77%),飞行6900小时,投下了约2000吨的弹药,摧毁了伊军40%的战略目标,而自己却无一损失,其作用令人瞩目。目前,隐身技术在武器和作战平台中得到了广泛的应用,如各种隐身飞机、隐身导弹、隐身舰艇等。

(二)伪装与隐身技术原理

伪装的基本原理就是用背景在光学、热红外、微波等电磁波波段的散射或辐射特性的差别,以隐蔽目标或降低目标的可探测特征,或者模拟、扩大目标与背景的这些差别,以构成假目标"示假"。

隐身技术是传统伪装技术的一种应用和延伸,是现代伪装术遮蔽与融合的结晶。它的出现使伪装技术由防御性走向进攻性,由消极变为积极主动,不仅使自己由于隐真而获得自主权,而且可以示假,而迷惑对方,从而增强了威胁力。同时它又开辟了电子战的领域,目前,隐形与反隐形的斗争,是伪装与反伪装、电子对抗与反对抗中的热点。

(三)伪装与隐身技术的分类

1. 伪装技术的分类

(1)遮蔽技术

遮蔽技术是把真目标遮蔽起来,不让敌发现和识别的技术,遮蔽技术在高技术局部战争中是反侦察和对付精确制导武器有效的方法之一。第二次世界大战中德国为了对付空袭,曾使用人工遮障把汉堡市附近的一座飞机制造厂全部隐蔽起来,他们在该工厂的房顶上覆盖伪装网。网面配上与周围背景相协调的图案,成功地蒙蔽、欺骗了英国航空兵。

遮蔽技术综合运用了迷彩伪装技术、植物伪装技术、人工遮障伪装技术和烟雾伪装技术。在未来的城市反空袭作战中,可广泛使用制式或自制发烟罐,对城市重要目标和人员、装备进行烟雾遮障,迷惑敌人，使敌方高技术侦察设备和精确制导武器难以发挥作用（见视频 4-1）。

（2）融合技术

减小和消除目标与背景的差别，使目标与背景相互协调的技术称为融合技术。

这是降低所观察的目标与背景之间对比度的方法。这种方法通常涉及表面处理和地面组织结构与图案等的辐射率的控制。例如单个士兵可用油彩涂抹皮肤的暴露部，在钢盔和衣服上披上麻皮，抹上涂料和编插新鲜植物，以求得与周围背景近似或相融合。

融合技术实现的途径有两个：一是改变目标的暴露的征候，使之与背景一致。二是大面积改变背景的特征，以掩盖目标的暴露的特征。如对目标的颜色加以控制，对目标表面组织结构加以控制，用伪装网掩盖目标进行可见光融合等。又如采用角反射器、龙伯透镜反射器、利用偶极子反体等进行防雷达侦察的融合（见视频 4-2）。

（3）示假技术

示假技术是指在战争中散布假情报、实施佯动、设置假目标等使敌认假为真以作出对其不利的反应所采取的措施。它是一种低成本、高效益的战场保障措施。

示假技术的主要作用包括战略示假，瞒天过海，争取战争的主动权；战场欺骗，迷惑敌人，达成行动的突然性；设假目标，消耗敌人，提高部队的生存力。如使用制式假目标，就便材料假目标，假光、声、热、电磁等方法示假等。

高技术条件下，侦察器材主要以光、声、热、电为识别目标的依据，因此示假技术主要有光、声、热、电模拟等。例如，夜间显示窗户的漏光以模仿伪装不完善的室内照明，模拟伪装不完善的坦克及其他车辆前灯等。利用扩音器在预定方向上播放事先录制好的活动目标的音响，或用炸药模拟炮兵射击。在假炮兵阵地上用游动的火炮实施射击，能逼真地模拟炮兵阵地的活动；用角反射器或龙伯透镜反射器能模拟真目标的电磁波回波等。

海湾战争中，伊军在用塑料、硬纸板、木板、铝板制造的大量假飞机、假火炮、假导弹和假坦克等目标上涂上与真目标一致的涂料，并在内部安装了与真目标反射频率相一致的频率发射器，使多国部队真假难辨，很快令摧毁伊拉克的速战速决战略计划化为泡影(见视频4-3)。

2. 隐身技术的分类

(1)反雷达探测隐身技术

雷达是目前战场上使用最多、最有效的探测设备。反雷达探测隐形技术的目的是尽量减小武器和作战平台的雷达散射截面积，通俗地说，就是尽量使雷达接收不到回波，从而隐身。

雷达散射截面积是目标散射雷达信号强弱的衡量标准。它可以用一个目标的散射雷达波，且在雷达散射信号强度与目标散射回雷达的信号强度正好相同的金属球的截面积来表示。

金属球的截面积等于雷达散射截面积。它仅与目标的外形、材料、雷达波的入射角有关，与目标到达的距离无关。但雷达探测目标的距离却取决于它的大小。对雷达截面积的主要贡献者，如对机头、机翼、发动机进气口、排气口、雷达天线罩等进行合理设计，以消除和降低雷达面积。

减少雷达散射截面积，可主要采取两种方法：

第一种是隐身外形技术。任何大面积的平面都能使入射波形成较强的镜面反射波；利用两面体现象、角反射效应合理地设计目标的外形和腔体，消除镜面效应。目标任何部位的直角连接都能起角反射器作用，将雷达入射波反射回入射的方向。如F-117A(见图4-4)，即合理控制了飞机整体外形，一是采用小的多角多面体结构，用多方向的小镜面反射，避免出现大的平面和凸状弯曲面，以消除镜面强反射。二是机翼与机身融为一体，采用了翼间小于90°的V形尾翼，消除外形结构上的垂直相交，避免两面体、角反射器结构的出现。三是合理设计腔体，并使用了金属网屏蔽栅，避免出现两面体、角反射器的矩形槽等凹状强反射结构。四是采用后斥翼，没有外挂和天线。

第二种是隐身材料技术。使用雷达吸波材料和雷达透波材料，可减小雷达回波强度，达到目标隐形的目的，在武器和作战平台表面大量采用非金属复合材料，可以降低雷达散射面积，但主要是靠吸波材料。

图 4-4 美军 F-117 战机

F-117A 所用的隐身材料技术包括：主要结构材料是硼纤维和塑料，纯金属的重量只占全机重量的 5%。使用了六种不同的雷达吸波涂层材料：如机身上（底部）采用高效磁性耗能型吸波涂层，可数倍甚至数十倍地减小雷达波散射，在驾驶舱的挡风玻璃上采用介电耗能型吸波涂层，可使入射的雷达波不能照到驾驶员的头盔上。

（2）反红外探测隐身技术

随着红外侦察、探测、制导与热成像技术的发展，抗红外的探测技术显得越来越重要。目标的红外辐射主要来自于发动机本身的热辐射、发动机的喷管排出的热气流以及目标与空气摩擦产生的热辐射。

飞机在同温层以 2 倍音速飞行时，飞机头部要被加温到 116℃；若以 3 倍音速飞行时，飞机的头部要被加温到 332℃，很容易被红外侦察设备探测到。因此，反红外探测隐身技术对保护飞机的安全显得非常重要。

目前，常使用的反红外探测隐身措施有：①改变红外辐射特征。如采取散发热量小的发动机，改进发动机的喷管设计，使用新式燃料，以改变排气的红外辐射波长，使之处于红外探测器响应的波长带宽之外。②降低红外辐射强度。如对辐射源遮挡，使用绝热、隔热材料和涂料。

F-117A 所采用的反红外隐身技术有：发动机和进、排气口均在机体上方，用机体加以遮挡。喷口处安装百叶窗帘式水平隔栅红外挡板，并采用大角度倾斜的尾翼等降低红外辐射。采用速燃急冷燃料和绝热材料，以减少飞机的红外特征。

(3)反电子探测隐身技术

该技术主要为了减少武器和作战平台本身电磁辐射或泄漏，防止敌电子探测。

主要技术措施是：减少无线电设备、采用低截获概率技术改进电子设备和对电子设备进行屏蔽。如用红外设备代替多普勒雷达，用激光高度表代替雷达高度表，用全球定位系统或天文惯性导航系统代替无线电导航系统，采用频率捷变技术，降低信号被识别的概率，减小电缆的电磁辐射，减少向外辐射电磁能等。

F-117A 采取的措施是：几乎不装任何有源的传感器，以达到降低辐射的隐身目的。

(4)反可见光探测隐身技术

该技术的原理是减少目标与背景之间的亮度、色度和运动的对比特征。

常用办法是：改进目标外形的光反射特性、控制目标的亮度和色度、控制目标照明和灯光、控制目标火焰和烟迹信号等，从而降低敌方光学探测系统的探测概率。

(5)反声波探测技术

该技术的原理是控制目标声波辐射特征，降低声波探测概率。

目前主要采用的技术措施是：改进发动机的结构，采用超低噪声发动机；应用吸声和阻尼声材料；采用减振和隔声装置；合理进行目标整体设计，以减少共振现象的产生。

F-117A 采用了全新设计的 F-404 型发动机，在跑道上距离其 30 米时，探测到它所发出的声音不高于蜜蜂发出的嗡嗡声。

三、精确制导武器

在1973年10月6日至24日18天的第四次中东战争中，阿以双方损失50艘军舰，全部是被导弹击沉的；双方损失的600多架飞机，70%被红外或雷达制导的空空导弹击落；在10月8日上午，阿军用反坦克导弹仅3分钟就全歼以军精锐第190装甲旅。此战之后，各国军语中又新添了精确制导武器一词。

（一）精确制导武器的概念与特征

采用精确制导技术，直接命中概率在50%以上的武器为精确制导武器。也可理解为：命中目标的圆概率偏差（CEP）小于该武器弹头杀伤半径的有制导的武器。

从这个定义中，我们可以看出精确制导武器有两大基本特征：一是采用了精确制导技术。所谓制导技术，就是控制和导引技术。二是直接命中概率高。所谓直接命中，并不是说弹头命中目标时一毫米都不能差，而是指误差非常小，用一个术语来讲就是圆公算误差要小于弹头的有效杀伤半径。比如说用地空导弹打飞机，导弹在离飞机2米的距离上爆炸，但弹片的有效杀伤半径是5米，飞机被弹片击中，这就是直接命中。再比如美国的"战斧"式巡航导弹，其圆公算误差为9米，如果发射100枚导弹，至少有50枚落入离目标9米的范围内，这就是直接命中概率高于50%，就属于精确制导武器。

（二）精确制导武器的制导原理

精确制导武器的核心就是它的制导系统。制导系统工作的基本原理是这样的：首先通过导引系统测量出武器与目标的相对位置和速度，计算出实际飞行弹道与理论弹道的偏差。第二步，通过控制系统发出纠正这种偏差的指令，调整武器的飞行姿态和弹道，直到命中目标。

不同的精确制导武器，其具体的制导方式也不同，大致可分为六种。

1. 寻的制导(见视频 4-4)

寻的制导,就是通过弹头上的寻的设备,接收目标辐射或反射的能量,比如红外辐射、无线电波、声波等,然后通过这些信息确定目标的位置和速度,自动跟踪目标,直到最后命中。

采用这种制导方式的武器种类非常多,比如毫米波制导、激光制导、红外成像制导等。

寻的制导分为:主动寻地制导、被动寻地制导和半主动寻地制导。

寻的制导的优点是精度非常高,多用于末端制导,适合打击运动目标。但其缺点是作用距离短。

2. 遥控制导(见视频 4-5)

遥控制导,就是在导弹飞行过程中,另外设有指令站,通过不断测量目标和导弹的相对位置,不断地对导弹发出指令,来修正飞行路线。比如说有线制导的反坦克导弹就采用这种制导方式。导弹发射后,尾部拖着一条长长的导线,操纵员通过观测导弹与目标的相对位置,发出控制指令,指令通过导线传到导弹上,纠正飞行路线,通过这样不间断的遥控,使导弹最后命中目标。

3. 惯性制导

惯性制导就是采用惯性测量设备测量导弹运动参数的制导技术。在飞行过程中,导弹通过陀螺仪、加速度表等装置测量数据,并根据事先制定好的初始条件和制导程度来发出指令,控制导弹飞行。比如中远程弹道导弹、巡航导弹,就采用这种技术,一般用来攻击固定目标,因为其弹道在发射前就装定了。

4. 地形匹配和景象匹配制导(见视频 4-6)

该制导方式(见图 4-5)就是导弹在发射前,事先把路线上的地形数据或景物图像数字化,存储在导弹上;飞行过程中,通过特定的装置不断测量实际地形或景物数据,与事先存储的进行对比,算出偏差后进行纠正。这种制导方式基本上也是用来攻击固定目标。

这两种制导方式都有一定的局限性。比如地形匹配制导,在平原地区和大面积水域上空就很难发挥作用，因为没有明显的地形特征。另外一点，由于导弹前要把大量的地形景物数据输入导弹上的存储器，所以发射准备时间一般比较长。更为重要的是，这种制导技术需要发达的卫星遥感和测量技术，需要事先测量好目标地区的各种地形数据。

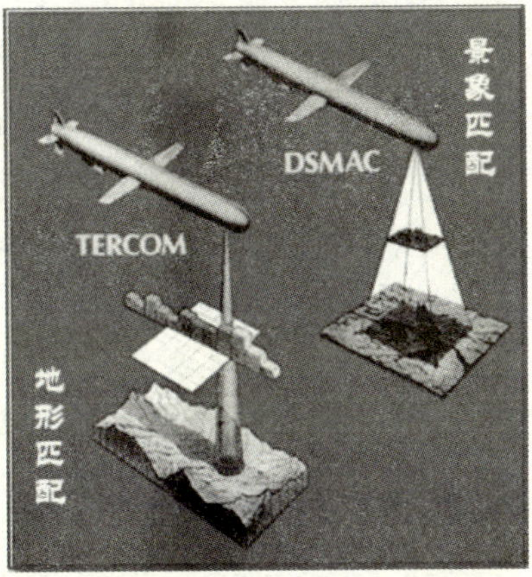

图 4-5　地形匹配和景象匹配制导

5. 全球定位系统制导

这种方式也称 GPS 制导，就是借助于全球定位系统的导航卫星来进行制导和攻击。美国建立的 GPS 系统是由分布在 3 个轨道面上的 18 颗卫星和各种地面系统组成的，可以自动显示出目标的三维位置、三维速度，定位精度达到了不超过 15 米，测速的精度达到每秒 0.1 米以上。伊拉克战争期间，美国还特意发射了 6 颗卫星，使卫星定位精度不超过 7 米。采用这种制导方式最典型的武器就是美军的杰达姆(JDAM)，也就是联合直接攻击弹药，因为是借助于卫星定位制导，所以其最大的优势是不受天气影响，甚至可以在云层上投放，也就是说不用看清地面目标也可攻击，这就大大提高了其作战效率。而我们前面所讲的激光制导其实局限性很大，因为激光束容易受到灰尘、烟雾、雷雨等的影响。

6. 复合制导

复合制导，就是综合利用以上几种制导方式的制导。这样一来可以综合利用以上几种制导方式的优点，弥补缺点，提高导弹的抗干扰能力和精度。比如美国的“先进巡航导弹”，在飞行的前半段，采用惯性导航＋地形匹配制导，在飞行末段采用主动雷达寻的制导，就是一种典型的复合制导。

（三）精确制导武器的作战应用

现代战争中最常用的精确制导武器分为七大类。

1. 防空导弹

防空导弹包括地对空和舰对空导弹，迄今已发展到第四代，而且还不断有新的型号问世。目前世界上有防空导弹约100多种，其中地对空导弹70余种，舰对空导弹30余种。

如果按射程和射高来分，防空导弹又可以分为四类。

第一类是中高空防空导弹，射程大于40公里，射高超过20公里。射程最远的是苏联的SA-5，射程达250公里。射高最大的是苏联的SA-2，射程达34公里。单发命中率最高的是美国的"爱国者"防空导弹，达90%以上。

第二类是中低空防空导弹，射程在15～40公里，射高约6～20公里。其中打得最远最高的是美国的改进型"霍克"导弹，射程40公里，射高18公里。

第三类是超低空防空导弹，它们的射程在15公里以下，射高在6公里以下。主要用来对付低空的飞机和导弹。

第四类是单兵便携式防空导弹，它们的射程在5公里以下，射高在3公里以下，可以由单个战士携带，肩扛发射。比如美国的"毒刺"式防空导弹，射高达5公里。20世纪80年代，在苏联入侵阿富汗的战争中，仅在1986—1987年，阿富汗游击队就利用美国提供的"毒刺"式防空导弹击落了400多架飞机和直升机，成为战争史上用防空导弹击落飞机数量最多的一次。

2. 反坦克导弹

反坦克导弹是专门用来对付坦克的，可以从车上、飞机上或者单兵在地面上发射。目前世界现役的反坦克导弹主要有以下几种：一是美国的"地狱火"式反坦克导弹，可以车载，也可以装在飞机上，具有较强的破甲能力，属于激光制导导弹。二是法、德联合研制的"霍特"反坦克导弹，可以有线制导或红外自动遥控，射程4公里，破甲厚度 700 毫米。三是美国的“小牛”空地导弹，最大射程达 25 公里，属于红外寻地制导，具有很强的穿甲能力。

3. 反辐射导弹

反辐射导弹是现代战争电子战的锐利武器，其主要作用是捕捉敌方雷达发出的波束，然后沿着雷达波直接攻击对方的雷达。在越南战争中，美军就大量使用了“百舌鸟”反辐射导弹。美军每次进行空袭，都把机群混合编组，携带反辐射导弹的飞机或者打头阵，或者在空中盘旋，只要对方雷达一开机，就发射导弹，这样对方的高炮和防空导弹就无法瞄准，其他飞机就可以肆无忌惮地攻击地面目标。

4. 空空导弹

空空导弹是指从空中平台发射攻击空中目标的导弹，是现代空战的“杀手锏”。空空导弹从射程上讲，可以分为近距格斗、中距拦截和远程拦截三种类型。

其中，近距格斗型比较有代表性的是美国的“响尾蛇”空空导弹，这种导弹是红外被动制导，适用于近距离格斗，也是世界上第一种空空导弹。在 1982 年英阿马岛战争中，英国的“鹞”式飞机发射 27 枚“响尾蛇”，共击落阿根廷飞机 24 架，命中率是很高的。

中距拦截导弹比较有代表性是的美国的 AIM-120 先进中程空空导弹，最大射程 80 公里，具备发射后不用管的能力，可同时攻击多个目标。

远程拦截型导弹的射程就更远了，比如美国的“不死鸟”空空导弹，射程可达 200 公里，速度大于 5 倍音速，是一种全天候、超音速空空导弹。

5. 地地战术弹道导弹

弹道导弹，按照作战任务可分为战略弹道导弹和战术弹道导弹。这里我们只介绍战术弹道导弹。战术弹道导弹是专门用来压制和破坏战役纵深内地面目标的导弹，与传统的火炮相比，威力大大提高。比如在前面我们介绍过的“飞毛腿”导弹，就是一种地地战术弹道导弹。在 1991 年的海湾战争中，伊拉克用苏制的“飞毛腿”频频攻击以色列和沙特阿拉伯,引起世界各国的强烈反响。

6. 巡航导弹(见视频 4-7)

巡航导弹又称飞航式导弹。导弹按照其弹道特征,可以分成两种:一种是弹道导弹,一种是飞航式导弹。所谓巡航,是指导弹的飞行状态。在巡航状态下,导弹以匀速等高飞行。巡航导弹又分为几种:一是能够实施核打击的战略巡航导弹,二是远程战术巡航导弹,三是飞航式反舰导弹。其中比较有名的就是美国的"战斧"式多用途巡航导弹系列,这种导弹是一个大家庭,型号很多,既能装核弹头,也能装常规弹头,既能在陆上发射,也能在军舰和潜艇上发射,用途非常广。

7. 激光制导炸弹

图 4-6 激光制导炸弹

激光制导炸弹(见图 4-6)在近期几场战争中用得较多。其基本原理就是用机载设备或人员对目标发射激光束,攻击飞机投掷激光制导炸弹后,炸弹沿着反射的激光束飞向目标。这种制导方式精确度比较高。伊拉克战争中,美国在战前就大量派特种部队深入敌境,其任务之一,就是为激光制导炸弹指引目标。

除了上述七大类精确制导武器外,制导炮弹和制导炸弹也是现代战争中常用的精确制导武器,特别是由飞机投掷的精确制导炸弹,更是空袭中的常用武器,而且它的命中率是很高的,包括我们前面讲到的激光制导炸弹和 GPS 制导炸弹等。

四、电子战技术

电子战是随着电子技术在军事领域中的应用而产生的，由于武器装备对电子技术的依赖性越来越大，军事领域中电子技术的较量对战争胜负的影响也日益增大。敌对双方必然研究、寻找有效地减弱或破坏这种影响的技术和方法，这就产生了用电子技术来对付电子技术的斗争，这种特殊形式的斗争被称作电子战。

（一）电子战的基本概念

电子战是敌我双方争夺电磁频谱的使用权和控制权的斗争。我军 1997 年版《军语》对电子战的定义是：电子战是运用电子对抗的手段进行的战争。电子对抗是为削弱、破坏敌方的电子设备（系统）的使用效能，保护己方的电子设备（系统）正常发挥效能而采取的各种措施和行动的总称。电子战也是我军的“五种能力”（协同作战能力、快速反应能力、电子对抗能力、野战生存能力和综合保障能力）之一。

美军作战纲要指出：“电子战是一种无形而又现实的战斗，是战斗力诸要素之一，是一种可与火力、机动力相媲美的新型战斗力。”电子战是高技术战争的三大支柱之一。电子战基本作战任务是降低敌精确制导武器的命中精度，瓦解敌 C3I 系统整体作战的高效性。

1. 电子战的主要特征

电子战从频谱上划分为声、光、电三大类对抗。频率小于 20 赫兹进行声电对抗，也叫声学对抗，是海军主要电子对抗的领域。目前，在对付隐身武器、飞机等方面也有突破，主要是利用声学探测设备进行侦察与干扰。随着声波武器的发展，声电对抗将更加激烈。频率介于 3 千赫至 300 吉赫之间的属于无线电对抗，也称射频对抗。主要作战领域是通信电子战、雷达电子战、GPS 对抗、导航对抗、无线电引信对抗、敌我识别系统对抗等。其中雷达电子战的频段目前指米波、分米波、厘米波和毫米波四个波段，并向光波段方向发展。通信电子战可在全频谱进行。频率大于 300 吉赫的叫做光学对抗，是光电电子战的范畴，可进行红外对抗、激光对抗、可见光对抗。主要作战对象是光电制导的导弹、夜视设备、红外及激光的探测设备。它是近年来发展最快的电子战领域。不同的电磁波有不同的特点，对抗的方法也不一样。

2. 电子战手段

利用电磁能和定向能进行杀伤。电磁能是指电波能量(或射频能量)；定向能是指沿一定方向发射高能射束，且射束的速度为光速或近光速。如发射光束、粒子束、电磁波束，主要指使用激光武器、微波武器等。利用这两种能量主要攻击的是敌电子设备和电子系统以及重要目标的人员。这些攻击具备软、硬杀伤双重功能。

3. 电子战样式

电子战包括电子进攻、电子防御和电子支援三部分。从以上三部分可看出电子战理论的一些新变化、新发展。一是电子战更加强调了电子进攻，进攻上除了使用电磁干扰、电磁欺骗这些软杀伤手段外，比以往增加了反辐射武器，特别是定向能武器的使用，不仅能对付电子装备，而且能对付人和设施。二是电子防御不仅要防敌电子进攻，而且要防止自己之间的相互影响。三是电子支援不仅要对敌电磁辐射进行侦察，而且要对己方电磁进行识别。

利用电子战中的“攻”、“防”，有时可弥补武器装备的不足。如被攻击的飞机装备性能差，处于防御状态，但它可对实施攻击的飞机上的火控制导雷达进行侦察，然后施放干扰，即进行“电子进攻”；而实施攻击的飞机上的火控制导雷达采用跳频措施，保护了雷达的正常工作，使干扰(电子进攻)失效，则是进行“电子防御”。

4. 电子战领域

目前电子战的主要作战领域是四大电子战：雷达电子战、通信电子战、光电电子战和C3I系统电子战。不同的作战对象有不同的特点，对抗的措施不一样。

5. 电子战技术

电子侦察与反侦察技术是进行电子战的基础，包括战略、战术、技术情报侦察；电子干扰与反干扰技术是电子战的核心；电子摧毁与反摧毁技术是电子战的必要手段；隐身与反隐身技术的出现是电子战领域的重大突破，也是伪装由纯防御走向进攻的重要标志，隐身属电子进攻，反隐身属电子防御。制导与反制导是高技术战场斗争最激烈的一个领域，实战表明电子战能使 80%精确制导武器偏离瞄准目标。

6. 电子战装备

电子战装备主要包括：地面电子侦察系统、电子侦察机、机载自卫电子战系统、舰载自卫电子战系统、支援型电子战飞机和反辐射武器系统。

（二）电子战的分类

1. 通信电子战

通信电子战是指为破坏和降低敌通信系统工作的有效性、可靠性，保障我方通信的有效性和可靠性而采取的战术、技术措施。

1997 年新《军语》中将通信对抗定义为：为削弱、破坏敌方无线电通信设备的使用效能，保护己方无线电通信设备正常发挥效能而采取的各种措施和行动的总称；由通信侦察、通信干扰和通信电子防御三大部分组成。

通信时，发信端发出信息，无线电信号经不同的信道到达收信端。敌方作为第三者要进行侦察、干扰和破坏。进攻方使用专用设备侦察、干扰和摧毁防御方的电台、通信枢纽；防御方只能靠收、发电台自身抗侦、抗扰、抗毁，一般来说，通信方处于较主动的地位，干扰方处于较被动的地位。通信电子战的频段，主要指 3 千赫至 300 吉赫的无线电频段。

2. 雷达电子战

雷达电子战是指和敌雷达及雷达制导导弹系统和火控系统作斗争、相对抗的各种战术、技术措施的总称。

我军 1997 年新《军语》中将雷达对抗定义为：为削弱、破坏敌方雷达使用效能，保护己方雷达正常发挥效能而采取的各种措施和行动的总称。电子战的频段主要指米波、分米波、厘米波和毫米波四个波段。

雷达电子战的原理是：对抗双方主要针对雷达波的传播特性、对抗装备的性能进行对抗。由雷达电子战基本工作原理图可知，雷达是通过发射探测脉冲并接收被照射目标的回波来发现目标，测定目标的空间位置并可对目标进行跟踪的设备。而雷达对抗装备可在远距离截获雷达发出的电磁信号，侦察雷达的技术参数、提取雷达的“指纹”，并视情况引导各种方式的干扰或实施摧毁。

五、指挥自动化技术

人类社会由农业时代到工业时代，再由工业时代进入今天的信息时代，每一次跨越都带来了一些具体变化，这些变化在我军事领域同样也能切切实实地感受到。就指挥决策来说，农业社会是“统帅加军师”这种少数人说了算的个人决策方式；工业社会带来集体决策的模式，这时候参谋部是这项工作的承担者，这是 19 世纪拿破仑军中的产物；进入到信息社会，集体决策又被军队自动化指挥系统这种指挥决策方式取代。

军队自动化指挥系统的出现，其具体原因无外乎有两个。一个是技术的发展使这种决策方式成为可能。另一个就是军事运动的现状对此提出了迫切的要求：高技术应用于军事，使军事对抗速度、强度大大增加，军队指挥的难度空前增大。我们可以从以下几个方面去讨论：一是提供指挥所需的信息量大大增加；二是高技术武器的控制和指挥日趋复杂；三是联合作战的组织协同日趋复杂。可见军队自动化指挥系统的出现是军事发展的必然趋势。

从古至今，军队的指挥控制过程从指挥角度上看，可分三个阶段：一是收集敌方情报和与作战有关的信息，以求知己知彼；二是分析情报信息，制订作战方案和作战命令，运筹于帷幄之中；三是把制定好的方案和命令下达给所属部队，并实施不间断地指挥，以求决胜于千里之外。

（一）指挥自动化技术的基本概念

军队指挥自动化系统是指在军队指挥体系中，采用以电子计算机为核心的技术装备与指挥人员相结合，对部队和武器实施指挥与控制的“人一机”系统。

其含义有四点：

一是装备与指挥人员相结合的“人—机”系统。人—机系统是指由具有特定功能的计算机、相应的工作人员以及被控制的武器等构成的有机整体。从本质上看，人机结合，最根本的还是智能的结合。信息是被处理的对象，设备是处理的工具。人不仅管理系统，而且参与系统的工作，是系统的一个组成部分，计算机是人脑的延伸，它只能减轻而不是替代人的脑力劳动，虽能辅助指挥人员工作，但不能完全代替指挥人员思维判断。作为“主导”的人要熟悉系统的功能，并适应机器的要求，将自己的思想与计算机“交流”、“对话”，只有高素质的人才能实现人机最佳结合。只有将自动化设备的作用与指挥人员的创造性指挥活动结合起来，才能实现有效的军队指挥。

二是采用的技术装备是以电子计算机为核心所构成的网络系统。

三是目的是提高军队指挥效能和决策的科学性，最大限度地发挥部队的战斗力。

四是该系统的任务是对部队和武器实施指挥和控制。这里的指挥与控制不能简单地理解为对军队的指挥和对武器系统的控制。“指挥”是指对部队的作战和军事行动进行规划、组织、协调的过程。“控制”是指驾驭部队使其行动符合自己决心的过程。在西方，军队指挥自动化系统被称为 C3I 系统，直译为指挥、控制、通信和情报系统。

C3I 系统是一个动态的发展系统，它的内容在不断地被丰富和发展。

C2,即指挥+控制,出现于50年代。到了60年代,美军在越战中深感其三军通信不畅对指挥的影响,因此将通信纳入系统之中。

C3,即C2+通信,出现于60年代。随着冷战的加剧,为对付苏联可能的攻击,掌握战略上的主动权,在迅猛发展的光电侦察技术支撑下,情报又加入系统之中。

C3I,即C3+情报,出现于70年代。到了80年代,计算机特别是微型计算机迅猛发展,计算机的作用日显突出,因此在系统中加入了计算机。

C4I,即C3I+计算机,出现于80年代。80年代几场局部战争之后,美三军互联、互通要求日增,同时电子战作用越来越大,系统进一步强调综合。

IC4I,即综合C4I,出现于1995年。1997年美军在综合系统之上,为满足下一世纪信息战的需求,加强了侦察、监视的作用。

C4ISR,即C4I+侦察+监视,出现于1997年。

C3I已经成为各种自动化指挥系统通用的习惯用语,虽然C3I已经发展到C4ISR,但其基本内涵并没有发生多大的变化,只是侦察和监视的地位更加突出而已。

(二)指挥自动化系统的组成

指挥自动化系统主要由物理设备、软件、人员和系统的相互联结四部分组成。

1. 物理设备

物理设备主要由计算机及其外部设备、通信设备、探测器和显示设备组成。

(1)计算机及其外部设备

计算机是系统的核心设备,通常配置在指挥机关,是司令部和指挥所的重要组成部分。其作用主要体现在两个方面:一是处理数据;二是进行方案模拟,辅助决策。各个分系统都装备了计算机及其输入、输出设备,是信息处理的工具。

(2)通信设备

通信网络是连接和指挥各种探测器、终端设备的纽带，是系统的命脉，也是实现自动化指挥的基础，它决定了指挥自动化系统的作用空间和影响范围。通信网络使用通信设备互联构成的。连接系统的纽带，由无线、有线信道，种类交换设备，各种终端设备组成。

(3)探测器

系统的耳目，由多种自动化的探测设备和系统组成。

(4)显示设备

显示设备由各种显示屏、电视屏组成，是人机对话的工具和界面。从广义上讲，它也是一种输出设备。

2. 软件

软件包括系统软件和应用软件。系统软件，即保证计算机正常运行的软件，指操作系统、数据库管理系统、翻译程序等。应用软件，即指挥自动化的整套程序，指作战模拟、指挥决策、作战值班等。

3. 人员

人员主要包括服务人员、操作人员和指挥人员。服务人员负责系统分析、程序编制、维修保障，不参与信息流通；操作人员参与信息流通并进行信息分析；指挥人员，即指挥员＋参谋人员，它们体现系统中的指挥。

4. 系统的相互联结

系统的结构是指其物理实体的空间排列方式和实体内各部分的相互联系。它使物理实体成为统一的整体。系统联结包括物理联结(用电缆、插头将硬件连接起来)和逻辑联结(各种信息流在概念和逻辑上的联结)。逻辑联结决定了信息流的流向和各级系统的关系。其好坏直接影响到整个系统功能的发挥，逻辑联结是设计思想水平的体现。

(三)美军指挥自动化系统的现状和发展趋势

美军指挥自动化(C3I)系统的建设大体经历了三个阶段：

1953 年至 1969 年为第一阶段，各军种建立各自的 C3I 系统。主要存在问题：机型不一（仅国防部使用的计算机就有 50 余种）、语言不通、无法兼容、不能互通。

1970 年到 1979 年为第二阶段，吸取教训，总结经验，加强领导，制定措施，基本解决了系统标准化、通用化问题，这个时期战略系统发展较快。

1980 年至今为第三阶段，美战略 C3I 系统实现现代化，战术 C3I 系统发展较快，特别是海湾战争之后，美军加大了发展的力度，于 1993 年 1 月 14 日批准实施了“国防信息基础设施计划”，该计划有两个核心的内容：一是建设公共的信息传输平台——国防信息系统网，将 170 多个网络（如空军网、海军网、国防数据网、国防仿真网等）综合进网；二是建设公共的信息处理台——全球指挥控制系统（GCCS），改造、更新、取代 WWMCCS。

美全球指挥控制系统（GCCS）是在传统的全球军事指挥控制系统（WWMCCS）的基础上发展而来的，即利用国防信息网将现有的 54 个在地理上分散的指挥中心连为一体。启用这个系统，把美国防部现有指挥功能连为一体，并使之现代化，从而提供综合的信息处理和传输能力，保障各种战斗功能和任务。采用新技术的 GCCS 系统为作战人员提供高可靠和高生存力的指挥控制业务，它可适应分布处理式、分布式数据库系统和客户服务器等新技术。

GCCS 的服务目标结构有三层。最低层是战术层，包括联合特遣部队、联合特遣部队分队和最基层作战人员，为单兵数字化提供技术支撑。中间层是战区和区域汇接层，包括总司令、军种部队、各战区部队。最高层是国家汇接层，包括国家指挥当局，国家指挥中心和军种部。

（四）指挥自动化系统在实战中的运用

以“爱国者”导弹拦截“飞毛腿”导弹的过程为例，当导弹预警卫星的红外探测器探测到“飞毛腿”尾焰后，马上将信息传送给澳大利亚防空中心，同时经过通信卫星传送到美国本土的北美航空航天司令部夏延山指挥中心，两地计算机把“飞毛腿”发射数据同已知的“飞毛腿”发射红外特性和可能的弹道数据进行比较，然后再利用来自预警卫星的数据确定弹着点，再经过卫星将处理好的信息传送到利雅德的中央司令部前线指挥中心和“爱国者”防空导弹中心。这两个中心控制和导引“爱国者”对“飞毛腿”进行拦截。同时，中央司令部前线指挥中心还把“飞毛腿”发射阵地坐标通报给正在巡逻的作战飞机，并命令飞机立刻赶在发射架移开之前将其摧毁。

海湾战争证明高技术条件下的战争将是体系与体系的对抗，是武器装备系统总体作战能力的较量。武器系统之间、武器系统内各子系统之间、武器系统与操作人员之间、指挥控制机关与实际使用武器装备的作战部队之间必须通过系统，密切协调，组成一个有机的整体，才能充分发挥作战效能，系统起着神经中枢和黏合剂的作用。

第三节　未来的新概念武器介绍

一、定向能武器

定向能武器(见视频 4-8)是定向传输能量来打击目标的武器。它发出的能束，可对目标的结构或材料以及电子设备进行硬杀伤，也可以通过调节功率的大小，对目标进行软杀伤。目前，定向能武器主要包括激光武器、高功率微波武器和粒子束武器等。

(一)激光武器

激光武器(见图 4-7)又称辐射武器或死光武器，是直接利用激光的巨大能量，在瞬间危害和摧毁目标的一种武器。

激光武器分为三类：一是致盲型。利用低能激光束干扰和破坏人眼和武器中的光电传感器。二是近距离战术型，可用来击落导弹和飞机。1978 年美国进行的用激光打陶式反坦克导弹的试验，就是用的这类武器。三是远距离战略型。这类的研制困难最大，但一旦成功，作用也最大，它可以反卫星、反洲际弹道导弹，成为最先进的防御武器。

图 4-7 激光武器

激光作为武器，有很多独特的优点。首先，它可以用光速飞行，每秒 30 万公里，任何武器都没有这样高的速度。它一旦瞄准，就立刻击中目标，用不着考虑提前量。其次，它可以在极小的面积上、在极短的时间里集中超过核武器 100 万倍的能量，还能很灵活地改变方向，没有任何发射性污染。

鉴于激光武器的重要作用和地位，美、俄、以色列和其他一些发达国家都投入了巨额资金，制订了宏伟计划，组织了庞大的科技队伍，开发激光武器。至 20 世纪 90 年代初，仅美国政府对激光武器的研究投资就达 90 亿美元。80 年代中后期，苏联和英国的军舰或陆上已有实验性战术激光武器装备，美、法、德等国也做了大量试验。战略激光武器研究费用高，技术难度大，其前景还有待观察。

激光武器的效费比是比较高的。在防空武器方面，当前主体是导弹，激光武器与之相比消耗费用要便宜得多。例如，一枚“爱国者”导弹要 60 万～70 万美元，一枚短程“毒刺”式导弹要 2 万美元，而激光发射一次仅需数千美元，今后随着技术的发展，激光发射一次的费用可降至数百美元。

（二）高功率微波武器

高功率微波武器即利用高功率微波摧毁敌方电子装备或使其暂时失效的武器，同时也可以杀伤人员。它通常由初级能源、能量转换装置、脉冲调制装置、高功率微波源和发射天线等部分组成，主要分为单脉冲式微波弹和多脉冲重复发射装置两种类型。这种武器的辐射频率一般在1～30吉赫，功率在1吉赫以上，通过毁坏敌方的电子元件、干扰敌方的电子设备来瓦解敌方武器的作战能力，破坏敌方的通信、指挥与控制系统，并造成人员的伤亡。

目前，美国发展高功率微波武器的主要目的是用于飞机自卫、反舰导弹防御、反弹药、压制敌防空武器以及指挥控制战和信息战。在微波源器件方面，已研制出了频率1.17吉赫，功率7.5吉瓦的虚阴极振荡器和40吉赫，功率超过1吉瓦、效率为30％的自由电子激光器等。1994年美陆军还进行了高功率微波反弹药关键技术试验。高功率微波反传感器武器目前已进入实用开发阶段。

（三）粒子束武器

所谓粒子束武器，是将电子、质子或离子等粒子，利用粒子加速器加速到光速的60％～70％，然后发射出去。当粒子在前进方向上遇到障碍物时，粒子所带有的巨大的动能就传输到障碍物上，使其毁坏。它能够穿过云雾，又不怕反射，比激光武器还略胜一筹。人们估计，用它对付带有核弹的洲际导弹，是很有效的。

粒子束武器的原理并不复杂，但要进入实战难度非常大。首先是能源问题。粒子束武器必须要有强大的脉冲电源。要在导弹壳体上烧个小孔，粒子束到达目标的脉冲功率须达到1013瓦，能量为107焦。假设粒子加速器的效率为30％，即使不考虑粒子束在传输中的能量损失，加速器脉冲电源功率也至少要达到3×1013瓦，而目前在研的最先进的脉冲电源的功率只有107瓦。

正因为存在上述一系列技术难题，尽管俄、美都在积极研究粒子束武器，但地基和天基粒子束武器目前尚处于实验室的可行性验证阶段，估计2020年以后有可能进入实战部署。美国已做的基础工作包括：进行粒子束产生、控制、定向和传播技术理论验证和实验室的试验，用加速试验台进行试验，验证中性粒子束方案的可行性，同时探讨带电粒子束方案。

二、动能武器

动能武器(见视频 4-9),又称超高速射弹武器,或超高速动能导弹。动能武器是能发射超高速飞行的具有较高动能的弹头,利用弹头的动能直接撞毁目标,可用于战略反导、反卫星和反航天器,也可用于战术防空、反坦克和战术反导作战。动能武器代表了反战术弹道导弹的一个重要发展方向,并很快将成为弹道导弹、卫星、飞机等高速飞行目标的有力杀手。

动能武器主要是由超高速发射装置、探测系统、制导系统和射弹等几个部分组成。超高速发射装置提供射弹达到高速所需的动力,它可以是火炮、火箭、电场或磁场加速装置;探测系统用于探测、识别和跟踪目标,是动能武器的“眼睛”;传感器是探测系统的灵魂;制导系统是动能武器的“大脑”。根据推进系统的推进原理不同,动能武器可以分为火箭型、电磁型和电热型三类。

目前,火箭型超高速动能弹已率先达到了工程实用阶段。而电磁型动能武器,尤其是电磁炮的产生,将给常规火炮带来一场革命。它既可以用作反装甲武器、舰艇防空和反导武器、机载武器等战术武器,也可用作发射航天飞行器等战略方面。预计 21 世纪初,战术电磁炮(如坦克用电磁炮、装甲车辆用电磁炮,防空、反导、舰载电磁炮等)将会率先出现。电热型动能武器,又称电热化学炮,性能也十分卓越,目前正在紧锣密鼓发展中。

根据作战范围的不同,动能武器可以分为战略、战区和战术应用几类。而根据攻击对象的不同,又可以分为反装甲动能武器、反飞机动能武器、反导弹动能武器、反卫星动能武器等。根据武器平台的不同,还可分为天基、空基(机载)、地基(固定或移动)和舰载动能武器几类。

目前,世界上正在进行研制或已在部署的战区动能武器,主要为火箭型。按反导防御的区域分为短程、末段大气层内低空防御的点防御，远程、中段高空拦截的面防御和助推段拦截等几种。在美国，电发射技术初始时考虑的主要是战术应用研究，1983 年才根据“星球大战”计划的需要，转向了战略应用的研究。目前，美国军方适应国家战略的调整，已将战术应用研究作为重点。

三、声波武器

根据共振原理，人类正在开发与试验声学武器。这种武器不是虚拟的神经性武器，而是作用于人体的武器。目前，声学武器主要有以下几种。

(一)次声波武器

图 4-8　次声波武器

次声波武器(见图 4-8)就是一种能发射频率低于 20 赫兹的次声波，使其与人体发生共振，致使共振的器官或部位发生位移、变形甚至破裂，从而造成损伤以至死亡的高技术武器。它可分为两类：一类是神经型次声波武器，其振荡频率同人类大脑的节律极为近似，产生共振时，会强烈刺激人的大脑，使人神经错乱、癫狂不止。另一类是内脏器官型次声波武器，其振荡频率与人体内脏器官的固有振荡频率相近，当产生共振时，会使人的五脏六腑剧痛无比，甚至导致人体异常，直至死亡。

(二)强声波武器

它能发出足以威慑来犯者或使来犯者失去行动能力的强声波，而不会对人体造成长期的危害。它主要用于保护军事基地等重要设施。当有人靠近时，这种声学武器首先发出声音警告来人。如果来人继续靠近，声音就会变得令人胆战心惊。假如来人置之不理还继续逼近，这种声学武器就会使他们丧失行动能力。

（三）超声波武器

它能利用高能超声波发生器产生高频声波，造成强大的空气压力，使人产生视觉模糊、恶心等生理反应，从而使人员战斗力减弱或完全丧失作战能力。这种武器甚至能使门窗玻璃破碎。

（四）噪声波武器

它也可以分为两种：一种是专门用来对准敌方指挥部的定向噪声波武器，它利用小型爆炸产生的噪声波来麻痹敌指挥人员的听觉和中枢神经，必要时可使人员在两分钟内昏迷。另一种是噪声波炸弹，它同样可以麻痹人的听觉和中枢神经，使人昏迷，主要用于对付劫机等恐怖分子活动。

四、气象武器

所谓气象武器，是指运用现代科技手段，人为地制造地震、海啸、暴雨、山洪、雪崩、热高温、气雾等自然灾害，改造战场环境，以实现军事目的的一系列武器的总称。随着科学和气象科学的飞速发展，利用人造自然灾害的“地球物理环境”武器技术已经得到很大提高，必将在未来战争中发挥巨大的作用。下面介绍几种气象武器。

（一）温压炸弹

温压炸弹是美国国防部降低防务威胁局在 2002 年 10 月组织海军、空军、能源部和工业界专家，利用两个月时间突击研制的，并成功应用于阿富汗战场。温压炸弹爆炸时能产生持续的高温、高压，并大量消耗目标周围空气中的氧，打击洞穴和坑道目标效果显著。除去用温压炸弹打击洞穴、坑道和掩体等狭窄空间目标外，美国海军陆战队还计划利用便携式温压炸弹打击城市设施，包括建筑物和沟道等。

（二）人工消云、消雾武器

人工消云、消雾是指采用加热和播撒催化剂等方法，消除作战空域中的浓雾，以提高和改善空气中的能见度，保证己方目视观察、飞机起飞、着陆和舰艇航行等作战行动的安全。在第二次世界大战中，英军曾使用一种名为“斐多”的加热消雾装置，成功地保障了 2500 架次飞机在大雾中安全着陆。1968 年，美军为保障空军飞机安全着陆，曾使用过人工消雾武器。

（三）化学雨

化学雨武器是从早先的气象武器演变过来的一种新型武器，在海战中的作战效能尤为明显。它主要由碘化银、干冰、食盐等使云层形成水滴，造成连续降雨的化学物质和能够造成人员伤亡或使武器装备加速老化的化学物质组成。该武器分为两大类，一类是永久性的，一类是暂时性的。永久性的化学雨武器主要用隐形飞机或其他无人飞行器运载，偷偷飞临敌国上空撒布，使敌军武器加速腐蚀，进而丧失作战能力；而暂时性的化学雨武器主要是使敌部队瞬间丧失抗击能力，它由高腐蚀性、高毒性、高酸性物质等组成。

（四）人工控制雷电

人工控制雷电，是指通过人工引雷、消雷的方法，使云中电荷中和、转移或提前释放，控制雷电的产生，以确保空中和地面军事行动的安全。人工控制雷电的方法有：利用对带电云团播撒冻结核，改变云体的动力学和微物理学过程，以影响雷电放电；采用播撒金属箔以增加云中电导率，使云中电场维持在雷电所需临界强度以下抑制雷电；人为触发雷电放电，使云体一小部分区域在限定的时间内放电。

（五）太阳武器

这是一种利用太阳光来消灭敌方的武器。1994 年，俄罗斯卫星曾在轨道上安放了一面镜片，镜片的反射光在夜间擦过地球，这说明目前的技术已经能够在 4 万米高空集中镜面反射光。据计算，聚集的热源中心温度可达数千度，可以毁灭地球上的一切。这种武器也很有可能出现在新世纪的战争中。

五、基因武器

基因武器是一种新型的生物武器，也叫遗传工程武器、DNA 武器，它是通过基因重组而制造出来的新型生物武器。根据其原理、作用的不同，可分为三类：

一是致病或抗药的微生物。这类基因武器是指通过基因重组，在一些不致病的微生物体内“插入”致病基因，或者在一些致病的细菌或病毒中接入能对抗普通疫苗或药物的基因，从而培育出新的致病微生物或新的抗药性很强的病菌。

二是攻击人类的动物兵。据称，只要研究和破译出一种攻击人类的物种基因，便可以将这种基因转接到同类的其他物种上，其繁育的后代也将具有攻击性而成为动物兵。据外刊报道，如将南美杀人蜂、食人蚁的基因进行破译，然后把它们的残忍基因转接到普通的蜜蜂和蚂蚁身上，再不断把这些带有新基因的蜜蜂、蚂蚁进行克隆，这些克隆后的蜜蜂、蚂蚁，便可以成为大批量的动物兵。据称，某国科学家已经培育出了一种老鼠，这些经基因改造的老鼠具备了很强的进攻性。

三是种族基因武器。众所周知，基因决定了人类及民族特征，如肤色、头发、眼睛、身高等等。国外专家认为，随着人类基因组图谱的组成，人类将掌握不同种族、不同人群的特异性基因，这就有可能被用来研制攻击特定基因组成的种族或人群的基因武器，即种族基因武器。如诱发艾滋病的 HIV，不同人种的易感性就有很大区别，而理论上基因武器的特异识别能力要比 HIV 还高。

六、计算机病毒武器

计算机病毒武器借助通信线路扩散计算机病毒，也可预先把病毒植入相应智能机构，再按给定信号或预定时间使其发作，破坏计算机资源，使计算机网络系统出现故障。计算机病毒是一颗长在计算机网络上的毒瘤，它能够自我繁殖，具有很强的传染性和破坏力。计算机一旦染上毒，轻则工作效率降低，重则整个系统瘫痪。如何将病毒投放到电子计算机及其网络中，是世界各军事强国致力研究的热门课题。

计算机病毒武器主要有以下一些攻击方法：

第一种是将病毒预先植入计算机芯片，潜伏在电子设备中，一旦需要，通过无线遥控方式激活，使其发作。这种方法美军在海湾战争中曾经试过并尝到了甜头。海湾战争开战前，美特工人员探知伊拉克将从法国进口一批电脑打印机，通过“偷梁换柱”的方法将有毒芯片悄悄装入，为了掩人耳目，电脑打印机途经约旦安曼运往伊拉克。战略空袭发起前，美利用无线遥控方式激活病毒，致使伊的预警系统、火控系统、通信和雷达系统瘫痪，战事未起，伊军就挨了一记闷棍。战后，美军宣称，“用计算机病毒进行战争，比用核武器进行战争更为有效，也更为现实，且不承担世界政治舆论的风险”。美军如果使用核武器，众目睽睽，众人讨伐，用计算机病毒进行战争，无声无息，可掩人耳目。

第二种是利用无线电波从空间注入。例如，人们使用的手机是利用无线电波沿空间传播达成通信的，而且机内安装有计算机芯片。手机中“毒”后通常会出现以下三种症状：手机持续发出刺耳的尖叫声；无法操作手机上的键盘；篡改、清洗掉机内数据，使手机成为“高级废铁”。已经有的案例是：铃声响，手机显示屏上出现“Unavailable”（不能使用），用户若不知情接了电话，机内所有数据将被清洗，电话卡烧坏，手机无法再使用。手机功能越强，档次越高，染毒的可能性就越大。这种病毒最早在越南被发现，被称作“越南病毒”。有的手机上出现的“乱码电话”，就是这种病毒的变种。

第三种是将病毒制成弹头（子弹、炮弹、炸弹等），利用发射工具投掷到敌电子计算机系统中。美军扬言用病毒手枪袭击俄米格战机，只需10秒钟，就可使它变成空中的废铜烂铁。

第四种是通过有线信道“送毒上门”，打电话就将病毒打进来，倘若电话机与计算机联网，计算机就会染毒。

第五种是从网络中的计算机接口输入，而殃及全网。

七、人工智能武器

人工智能是20世纪50年代兴起的一门综合性边缘学科，是计算机科学的一个分支，主要研究用机器来实现人的某些智力活动的有关理论、技术和方法。它将计算机的逻辑运算、推理与信息理解系统、知识处理系统、专家系统、知识库等结合起来，组成一个包含人的经验因素和知识的体系，也就是智能计算机，即第五代计算机。它使人的智力技能和体力技能外延并自动化。人工智能应用在军事上，便产生出人工智能武器这一新的作战手段。人工智能作为决策辅助手段和作战支援力量，具有无限的潜力。具体地说，人们完全可以利用电子计算机模拟人类的学习与推理、问题求解、辅助决策与智能活动的技术，制造出具有自主敌我识别、自主分析判断和决策能力的各种各样的武器。例如，能自主地对目标进行识别、判断和选择攻击的智能导弹、智能地雷、智能水雷；能自主地判定毒剂的种类并选择所需消毒剂前去对染毒车辆和染毒地域进行消毒的机器人；能自动观察战场并进行警戒的哨兵机器人。人类历史上第一支由18名被称为“特种武器观测侦察探测系统”的战斗机器人士兵所组成的特殊部队已在伊拉克战场上首次亮相。

思考题：

1. 军事高技术的分类有哪些？
2. 简述军事高技术在现代战争中的运用。
3. 高技术武器装备对现代战争有什么影响？
4. 简述高技术武器装备的发展。

第五章　信息化战争

21 世纪是一个技术创新的世纪，高技术的快速发展和广泛应用在军事领域推动了武器装备的发展和作战方式的演变，引发了新的军事革命。信息化战争取代机械化战争，成为未来战争的基本形态，这是大势所趋。信息化战争是信息时代、以信息为基础、以信息化武器装备为战争工具的战争。信息化战争时代战争的本质依然没有改变。信息化战争是在全球核威胁笼罩下的战争。正确认识信息化战争，推进中国特色的军事变革，加强我国的国防和军队建设，对打赢未来信息化战争具有十分重要的意义。

第一节　信息化战争概述

一、信息化战争的形成过程

（一）信息化战争的定义

在人类世界中，物质、能量和信息是构成世界的三大要素。物质和能量是不同形态的资源，它们可以以材料和动力的形式存在，人类能够利用这些材料和动力。信息向人类提供的是知识，同样是一种资源。物质、能量和信息三者之间互相依存，构成了人类完美的世界。

用辩证唯物主义的观点去看，物质是第一位的。能量是依托物质而存在的，是物质运动形式的动力。信息是物质及其所构成事物的运动状态和方式，是这些状态和方式的表现形式。信息也是依托物质的存在而存在的。从本质上看,信息是事物运动的状态和方式及其表现形式。

广义地说,信息就是消息、情报。一切存在都有信息。对人类而言,人的五官生来就是为了感受信息的,它们是信息的接收器,它们所感受到的一切,都是信息。然而,大量的信息是我们的五官不能直接感受的,人类正通过各种手段,发明各种仪器来感知它们、发现它们。

军事情报就是有组织地获取的有针对性的信息。我们古人很早就认识到情报在战争中的重要性。《孙子·谋攻篇》中说:“知已知彼,百战不殆;不知彼而知已,一胜一负;不知彼,不知已,每战必殆。”“知彼”其实就是获取军事情报。从战争实践看,“知彼”有各种各样的途径、方法和手段。譬如,通过技术或战术的侦察手段获取敌人的情报,通过打入敌人内部探听并传送各种秘密消息,通过分析研究敌军而掌握其惯用手法和作战特点,等等。

所谓信息化战争,概括地说是指发生在信息时代,以信息为基础并以信息化武器装备为主要战争工具和作战手段,以系统集成和信息控制为主导,在全维空间内通过精确打击、实时控制、信息攻防等方式进行的瘫痪和震慑作战的战争形态。它是对现代和未来高技术战争的整体特征描述,并将随着信息技术和信息装备的发展、完善而趋向成熟。信息时代,信息技术是综合电子信息系统、主战武器装备和综合保障系统的灵魂。信息时代的军事技术变革使研制和生产更先进的空间、空中、地面和水中武器成为现实,这种发展趋势使军事领域的各个系统和多维空间的联系更加紧密,同时无论是在空间上还是在时间上都趋向一体化。

如何把握信息化战争的基本内涵呢?我们可以从以下几个方面进行理解:一是时代性,因为在信息时代,有多种形态的战争,但信息化战争是最基本的、最主要的战争形态;二是交战双方至少一方是信息化军队,因为机械化军队或半信息化军队打不了信息化战争;三是信息化战争没有改变战争的本质,战争依然是政治的继续,军队依然是政治家获取政治目的的工具；四是在物质、能量、信息等构成作战力量的诸要素中，信息起主导作用，信息能严格调制在战争中表现为火力和机动力的物质和能量；五是信息化战争是在核武器威胁之下的战争。

（二）信息化战争的形成过程

信息化战争形态经历了从低级到高级、从不成熟到走向成熟的过程。第二次世界大战结束后，美国先后发动了朝鲜战争和越南战争，结果都以失败告终。美军从20世纪70年代初开始进行反思。此间，侧重反思越南战争失败的教训，学习作战对手的经验，借鉴其他国家成功的做法，并从科学技术进步中寻找推动力，以确定军事改革的着力点。

第二次世界大战是机械化战争发展的鼎盛时期。战后50多年来，在机械化武器装备方面，除在技术性能上进行一些更新换代之外，没有更多的创新成果。20世纪60年代末，微型芯片、集成电路、计算机、基因工程、激光、航天等一大批高技术的迅猛发展，侦察、监视及目标捕获技术与先进制导弹药的结合，成为当时军事技术和武器装备发展的两个亮点，从而为沉寂的军事领域带来了生机和活力。

1967年初，美国把“宝石路”激光制导炸弹运到了越南。1967年3月12日，美军出动8架飞机，首次使用了“宝石路”激光制导炸弹，准确地炸毁了清化桥，自己无一损伤，向世人展示了这种新型武器的威力。进入70年代，人们在战争中开始越来越多地使用这一类武器。1972年4月至12月，美国在越南大量使用了电视制导和激光制导的炸弹，炸毁了80%以上的被袭击目标。与普通炸弹相比，这种炸弹的作战效能提高了几十倍。越南战争中，美军先后投放2.5万余枚制导炸弹，命中概率达60%以上。这种新型的“灵巧炸弹”为信息化战争埋下了第一粒种子。

第四次中东战争是埃及和叙利亚与以色列之间的一场战争，由于美、苏分别为作战双方提供了一些信息化的武器装备，所以信息化的特点比较明显，具体表现在：一是导弹战比较明显，双方损失的340架飞机、300多辆坦克大部分是被导弹击毁的，这预示着精确制导武器将主导战场；二是首次利用卫星进行战场侦察，使天战这一崭新的方式脱颖而出。美国发射了18颗侦察卫星，苏联发射了10颗，分别向以色列和埃及提供情报支援。卫星首次投入战场就发挥了重要作用。在战争初期以色列曾处于十分不利的地位，后来美国的“大鸟”侦察卫星（见图5-1）侦察到在埃及的后方第2、3军团结合部之间有一段宽达10多公里的空隙，美迅速将这一情报提供给以色列，以色列利用这一空隙切断了埃及的退路，从而摆脱了不利的境地，反败为胜。这说明卫星的空中支援已成为作战的一个重要内容。

图5-1 “大鸟”侦察卫星

60年代中期至70年代末，是美苏争霸的第二阶段。美苏在三个战场上角逐：一是核大战的战场，主要是相互遏制、相互威慑、相互确保摧毁；二是全面战争的战场，第三世界国家在前方打仗，两个超级大国和两大军事集团在背后支持和怂恿；三是高技术武器装备的试验战场，美苏两国利用代理人战争，把新研制的武器装备及时投放战场进行实战鉴定。经过20多年的反复验证，到1976年，美国开始认识到核武器威力巨大，具有不可替代的威慑效能，但难以实战，因此应将武器装备发展的重点逐渐朝精确制导武器和电子信息装备方向偏移，侧重研制巡航导弹、战术导弹、灵巧炸弹、侦察卫星、通信卫星、导航卫星、预警机、侦察机、C3I系统、电子战装备等高新技术武器装备。这些信息化武器装备在15年后的海湾战争中发挥了非常重要的作用，促进了战争形态的快速转型。

1.20 世纪 80 年代以来的高技术局部战争拉开了信息化战争时代的序幕

1981 年 6 月,以色列以 14 架当时堪称为高技术兵器的 F-15、F-16战斗轰炸机组成编队,从西奈岛空军基地起飞,沿沙特阿拉伯和约旦边境上空,超低空飞入伊拉克境内,只用了短短的 2 分钟,就将伊拉克的一座生产能力达数十兆瓦、价值 4 亿美元的原子核反应堆彻底毁坏。此次代号为“巴比伦行动”的军事行动,第一次让人们真切地感受到了带有信息处理功能的智能化武器在作战中所发挥出的巨大作用。

1982 年 4 月爆发的英阿马岛战争,这场战争是一次高技术条件下的海空联合作战。在战争中第一次大规模地集中使用制导武器,交战双方共投入 17 种类型的战术导弹、制导鱼雷和制导炸弹进行对抗,由此改变了传统的“巨舰大炮”对抗的海战方式。在作战中制导武器发挥了重要作用,阿根廷有 73 架飞机被英军导弹摧毁在空中,占空中击毁总数的 84%,英军先进的“谢菲尔德号”驱逐舰和“大西洋运送者号”大型货船以及其他十几艘舰船都毁于阿根廷“飞鱼”导弹之手。这场战争标志着精确制导武器和电子信息装备已经成为现代战场的主宰。

1983 年美军对格林纳达发动了代号为“暴怒行动”的侵略战争;1986 年美军又对利比亚发动了代号为“草原烈火”和“黄金峡谷”的两次军事打击行动。这种高技术、低强度,快速进入、快速交战、快速撤离的“外科手术式打击”样式,以及“点穴式攻击”的作战样式,对推动信息化战争的发展产生了重要而深远影响。

2.20 世纪 90 年代初的海湾战争是全面信息化战争的雏形

海湾战争是以伊拉克入侵科威特而引发的。1991 年 1 月,以美国为首的 30 多个国家的军队组成的多国部队,对伊拉克发动了陆海空联合作战。作战中,多国部队全面、综合地使用了高技术兵器,其范围遍及陆、海、空各个战场,而且在作战方法上也有许多新的突破。

其特点包括:一是以精确制导武器为主实施了高强度的空中打

击。这次战争一改过去以地面作战为主的方式，以空中打击为主，空战中使用精确制导弹药虽然仅占总投弹量的9%，却炸毁了70%～80%的目标，起到了战争的主角作用。空战中还有一个创举，那就是巡航导弹进入了空中打击的行列，多国部队共发射了200多枚“战斧”式巡航导弹（见图5-2）实施远程打击。二是进行大规模的电子战，多国部队投入电子战部队人数达5000多人，电子战飞机和预警机200多架，从战前到结束进行了全方位的电子干扰。三是使用了先进的C3I作战指挥系统。多国部队投入战场的计算机就达3000多台，确保了快速、准确的信息传递。四是使用了大规模的高性能侦察器材。共动用了30多颗卫星、130多架侦察机以及大量的侦察器材，进行了地、空、天覆盖性侦察，保证了及时可靠的情报来源。五是使用了多种新型的夜视器材，使夜战的地位、作用有了显著的提高，形成了连续作战的能力。

海湾战争以机械化战争形态为主导，使大规模机械化作战发展到极致，而信息化作战初露端倪，信息化武器装备在战争中发挥了重大作用。海湾战争是机械化战争向信息化战争过渡的一个重要转折点，在信息化战争进程中发挥了里程碑式的重要作用。

图5-2 “战斧”式巡舰导弹

海湾战争结束之后，美国从多个层面对这场战争的经验教训进行了总结和反思。在充分肯定海湾战争胜利的基础上，对军队建设提出了三个重大问题：在高技术、特别是信息技术飞速发展的现代社会中，美军将如何继续保持自己的军事优势，如何确定跨世纪发展目标？在冷战结束之后，面对一个没有明确敌人和对手的世界，作为超级军事强国将如何建设未来的军队？在未来武器装备发展中，如何克服和解决海湾战争中所暴露出来的各种问题和缺陷，如何提高部队的综合作战能力并打赢下一场战争？

3.21 世纪信息化战争走向成熟

2000 年 7 月，美国、日本、德国、英国、法国、意大利、加拿大和俄罗斯等国家元首在日本冲绳召开信息化首脑会议，颁布了《全球信息社会冲绳宪章》，宪章中将人类社会正式称为“信息社会”。

1999 年 3 月 24 日，北约发动了对南联盟的空中打击，科索沃战争爆发。科索沃战争是在全球信息社会已经到来的情况下爆发的一场战争。在这场战争中，信息作战和信息化武器装备发挥了主导作用，依托信息优势实施的远程、中程和近程精确打击成为其基本手段，并成功地使用了 C4ISR 系统实施战区外战役指挥与战区内战术控制相结合的作战指挥。交战双方广泛实施信息对抗。在此次战争中，信息化武器运用普遍，作用突出，方法灵活，效果显著，这些都是海湾战争无法比拟的。信息主导在战争全过程中真正得到了体现。

从科索沃战争开始，战争在形态上开始产生了本质性变化，信息化战争形态首次出现，夺取信息优势、控制机动、精确打击成为战争的主导。战争中，美军对 1993 年之后军队信息化建设的成果首次进行了综合展示和实战运用：在全球指挥自动化系统运用方面，实现了全球网络化、信息化、一体化，具备了跨军兵种、跨地域无缝连接和实时指挥控制能力；首次使用了电磁脉冲炸弹、计算机病毒攻击武器、石墨炸弹等心理战、网络战、控制战、信息战武器，验证了大规模信息化作战及信息化战争条件下盟军联合作战理论；综合验证了联合作战理论和联合作战体制，创新了全纵深精确打击作战、非对称作战理论、非接触作战、战略信息战、战场信息战，以及盟军联合作战理论。首次使用了杰达姆卫星制导炸弹、联合远程攻击武器，首次大批量使用 GPS 制导的巡航导弹。战争初期，精确制导炸弹和导弹的使用量占 90%以上，其中巡航导弹 329 枚。在 78 天的空袭中，大约投放了 2.3 万枚炸弹和导弹，其中精确制导武器占 35%。

从科索沃战争开始，美国就甩开联合国，甩开国际社会，一意孤行，进行信息化战争的尝试。科索沃战争及后面爆发的阿富汗战争和伊拉克战争，被认为是继海湾战争之后的真正的信息化战争。虽然这三场战争的信息化味道还不是那么浓烈，但任何事物的发展都是从低级向高级逐渐进行的，按照这种渐进式发展的规律，三场战争都应该是信息化战争的敲门砖。

2000 年 5 月，参联会提出《2020 年联合构想》，各军种相继提出军种战略构想：陆军提出"目标陆军"构想，加强数字化同时，将重装部队的火力与轻装部队的机动相结合，用 15～20 年时间成为具有战略性的决定性力量；海军提出"力量与影响，由海到陆"，重点是对地攻击作战；空军提出"全球警戒、全球到达、全球力量"，核心能力是空天优势、信息优势、全球打击、精确作战、快速全球机动和灵活战斗支援；海军陆战队提出"远征机动作战"构想，强调以海制陆，用"网络中心战"思想建设一支拥有知识优势的海上力量。

2001 年"9·11"事件之后，美国迅速调整了国家战略和军事战略，并于 10 月份发动了阿富汗战争。这场战争充分体现了美国的实用主义立场，与海湾战争之后的骄横跋扈的单边主义倾向不同，美国主动与包括中国、俄罗斯在内的世界大国进行合作，主动寻求联合国的帮助。

阿富汗战争以后，美国于 2002 年提出了"先发制人"战略，决定以国际恐怖势力和邪恶轴心国家为主要作战对象，以信息化战争的方式，主动出击，进行预防性干预作战，将可能的威胁消灭在萌芽之中。伊拉克战争，是美军新军事变革发展到成熟阶段，军队建设从机械化向信息化完成转型之后的一场信息化战争，这场战争的速战速决，将对今后军队建设和战争发展趋势产生重大影响。

预计在 2020 年前美军将实现三大突破：一是在信息基础设施建设方面，将完成全球信息栅格的建设，实现全球信息无缝连接和指挥控制通信的实时化、一体化。信息化武器装备在现有武器装备中的比例将提高到 70％～80％，将完全实现数字化和信息化。二是在编制体制方面，将基本实现小型、多能、轻便、可重组的联合作战体制。三是信息化战争方面，将进入一个较为稳定的阶段和较高水平的时期。

二、信息化战争的特点

当前，人类社会正由工业时代向信息时代过渡。工业时代的基本战争形态是机械化战争，信息时代的基本战争形态是信息化战争。从工业时代到信息时代过渡期的基本战争形态就是高技术战争。从战争形态的运动轨迹来看，每一种新战争形态的出现，都是对旧战争形态的扬弃。冷兵器战争是对游牧时代徒手战争的扬弃，机械化战争是对农业时代冷兵器战争的扬弃，信息化战争又是对工业时代机械化战争的扬弃。在这一阶段，战争中作战力量诸构成要素中信息的作用将日益凸显，表现为物质和能量的作用不断下降。概括起来，信息化战争的主要特征大致表现在以下几个方面。

（一）突出表现为技术的对抗

大量使用信息化的武器系统和技术装备，是信息化战争的一个显著特点，它们成为加快战争进程的“助推器”和提高作战效益的“倍增器”。武器战斗效能的发挥，不仅取决于其战斗的杀伤威力，而且还取决于构成战斗体系的情报探测系统、指挥控制系统、通信系统、信息处理系统、机动系统、防护系统等各个子系统的共同作用。整个作战体系的作战效能不再是各个作战系统效能的简单相加，而是整体大于部分之和的倍增关系，特别表现为几个关键性系统的效能之乘积。现代战争不再是单个或数个作战力量单元之间的对抗，而是整个作战体系的较量。信息化战争中，武器装备及手段的信息技术含量都非常突出，广泛采用了新发展起来的各种技术，特别是微电激光、红外、隐身、光纤、高速计算、人工智能、新材料以及遥测、遥感、遥控和精确制导等先进技术。这些技术应用于各种武器系统中，使攻击力、机动能力、快速反应能力迅速得到加强，并产生质的飞跃，形成战争中敌对双方高技术密集化的竞争，两军决胜，更多地表现为技术上的较量。在20世纪90年代初发生的海湾战争中，多国部队使用的武器装备新技术多达500多项，包括空间侦察系统、航空武器系统、精确制导武器系统、一体化C4ISR指挥自动化系统、电子战/信息战系统、隐身武器系统、新概念武器系统等一系列信息技术装备。在战区使用的计算机多达3000多台，为跟踪与分析敌情、制订与演练作战方案、汇集与查找各种作战资料提供了保障。

（二）战场空间范围更加广阔

20世纪60年代以来，随着信息技术、空间技术和海洋技术等一大批高新技术群在军事领域的广泛运用，战争舞台更加广阔。主要表现在以下几个方面。

1.从区域战场向全球战场延伸

最初的战争，双方是面对面的徒手格斗；弓箭用于战场后，双方相距100多米就可以进行交战了；火枪、火炮的出现，使距离延伸到了几百米到几十公里以外；而现在的各种飞机、导弹的使用已经把这种距离进一步延伸到了几百公里、几千公里甚至上万公里以外，军队具备了实施远程打击的能力。双方交战的战场因此在不断向外扩大。据统计，从18世纪到海湾战争，战场面积扩大了几十万倍，战场高度扩大了上万倍。海湾战争还只是高技术战争的开始，今后随着高新技术的继续发展，战场还会继续扩大，从发展的角度看，战场正在由区域战场向全球战场延伸。

2.从空中战场向太空战场延伸

1903年，美国莱特兄弟发明了飞机，从此打开了空战的大门。1957年，苏联发射了第一颗人造卫星，使人类上了“天”，战争空间由大气层到了外层空间。目前，太空已成为军事争夺最激烈的领域，军事强国都把控制太空看做是赢得未来战争的必要条件。美国国防部长拉姆斯菲尔德在太空委员会发表的一份报告中指出，太空将成为21世纪的战场。美国的一些军事战略家认为：在19世纪，谁控制了欧亚大陆，谁就能称霸世界；20 世纪，谁控制海洋，谁就能称霸世界；而 21 世纪，决定霸业的关键领域将是太空。目前，任何重大军事行动和地面目标都难以躲过卫星的侦察。因此，各种航天器是影响地面军事行动的一个重要因素。例如，在海湾战争为代表的高技术战争中，卫星为美军提供从侦察、通信到导航定位、气象服务等多方面的支援，使美国和多国部队对战场具备了前所未有的控制能力。空间技术已经成为现代战争中不可缺少的支援保障体系。

当前，在太空战场中的军事活动，还仅仅局限于军用卫星对其他战场的支援，真正太空武器之间的直接对抗，像卫星与卫星、激光与卫星之间的大战，弹道导弹与反弹道导弹之间的较量还没有开始，但从发展趋势看，“天战”将不可避免。为了准备在航天空间实施天战或空间战，美、俄已经或计划组建天军部队。俄罗斯已建立天军，并将其作为一个兵种。俄天军部队直属总参谋部和国防部，编制 9 万人，包括军事航天部队和空间导弹防御部队，其中，军事航天部队下辖 3 个航天发射场和 1 个航天器试验与控制中心。美国尚未正式组建天军部队，而是把航天力量分散在三军之内。专家预测，到 2015 年左右，美国将建成真正意义上的空间作战部队，并将其逐渐发展成为一个全新的军种——天军。另外，日本、印度、英国、法国等也在计划建立天军部队。据此人们预测，到 21 世纪初，外层空间将成为未来战争的主战场。随之军队中将继陆、海、空军之后出现一个新的军种，叫“天军”。

3. 从有形战场向无形战场延伸

陆、海、空、天战场对我们来说都比较好理解，因为这些战场上的各种武器，如坦克、飞机、舰艇、卫星都是看得见、摸得着的东西，这些战场都属于有形战场，那么无形战场指的又是什么样的战场呢？这就是我们看不见的电磁波所形成的战场，也称之为电子战场。尽管这个战场我们看不见，但实践证明，谁掌握和拥有制电磁权谁就能取得主动权，谁就有可能赢得战争的胜利。海湾战争再一次以血的教训向人们展示了夺取制电磁权的重大意义。伊拉克在失去了制电磁权以后，指挥自动化系统瘫痪，防空系统失灵。虽然它拥有作战飞机680架，却没能击落一架多国部队的作战飞机；拥有1700枚防空导弹，却只打下了一架多国部队的作战飞机。而多国部队共出动了11万多架次飞机，在整个战斗中只损失了9架，基本上没有遇到什么威胁。通过上述战例我们不难看出，电子战在未来战争中的地位和作用是何等的重要。所以，美国前参谋长联席会议主席穆勒上将曾大胆地预言，“如果发生第三次世界大战，获胜者必将是最善于控制和运用电磁频谱的一方”。另外，心理战、新闻舆论战等也都已陆续成为现代战争的一个重要组成部分。

以上我们分析了战场范围扩大的三个方面：即从水平角度看，战场正在由区域战场向全球战场延伸；从垂直角度看，战场正在由空中战场向太空战场延伸；从存在的状态看，战场正在由有形空间战场向无形空间战场延伸，从可见光到红外光、微波、超短波、短波、中波、长波、超长波，全部电磁频谱都被纳入作战空间的范围。所以，未来的信息化战争，将在陆、海、空、天、电的五维战场空间里进行。

（三）战争可控性强，附带毁伤小

政治家们都希望战争能够按照自己的意愿运转，但是由于以往战争中的武器在精度、威力和作战距离等方面的不足，使得战争的可控性不强。当战争机器启动后往往不以人的意志为转移，使战争的规模和进程难以控制，战争不仅难以达到预期的目的，而且造成资源的大量消耗，造成重大的人员和财产损失，造成政治上的被动，战争的结果甚至违背了政治家们的初衷。而信息化战争的武器装备则其杀伤破坏力是可以被有效控制的，因此，战争这个难以驾驭的机器，具有较强的可控性，这种可控性使战争与政治、外交手段等相结合，更有利于政治目的的实现，成为实现政治家政治目的的有效工具。所以，同以往的战争相比，信息化战争作为政治的继续已经表现得更加直接、更加明显了。而这种情况正在使信息化战争成为一些国家特别是超级大国推行霸权主义和强权政治的一种重要手段，成为达到其政治目的的一种比较可行的选择。

在任何形态的战争中，都会造成人员伤亡和财产破坏。毁伤破坏分为两类，一类是必要毁伤，另一类是附带毁伤。必要毁伤是与达成战争目标有直接关系的破坏，附带毁伤是与达成战争目标无直接关系或根本无关的不必要破坏。在工业时代的机械化战争中，附带毁伤非常严重，摧毁既定目标往往要破坏其周围的广大地域。而在信息化战争中，则可将附带毁伤破坏减少到最低限度。首先，由于战场透明度大，交战双方不仅能避免因遭突然袭击而受重大伤亡，还可防止实施不必要的、会造成重大破坏的直瞄火力战。其次，交战双方只攻击那些为完成任务而必须攻击的目标，因而部队暴露于作战空间的时间短，受到的伤亡少。再次，未来战争在一定程度上是“精确战”，因而不会像工业时代的地毯式轰炸和面积射击那样，造成数十倍甚至数百倍于“必要破坏”的附带毁伤。最后，由于空战和天战制胜作用的增强，地面部队作用的下降，像第二次世界大战中那样的地面重兵集团对抗，特别是地面装甲集群之间“绞肉机式”的对抗将退出人类战争舞台。

在人类历史发展的进程中，战争自问世以来就沿着一条杀伤破坏越来越大的轨迹发展；到了工业时代的机械化战争，这种杀伤破坏达到顶峰。战争是政治的继续，是用暴力手段迫使敌方屈从己方的意志，而不是将敌人斩尽杀绝，将敌国夷为平地。机械化战争的杀伤破坏达到极致，既是军事技术发展的结果，也是军事技术落后的必然产物。任何事物发展到极致，都会向相反的方向转化。由于军事高技术的发展，高技术战争的杀伤破坏已明显低于机械化战争。而在未来的信息化战争中，杀伤破坏将更少。但这并不是说信息化战争将消灭暴力，不再有流血，会完全失去残酷性。信息化战争也是战争，凡是战争，都是以武装斗争为根本标志的社会活动，都会使用暴力，暴力性是战争区别于其他任何社会活动的突出特征。

(四)战争消耗巨大

以单兵每天平均物资消耗为例,第二次世界大战时是20公斤,越南战争时是90公斤,海湾战争时已经达到了200公斤,海湾战争之后的科索沃战争和伊拉克战争则更高。再看战场每月弹药消耗,朝鲜战争是1.8万吨,越南战争是7.7万吨,海湾战争时已经达到了35.7万吨。科索沃战争中,北约每天都要消耗十几万吨的油料。在伊拉克战争中,美军为解燃料不足之急,曾一次性紧急采购了4764万加仑(115万桶)航空燃料,几乎相当于美国国防部一年采购量的一半。战场物资消耗猛增,使后勤运输面临严重困难。为了保证美军在海湾作战,美国建立了第二次世界大战以来最庞大的后勤运输体系。在空运上,动用了军事空运司令部90%的运输机,还租用了国内、韩国和德国等30多家航空公司的飞机。在海运上,军事海运司令部出动了135艘运输船,后备役船队出动了170艘商船,还租用了78艘外籍船。在地面运输上,美国本土动用了7个州的2400节火车皮,在沙特组织了5000辆运输车。有人计算,海湾战争中,美国从国内运往中东的各种物资总量达到了1.86亿吨,等于把美国像亚特兰大这样一个中等城市搬运到了海湾。

现代战争的军费消耗相当惊人。第二次世界大战时,美军日消耗军费只有1.94亿美元;越南战争时,也只有2.3亿美元;而海湾战争,光美军平均一天的消耗就高达14亿美元。像这样的战争不要说我们打不起,即使是像美国这样的超级经济强国也感到力不从心。在海湾战争之前,美国就扮演了乞丐的角色,四处游说乞讨,最终获得了540亿美元的援助。这540亿美元占了海湾战争总耗费的88%,正是这540亿美元解了美军的燃眉之急,使他们得以把这场仅有42天的战争维持下来。伊拉克战争在2003年战端开启时,布什政府提供给国会的整场战争预估成本仅为600亿至1000亿美元。但是这场仗却拖拖拉拉,比政府预期的时间长得多,成本也膨胀到了最初估计的10倍左右。

第二节　信息化战争对国防建设的要求

人们以什么样的方式生产，就以什么样的方式制胜。农业时代以冷兵器和体能制胜，工业时代以机械化兵器和技能制胜，信息时代以计算机、网络和智能制胜。机械化战争中军队的机动能力空前提高，火力空前增强，战争的规模也空前扩大，新的制胜因素成为钢铁产量，火炮口径，飞机、舰艇和坦克的数量及操作这些钢铁兵器的勇士们的技能。20 世纪后半叶起，由计算机、通信卫星和全球网络带来的生产方式的改变导致战争方式的彻底改变。1991 年的海湾战争，从机械化战争的标准看，伊军与美军的装备差距不是很大，但瞬间一边倒的结局让全世界看到了信息优势所带来的全新的战争制胜要素。此后 10 多年进行的科索沃战争、阿富汗战争、伊拉克战争则一而再、再而三地证明了这一点。

新的制胜因素的出现，必然给国防建设提出一系列的挑战。这种挑战表现为制信息权成为超越制空权、制海权的新的制高点；信息技术优势导致战场全维领域的透明，夜战、电子战、侦察与反侦察成为贯穿战争始终的要领；信息化推动军事组织结构不断创新，指挥机构趋向简捷，陆、海、空三军的区分趋向模糊。无论是机械制胜还是信息制胜，说到底都是物化了的人的综合素质的较量。没有高素质的军人，既打不赢机械化战争，更打不赢信息化战争。

面对信息化所带来的这场变革，我们应当看到这既是挑战，更是历史的机遇。我们必须提高认识，更新观念，创新思维，竭尽全力，加速以武器装备和人才队伍为核心的军队信息化建设，以打赢未来的信息化战争，实现伟大祖国的和平统一，实现中华民族的伟大复兴。

一、人才培养是重点

培养能够适应信息作战要求和从事信息作战的人才，是信息化军队建设的重要内容。从某种意义上说，信息作战是具有高科技知识的人才较量，我军必须把培养人才作为作战准备的基础工程，作为刻不容缓的战略性任务。

在信息作战中，信息的获取、传递、处理、控制和利用，都要通过人去做，计算机也要人去操作和控制。还是毛泽东说得对："武器是战争的重要因素，但不是决定的因素，决定的因素是人不是物。"无论信息化武器如何发展，其威力如何巨大，人是战争的决定因素这一真理是不会改变的。因为在人与武器相结合的统一体中，人始终处于主导地位，武器则处于从属地位。信息化武器的发展，只不过是人的能力的延伸，丝毫也没有降低人的因素的作用。相反，武器装备越是信息化，对人的素质要求也越高，人的因素就越重要。美国国防部关于海湾战争致国会的最后报告中指出："高质量的人才是美军第一需要。没有能干的、富有主动精神的青年男女，单靠技术本身是起不到决定性作用的，优秀的领导和高质量的训练是战备的基本素质。只有训练有素，部队才能对自己、对领导人和武器装备充满信心。"

在信息作战中，对人才素质提出了新要求，并不是什么人都可以成为夺取信息作战胜利的决定因素。对信息作战理论和信息技术知之甚少的人，是无法取得信息作战胜利的。

适应信息作战需要，不仅要普遍提高全体军人的素质，而且要下大力培养关键人才。信息作战需要的关键人才，主要包括中、高级指挥人才，信息网络管理人才和高层次科技人才，中、高级尤其是高级指挥员，必须是具备扎实信息知识和驾驭信息作战能力，具有高技术谋略意识，善于利用信息技术组织指挥作战的复合型人才；信息网络系统组织指挥人才，是信息网络系统的具体组织者、指挥者，他们应当是既通晓信息技术、熟悉信息技术装备和信息网络，又精通信息作战特点和战法，有较强组织指挥能力的指、技合一型人才；高层次信息科技人才，是信息作战各类信息技术手段的设计者、管理者，他们必须通晓信息作战特点、战法与技术保障的要求，善于利用信息技术手段支撑信息侦察、信息进攻和信息防御作战，能使己方信息技术手段效能得到最大限度的发挥。

信息作战及数字化部队建设需要的人才，既包括一般军事人才的共性要求，也包括体现与信息作战相适应的特殊要求。这些特殊要求主要包括：在人才类型结构上，应着力建设好指挥控制、信息系统管理、信息技术运用、信息装备维护保障等各类人才队伍；在人才培养格式上，应注重人才的科技性、通用性、综合件、超前性特征；在人才素质要求上，应熟悉信息作战理论，掌握高科技知识，熟练运用信息网络系统和信息化武器系统；在人才文化层次上，应注重高学历和复合型人才培养。这些要求具体体现在政治思想素质、科学文化素质、军事专业素质、开拓创新素质、身体心理素质等方面。

二、加大国防研发力度

现代化国防的关键在于军队的现代化，而军队的现代化在当今世界越来越倾向于信息化。以信息技术为核心的新军事革命正在引起军事领域的深刻变革，这场变革的实质是工业社会的机械化军事形态向信息社会的信息化军事形态转变。伴随这一历史性转变，军队信息化成为加速实现军队现代化的重要手段，同时也成为军队现代化建设的重要内容。

军用信息技术在军队信息化建设中起着十分关键的基础作用。在主要发达国家的国防关键技术中，军用信息技术占据了主导地位。如：1992 年 7 月美国国防部《国防科学技术计划》确定的到 2005 年要实现的 11 项国防关键技术领域中，有 8 项属于军用信息技术，所占比例高达 72.7%。我国应制定以信息技术为核心的国防关键基础技术发展计划项目，瞄准世界最先进水平，抓好前瞻性研究，加大对关键技术研究与开发的投资。在军用信息技术应用研究上，应围绕提高武器装备的信息技术含量，加快武器装备体系信息化、智能化、一体化建设。

军队信息化建设需要强大的经济实力作后盾，在有限军费条件下（2000 年，我国国防预算约为 145 亿美元，而美国为 2933 亿美元，俄罗斯为 290 亿美元，日本为 456 亿美元），需要采取适当的经费倾斜政策。一是加速发展高速军用信息网络。重点加强主要战略方向的通信与指挥自动化建设，加速全军指挥自动化系统的网络化和一体化建设，以形成有效的战场预警、监视、指挥、控制、管理体系。二是加强重点装备建设。应突出指挥自动化系统、精确制导武器、电子战装备、数字化装备等重点装备建设；围绕高效能、多功能、通用化、模块化、一体化、高可靠性和可维修性的要求，抓好现有装备的信息化改造；重视新概念武器的超前研制与发展，争取有所作为。三是加快后勤信息化建设。抓紧后勤信息化装备、后勤指挥自动化、后勤信息化保障手段建设，提高后勤保障社会化、可视化、精确化水平。四是提高军事教育训练信息化水平。应更新教育训练内容，加强信息战战役、战术训练；加强信息战训练基地建设；加速实现教育训练手段的模拟化。五是加强军事信息资源战略管理。应抓好信息资源的标准化建设，在统一软件规范和硬件标准、统一规划和设计各类计算机管理信息系统的基础上，实现计算机联网和资源共享。

三、优化编制体制

在高技术条件下，军队作为执行政治任务的武装集团的根本职能并没有改变，通过信息化加速提升现代作战能力成为军队建设的必然要求，也是国防建设的重中之重。

坚持精兵、合成、提高效能、平战结合的原则，优化军队的编制体制。军队的编制体制是联结人与武器的纽带。编制体制科学合理，才能最大限度地发挥人和武器的作用，提高整体作战效能。我们的方针是，建设好一支精干的常备军，同时大力加强后备力量建设。常备军按照精兵、合成、提高效能、平战结合的原则进行编组。

一要保持适度的军队规模。从国际战略形势和我国周边环境看，在当前和今后一个时期发生举国迎敌的全面战争不大可能，我国安全面临的主要威胁是局部战争。但我国幅员广大，地形复杂，陆海疆界长，交通不发达，军队现代化水平还不高，现在保持 200 多万军队是必要的、适宜的。

二要优先发展海军、空军，加强技术兵种的建设。我国是一个濒海大国，有数百万平方公里领海、内水、大陆架和专属经济区等应归我管辖的海域，有长达 1.8 万公里的海岸线，有 6500 多个大小岛屿。海洋与中华民族的生存与发展息息相关。为了保卫我国的海洋权益，应当建设一支强大的海军。另外在现代条件下，无论海上还是陆上作战，都离不开空军的支援。因此，我们要把海、空军现代化建设摆到优先的地位。陆军要重视加强炮兵、装甲兵、陆航兵、工程兵、防化兵等兵种部队的建设，适当调整陆军各兵种部队的结构比例。战略导弹部队要精干、有效。

三要搞好各军兵种部队的科学编组。作战部队的编组应高度合成，突击与掩护、支援兵力、战斗保障、勤务保障、技术保障与后勤保障兵力，都要齐全配套，使其具有较强的独立作战能力。平时编在一起训练，战时才能协调一致地完成任务。当然，各级部队的作战功能不同，其合成程度应有所区别。各个方向的军事地理环境和作战任务不同，编制也应具有多样性。

四要精简机关，充实部队。机构重叠，机关臃肿，人浮于事，不仅指挥不灵，效率不高，还会产生“文山会海”等官僚主义和形式主义的东西，导致部队工作的忙乱。经过多次精简整编，高级机关臃肿的状况有很大改变，但仍要防止机构再次膨胀。部队一定要充实，齐装满员。

四、创新军事理论

以海湾战争为开端，未来高技术战争对军队信息化的强大牵引作用正日益展现其轮廓。战略、战役、战术界限模糊，以纵深精确打击为核心的非线式作战将成为基本的作战模式——高技术武器装备的大量使用，战场的高度透明，军事打击形式的多元化，纵深精确打击的一步到位，使战争进程呈现非线式亦即非程序化作战的特点，战争行动在达成战术目的的同时，往往也达成了战役甚至战略目的。只有提高军队的信息化水平，才能适应新的作战模式的要求。

知识军事时代的到来，必然引发军事领域里的深刻变革。未来战争胜负的天平将不容置疑地偏向那些勇于创新和不断进取的军队。而军事领域的创新与发展，首先取决于能否在理论上有所突破。因而，准确把握军事理论创新的发展趋向和规律，对取得未来军事发展的战略主动权具有重要意义。

首先，必须具有前瞻性与系统性。新世纪，军事技术的高速发展，对军事理论的前瞻性提出更高的要求。这就如同行车时，速度越快越要向前看一样，没有一定的前瞻眼光，创新就会成为一句空话。当然，理论创新要求前瞻，也必须虑及系统。由于新军事技术发展日益强调系统全面，战略、战役、战术等军事实践层次日益模糊融合，军事理论创新只有综合配套，强调系统性，整体性，才能合上军事技术或军事实践发展的节拍，才能对来自各方面的挑战作出有力反应，才不至于使创新单单流于形式或说教。如今，美、俄等军事强国正加紧研究规划2020年军事斗争部署，并对2050年的军事斗争准备提出具体目标与要求，甚至对2050年的单兵装备，以及战役战术动作、作战原则等都进行了大胆预测。其理论创新的前瞻度与系统性，值得我们学习借鉴。

其次，要正确对待历史与未来。毫无疑问，未来战争是过去及现在战争的延续与发展。军事理论创新，必须建立在历史和现实积淀的基础上。只有善于继承人类历史上优秀的军事理论遗产，善于依据现实军事实践与理论的发展成果，才能站得更高、望得更远、想得更深。正如克劳塞维茨所言："战例是人类战争史上极其辉煌与悲壮的记载，但是对于未来战争的指挥艺术而言，像是一幅日渐褪色的油画。"也就是说，如果故步自封、自我陶醉，上一场战争成功的经验，很可能就是下一场战争失败的教训。因此，如果仅用过去(现在)的战争经验来指导未来，那就是欺骗未来，欺骗自己。尤其是在军事科学技术飞速发展的今天，军事理论创新成果的步伐大大加快，同时生命期也在大大缩短，今天的真理明天就可能成为谬误。在这种情况下，要创新军事理论，就不能故步自封、因循守旧，而要以新的观念、新的视角，从时代的前沿和制高点来审视历史、现实和未来的军事实践与理论，从而把握军事理论创新的基本规律，找到军事理论创新的正确途径。

军事理论创新的关键在于提供思路并应用于实践。列宁说："能发现问题是最大的发现。"不可否认，在这个军事理论激荡变革的年代，能提出和发现问题本身，就是一种开创。但要强调的是，军事理论创新的真实含义，并非指随意提出一些新概念、新名词、新问题，关键是看其能否给出解决问题的思路与途径、方法与手段，看能否在未来军事实践中得到应用。创新不能停留在口头和书面上，重要的是思路上的构建和行动上的体现。不能提供具体思路，无法应用于实践的新理论、新思想、新观念，不仅无益于军事理论的创新，还会搅乱军事理论发展的正常步伐。

五、完善动员机制

现代化的国防仅仅依靠军队是远远不够的，过去的历史告诉我们，最强大的力量来自于人民。正是清醒地认识到这一点，党在"十一五"计划中明确提出要通过提高并加强各级各部门的国防动员能力。

针对"十一五"计划提出的"增强国防动员能力"，我们可以发现，目前，在社会上有为数不少的人对国防和军队的重视严重不足。只有和平环境才能保证经济发展，但一些人国防观念逐渐淡薄。特别是各级领导干部的国防观念如何，会影响到国防和军队建设。各级政府在制订发展规划时应充分考虑国防、军队的需要，而人大应尽快出台《国防动员法》，使"十一五"期间经济发展为国防和军队建设预留"接口"，有法可依。

（一）平战转换机制

平战转换机制是把民用科技支前潜力迅速转化为战场上现实战斗力的运行方式。要实现这个转换，各级国防科技动员办公室要根据国家有关法律和条例，制定和细化有关“民用科技军事用途开发制度”、“应急科技人员支前和物资准备制度”及“专业技术对口支前人员和设备演练制度”等，规定与军事科技相关的企业和科研单位（院校、研究所）战时有参战、支前任务。建立科技人才储备基地，进行跟踪管理，实现开发、储备到战时支前一体化。有计划、有目的地到技术兵征集区征召适用科技支前人员入伍，退伍后充当专业技术分队的骨干力量。同时，抓好重点大学“国防生”的培养和训练。

（二）军地协调机制

要按照《国防法》有关国防职权和军地协调要求，建立和完善军地各级领导联席会议制度，及时互通情报，定期召开军地有关部门、单位参加的国防科技动员专题会议，必要时可实行联合办公。加强专业技术分队和有关人员的培训，组织模拟近似实战的科技支前演练。强化军地的科技支前管理，共同探讨对台军事斗争中科技动员的特点和规律。在“服从战场，兼顾市场”的原则下，协调国防科技动员工作中的需和供的关系，及时解决国防科技动员支前工作中遇到的问题，提高国防科技动员的质量，做到相互支持、协同一致，努力把国防科技动员工作做好。

（三）激励补偿机制

在市场经济条件下，为了保护和调动人民群众科技支前的积极性，必须建立和完善激励补偿机制。一方面，对在国防科技支前中作出突出贡献的应及时给予政治奖励和精神激励，以激发他们热爱祖国、维护统一的强烈政治责任感和高昂支前热情；另一方面，对在军事斗争中被征用的科技人员、设备和成果等，应给予一定价值补偿。当然，对不同所有制、不同类型的国防科技资源，应采取不同的补偿原则和方法。补偿的标准，可参照国际租赁、资产管理、知识产权等有关法规，同时考虑军事行动的特殊性，制定相关条例加以规范。

（四）监督约束机制

国防科技动员必须充分发挥行政监督、法律监督、舆论监督的作用，建立和完善监督约束机制。各级人民代表大会和各级人民政府应根据有关规定，定期进行检查，指导科技动员工作的开展。军队可以组织有军区、军分区、县以上人武部有关部门负责人参加的联合工作组，调查了解情况，督促各级国防科技动员办公室遵守各项制度、履行职责。

六、加强国防后备力量建设

强大的国防是由常备军、后备力量、国防科技、国防工业、军事理论、战略战术思想等多种因素构成的。其中，常备军和后备力量是构成国防的两大基本要素。常备军是骨干，后备力量是基础。没有常备军的国防或者没有后备力量的国防，都是不完整的国防，都不算强大的国防。所以说，强大的国防后备力量是我国武装力量的重要组成部分，是现代国防的重要基础。

在新的历史时期，邓小平关于国防建设的重要思想之一，就是实行精干的常备军与强大的后备力量相结合。党的十三届五中全会以来，以江泽民为核心的党中央、中央军委十分重视国防后备力量建设，并多次加以强调。1992 年 10 月，江泽民在党的十四大报告中指出：要“做好民兵、预备役工作，不断加强国防后备力量建设”。1997 年 9 月，他在党的十五大报告中又强调：要“加强民兵预备役部队建设，完善国防动员体制”。2002 年 11 月，江泽民在党的十六大报告中再次重申：“坚持寓军于民”，“完善国防动员体制，加强民兵和预备役部队建设”。这就是说，我们在推进现代化国防建设中，不仅要建设一支政治觉悟很高、装备精良、编制科学、训练有素、指挥灵便、快速反应能力和实战能力很强的常备军，而且要建设一支数量充足、质量较高、动员快速、机制完善的强大后备力量。

（一）加强民兵建设

加强民兵建设，是加强我国国防后备力量建设的一个重要方面，紧紧依靠最广大的人民群众，是我军最深厚的力量源泉。依靠人民建设军队、建设国防是坚持人民战争思想的必然要求。江泽民多次强调指出："无论武器装备如何发展，战争形势如何变化，人民战争都是我们克敌制胜的法宝。"他还说："人民战争是我们克敌制胜的法宝，是我们真正的优势。军委一直强调，在未来高技术战争中，仍然要坚持进行人民战争。"毛泽东人民战争思想的基本点就是坚定地相信和依靠人民群众，放手发动和武装人民群众。不断加强民兵建设，广泛组织民兵灵活开展以武装斗争为主的各种斗争，则是人民战争的一个突出特点。民兵不仅是人民革命战争中的一支重要战略力量，而且是国防斗争的威慑力量。进入新时期以后，邓小平明确指出："我们是三结合的武装力量体制，野战军、地方军和民兵相结合，就是人民战争。民兵就是要提到战略地位。"尤其是在当前国家集中力量进行社会主义现代化建设、现役部队大量裁减的情况下，更要重视国防后备力量建设，特别要重视民兵建设。江泽民说："民兵在我们党的斗争历史上是有光荣传统的。从土地革命战争到抗日战争、解放战争，一直到新中国成立以后，民兵始终是人民解放军的有力助手和后备军。"他多次强调指出，在现代战争中，民兵的战略地位和作用没有改变，我们仍然要发挥三结合武装力量的整体威力，坚持打人民战争。

（二）加强预备役部队建设，完善快速动员体制

我国的预备役部队，是以现役军人为骨干，以预备役军官、士兵为基础，按照部队的编制，采取组织预编、干部预任、兵员预定的办法组建起来的一种动员组织形式。它是现役常备军直接的后援力量，是国防建设和武装力量建设的重要力量。同时，预备役部队建设也是国防后备力量建设的重点。组建预备役部队是党中央、国务院、中

央军委对新时期国防形势和我国国情、军情进行科学分析后作出的重大决策。我国于 1983 年 5 月正式组建预备役部队，并将其列入人民解放军建制。这支年轻部队的创建，倾注着邓小平等老一辈无产阶级革命家的心血，又在以江泽民为核心的党的第三代中央领导集体的亲切关怀下成长壮大。1983 年夏天，邓小平在东北地区视察时，对这一新生事物给予充分肯定，指出："组建预备役部队是个好办法。"江泽民多次视察预备役部队，号召建设一支训练有素的预备役部队。1993 年 5 月 24 日，在预备役部队组建 10 周年之际，江泽民又挥笔为这支部队题词："加强预备役部队建设，完善快速动员体制。"在党中央、中央军委的直接领导下，我国预备役部队如今已经发展成为一支拥有步兵、炮兵、工程兵、通信兵、防化兵和舟桥部队在内的诸军兵种合成的崭新的国防新旅，成为强大的国防后备力量的重要组成部分。

第三节　典型战例

一、马岛战争

马尔维纳斯群岛简称马岛（见图 5-3），又名福兰克群岛，位于南大西洋上，西距南美大陆海岸线 480 公里，距英国本土 1.3 万公里，是扼守南大西洋和南太平洋航道的战略要冲，曾被航海家们称作是南大西洋通往太平洋的"钥匙"。马尔维纳斯群岛由东面的索莱达岛（又叫东福兰克岛，简称东岛）、西面的大马尔维纳斯岛（又叫西福兰克岛，简称西岛）、南乔治亚岛和南桑威奇群岛四个较大的岛屿以及附近众多的小岛组成，总面积达 1.6 万多平方公里。该岛还拥有丰富的石油、天然气和水产资源，其石油、天然气储量达到了 2000 亿桶；水产方面，仅虾类年产量就可达 500 万吨。其战略地位之重要、经济利益之丰厚是战争爆发的原因之一。

1690 年，英国人斯特朗因受暴风雨袭击意外发现了这个岛屿，以后它就纷争不断。先是西班牙人赶走了英国人，1816年英国人又赶走了西班牙人。当阿根廷于1826年摆脱西班牙的殖民统治独立后，他们宣布阿根廷应继承西班牙对该岛的主权。但英国人并不买账，仍然占据该岛，并多次重申此岛及其周围海域都是英国的领土。其后，进行多次会谈调解，争论了150年仍然没有结果。通过军事政变上台的阿根廷总统加尔铁里多次宣称对马岛主权问题不能再拖延下去，如有必要，应以武力收回马岛。随着1982年2月英阿两国在美国纽约谈判的破裂，阿根廷方面更加坚定了用武力收回马岛的决心。

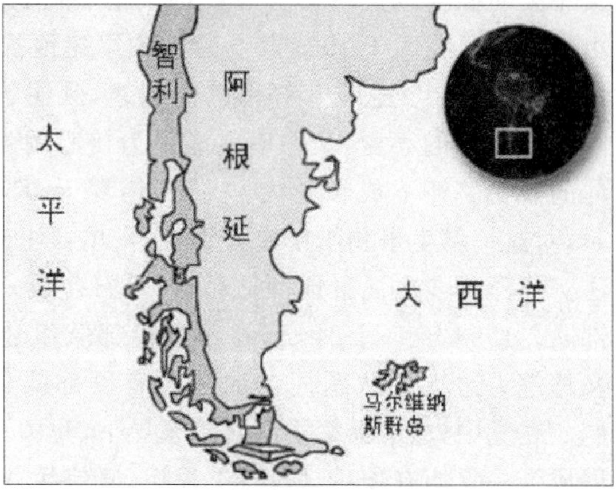

图5-3　马尔维纳斯群岛

1982年4月2日凌晨，阿军出动4000多名士兵登上马岛。阿军很快占领了马岛首府斯坦利港的机场，包围了斯坦利港的英国总督官邸。驻守马岛的英军只是进行了象征性的抵抗后，便缴械投降了。阿根廷人在经历了150年后重新占领了马岛。当天，阿根廷政府向世界正式宣布：自1982年4月2日起，阿根廷正式收回马岛主权，所有英国人离开该岛。英国首相撒切尔夫人成立最高统帅部——战时内阁。4月3日，英国政府对阿宣战，立即组织特混舰队，夺回马岛。任命伍德奥德海军少将为舰队司令官，穆尔少将为登陆地面部队指挥官，率领118艘舰船、340余架飞机、3.5万名将士夺回马岛。而从组织这支舰队到开始出发仅用了4天时间。整个世界都为英军迅速的集结能力感到震惊。

英国特混舰队远洋作战能力较强，其编程内包括随行对水面舰艇攻击、反潜、海上防空、海上封锁、海上输送、突击登陆等各种作战任务的多种力量，是一支攻防兼顾的多用途海上力量。此外，还包括数量庞大的辅助支援船队，因而具有一定的海上持续作战能力。

截至 5 月 20 日，英军基本上夺取了整个战区的制空、制海权，切断了马岛守军的海空补给线，使阿根廷守岛部队的粮食、弹药和各种给养得不到补充。6 月 14 日午后，英阿两军达成非正式停火协议。6 月 15 日，阿根廷总统宣布马岛的战斗已经结束。英国也宣布阿军投降，夺回马岛。至此，历时 74 天的马岛战争正式结束。7 月中旬，双方遣返了战俘。8 月宣布取消海空禁区，恢复正常航行。至此两国间的敌对行动完全结束。

马岛战争虽历时 74 天，但实战时间仅有一个半月，其中封锁与反封锁作战最为激烈。在整个战争过程中(含封锁与反封锁、登陆抗登陆与陆上作战)，阿军损失各型舰船 11 艘，其中“贝尔格拉诺将军”号巡洋舰、“圣菲”号潜艇和 2 艘运输船及 1 艘拖网船沉没；损失各型飞机 100 余架，其中“天鹰”式攻击机 33 架、“普卡拉”式攻击机 23 架等；死亡人数约 600 人，受伤约 1300 人，被俘约 1.2 万人。直接经济损失 10 余亿美元，间接经济损失达 20 亿美元。英军损失各型舰船 18 艘，其中“谢菲尔德”号驱逐舰(见图 5-4)及“大西洋运输者”号等 6 艘舰船沉没(见视频 5-1)；损失各型飞机 19 架；死亡人数 255 人，受伤 777 人，被俘约 200 人。经济损失达 21.6 亿美元以上。

英阿马岛战争，双方投入了现代化的海空军力量，大量使用精确制导武器，创造了现代海空作战的新模式。整个过程始终，双方电子对抗行动从未间断。战后，专家们惊呼：战争已进入“导弹时代”，电子战已成为现代战争的重要作战样式。

二、海湾战争

海湾地区拥有极丰富的石油和天然气资源。截至 1990 年 1 月，海湾地区已探明的石油储量为 6517 亿桶，占世界已探明石油储量(1 万亿桶)的 65%，天然气 24 兆立方米，占世界天然气资源总和的

图 5-4 “谢菲尔德”号驱逐舰

13.7%。日产石油约1450万桶，约占世界石油日产量(6360万桶)的23%；每天出口石油约1200万桶，约占世界石油日出口量(2800万桶)的43%。中东的五大产油国(沙特、科威特、伊拉克、伊朗和阿联酋)均在海湾地区。世界20个特大的油田，有11个在海湾地区。海湾地区生产的石油主要供出口。美国、西欧、日本进口的石油，相当大的一部分来自海湾地区。

20世纪90年代初，国际形势发生了重大变化：东欧剧变，两德统一，美苏之间结束长期冷战状态，保持长达40多年的两极格局迅速解体，世界战略格局向多极化方向转换。旧格局的瓦解引起了国际政治力量的失调，造成了局部地区力量真空和失衡，一些地区性强国跃跃欲试。伊拉克为了解决与科威特的边界纠纷和石油争端，于1990年8月2日出动10万大军侵入仅1.78万平方公里的弹丸小国科威特，从而引发了海湾危机。

伊拉克入侵科威特不可避免地同在海湾存在巨大战略利益而且谋求建立“国际新秩序”的美国产生不可调和的矛盾。加上海湾地区一直是美国和西方的生命线(美国进口石油的20%、西欧的35%、日本的70%都来自海湾)，为了控制海湾的石油资源，从经济和军事上打垮伊拉克，维持中东地区的稳定和势力均衡，并显示美国在世界上的领导作用，重新确立美国在全球的支配地位，美国便打着“维护正义”和“解放科威特”的旗号，迅速出兵。

1991年1月17日凌晨2时40分，停泊在海湾地区的美国军舰向伊拉克防空阵地、雷达基地发射了百余枚“战斧”式巡航导弹。以美国为首的多国部队开始实施“沙漠风暴”行动，海湾战争爆发。

从1991年1月17日到2月24日，以美国为首的多国部队利用自己的海空优势和高技术优势，对伊拉克进行了持续38天的空中突击，使伊拉克的指挥和控制系统瘫痪，严重削弱了伊军的战斗力。伊军全线溃败，29个师丧失作战能力。美国总统布什宣布多国部队于28日8时停止战斗，海湾战争结束。伊军伤亡约10万人（其中2万人死亡），17.5万人被俘，损失了绝大多数的坦克、装甲车和飞机。而美军只有148人阵亡（非战斗死亡138人），458人受伤（非战斗受伤2978人）。其他国家阵亡192人，受伤318人。

海湾战争是冷战结束以后规模最大、参战国最多、现代化程度最高的一场局部战争。它改变了传统的作战样式，对第二次世界大战以来形成的传统战争观念产生了强烈的震撼。表现在：首先，空中力量发挥了决定性作用。海湾战争开创了以空中力量为主体赢得战争的先例，表明战略空袭和反空袭是未来战争的主要作战样式之一，有时甚至是唯一的战争样式；其次，电子战成为未来战争的核心，对战争进程和结果产生重要影响，因此电磁优势将成为现代战场双方激烈争夺的制高点；再次，作战空域空前扩大，战场向大纵深、高度立体化方向发展，不存在明显的前方和后方；最后，高技术武器大大提高了作战能力，使作战行动向高速度、全天候、全时域发展。

海湾战争不仅是冷战时期向冷战后时期的转折点，也是机械化战争时代向信息化战争时代的重大转折点，是“第一场信息化的战争”。海湾战争保留了机械化战争的最先进样式。连续38天的空袭是以空中力量为主配合大量的精确制导武器对敌人的远程攻击，是一种非线式作战，没有前后方、没有明显的战线划分，开辟了许多新的战争样式。应该说这是在核威慑下的20世纪最典型的高技术局部战争。（见视频5-2）

三、科索沃战争

科索沃位于南联盟塞尔维亚共和国西南部，面积1.09万平方公里，与阿尔巴尼亚、马其顿相邻，人口200余万，其中90%以上是阿尔巴尼亚族。在南斯拉夫联邦时期，科索沃是塞尔维亚共和国内的自治省，但这个地区始终存在着要求更高程度民族自治的潮流。1980年铁托逝世后，以独立为目标的科索沃民族主义运动逐步兴起，并得到阿尔巴尼亚的支持。在这一背景下，阿族与塞族的矛盾日益尖锐，冲突时有发生。1989年2月27日，当时担任塞尔维亚共产党领导人的米洛舍维奇为了压制阿族的民族主义运动，宣布取消科索沃的自治省地位，由此更激发了阿族的对抗情绪，阿族与塞族的冲突趋向激烈，塞尔维亚当局对阿族的镇压也随之升级。进入20世纪90年代后，阿族的民族主义运动进一步高涨，于1992年5月自行组成议会和行政机构，还选举民主联盟领导人鲁戈瓦为“科索沃共和国”总统，形成了与塞族政权并行的另一个政权。1996年，阿族激进分子成立武装组织“科索沃解放军”，开始了运用暴力手段的分离运动。面对阿族人的反抗，以米洛舍维奇为首的南联盟和塞尔维亚当局采取强硬镇压措施，派遣大批塞族军队和警察部队进驻科索沃，试图消灭“科索沃解放军”。这样，在波黑战火逐渐熄灭的同时，科索沃的战火却越燃越旺，1997年以后不断发生武装冲突事件，伤亡人员日趋增多，约30万人流离失所，沦为难民。科索沃危机的发展使《代顿协议》后力图控制巴尔干局势的美国等西方国家感到不安，它们不能容许南联盟的行为干扰冷战后世界新格局的构建，同时它们也图谋借这一危机的处理排除东南欧地区最后一个被西方体系视为异己的米洛舍维奇政权。因此，从1998年底起，以美国为首的北约开始介入科索沃危机，北约与南联盟的矛盾逐渐成为主要矛盾。

1999年2月6日，在美国和北约的压力下，塞尔维亚和科索沃阿族代表在巴黎附近的朗布依埃举行和平谈判，谈判的基础是美国特使希尔草拟的方案。该方案的主要内容是：尊重南联盟的领土完整，科索沃享有高度自治，南联盟军队撤出科索沃，“科索沃解放军”解除武装，按当地居民人口比例组成新的警察部队维持治安，北约向科索沃派遣多国部队保障协议实施。这个方案对双方来说都难以接受，阿族坚持要最终走向独立，并且不愿解除武装，南联盟则不同意科索沃获得自治共和国的地位，亦反对北约部队进驻科索沃。但是，主持谈判的美国和北约表示，这个方案的 80% 内容不许改变，必须接受，否则拒绝的一方将受到惩罚，其中对南联盟而言将遭到北约的军事打击。在谈判陷入僵局后曾一度休会，3 月 15 日复会，阿族代表于 18 日签署了协议，但塞尔维亚方面仍然拒绝签字。3 月 19 日，北约向南联盟发出最后通牒，3 月 24 日，北约发动了对南联盟的空中打击，科索沃战争爆发。

科索沃战争以大规模空袭为作战方式，美国为首的北约凭借占绝对优势的空中力量和高技术信息化武器，对南联盟的军事目标和基础设施进行了连续 78 天的轰炸，给南联盟造成了重大财产损失和环境破坏，也造成了许多无辜平民（包括阿族难民）的伤亡。5 月 8 日，北约战机用导弹袭击了中国驻南联盟大使馆（见图 5-6），导致 3 人死亡、多人受伤和馆舍毁坏，制造了世界外交史上罕见的重大事件，严重侵犯了中国的主权，激起了中国人民的极大愤慨。北约的战争行动打着维护人权、制止“种族清洗”的旗号，实际上却以其非人道的行为导致了一场人道主义灾难。与海湾战争不同，北约这次战争行动没有得到联合国安理会的授权，违反了《联合国宪章》，在国际关系史上开创了一个危险的先例，因此受到世界舆论的广泛批评。

在北约空袭的巨大压力下，经过俄罗斯、芬兰等国的斡旋调停，南联盟最终软化了立场，6 月 2 日，南联盟总统米洛舍维奇接受了由俄罗斯特使切尔诺梅尔金、芬兰总统阿赫蒂萨里、美国副国务卿塔尔博特共同制定的和平协议，该协议在坚持原朗布依埃方案基本内容的同时，强调了通过联合国机制解决问题的必要性，并对此作了具体规定。根据这个协议，将按照联合国宪章精神建立进驻科索沃的多国部队。科索沃未来自治地位的确切性质将由联合国安理会决定，难民返回家园的安排也将在联合国难民事务高级专员的监督下实施。6 月 3 日，南联盟塞尔维亚共和国议会通过了接受上述协议的决议。6 月 9 日，北约代表和塞尔维亚代表在马其顿签署了关于南联盟军队撤出科索沃的具体安排协议，南联盟军队随即开始撤离科索沃。6 月 10 日，北约正式宣布暂停对南联盟的空袭。同一天，联合国安理会以 14 票赞成、1 票弃权通过了关于政治解决科索沃问题的决议。历时两个半月的科索沃战争至此落下帷幕。

图 5-6 被北约导弹袭击的中国驻南联盟大使馆

对以美国为首的北约而言，空袭南联盟是继 1991 年海湾战争以来的又一场信息化战争。这次空袭是立体全维战，天、空、电、地、海同时展开，并首次使用了 B-2 隐形轰炸机、集束炸弹等当时最先进的信息化武器。可以说科索沃战争已显露了“局部战争全局化、进攻作战网络化、防御作战总体化”等信息化战争的作战特点。但从作战双方看，科索沃战争还是一场典型的信息时代的信息化战争与工业时代的机械化战争之间的非对称性较量。一方是拥有信息化武器装备，由 10 个军事强国组成的战争集团；另一方是主要手持五六十年代至少有一至两个“代差”的传统兵器的小国。然而，后者顽强御敌 70 多天且战果不菲，这在战争历史画卷上也留下了浓墨重彩的一笔。(见视频 5-3)

四、阿富汗战争

阿富汗是南亚西北端的一个内陆国家，东南接南亚次大陆，可下印度洋；西北邻中亚和西亚，能抵地中海。全国4/5的面积为山地和高原，平均海拔3500多米的兴都库什山横陈境内，是中亚与南亚间的重大障碍。阿富汗特殊的地理位置和地形，使其成为南亚与中亚和西亚的交通要冲，历来是兵家必争之地。自19世纪以来，阿富汗是大国必争但却没有哪个大国可以完全得手的地方。英国和俄国是美国成为世界霸主之前的两个世界极的霸权国家。英国三次出兵阿富汗，除最后一次是当年议和外，其他两次作战时间均在三年之上，英方损兵折将却无功而返。冷战时期，苏联依靠其强大的常规作战力量和地缘优势，在阿富汗进行了为时六年的持久战，结果阿富汗战场成了苏联的“坟场”。

2001年“9·11”事件后，美国发誓不抓住“基地”组织一号头目本·拉登决不罢休，为此借“反恐怖主义”为名(其实美国出兵阿富汗还有更深远的战略考虑)，发动了新世纪第一场战争：2001年10月7号，美国开始对与“基地”组织有密切关系的阿富汗塔利班宣战。与上述在阿富汗进行的几场战争不同，美国人只用了61天的时间和一两万人地面部队，就在阿富汗高山峻岭中打赢了这场近两百年西方人从未打赢过的战争。

那么，美国人是凭借什么打赢这场战争的呢？从阿富汗战争全程分析，毫无疑问，是建立在外层空间卫星侦测技术条件下的制海权和制空权。

兵舰未到，卫星先行，这是美国在这次阿富汗军事行动中的最重要特点。2001年10月5日，就在向阿富汗塔利班宣战前两天，美国国家侦察局从加利福尼亚州的范登堡空军基地用“大力神-4B”运载火箭秘密发射了一颗任务高度机密的KH-11侦察卫星。这颗侦察卫星用以收集地面资料和电子信号。该卫星载有一台数码相机，可以拍到地面小至10厘米的物体。接着，美国派出U-2侦察机和全球鹰无人侦察机。U-2 侦察机可以在 2.1 万米的高空飞行，既拍摄地面照片，也窃听通信；全球鹰大型无人驾驶飞机在阿富汗战区首次飞行。它长 13 米，能在 1.95 万米的上空飞行，视力可穿透云层，并传回照片。据报道，美国在对塔利班作战中，使用了四大侦察定位技术：一是先进的 KH-11、KH-12“锁眼”系列照相侦察卫星。美将多颗“锁眼”卫星调集到中亚地区上空，其地面分辨率达 0.1 米，能自动将照片传送到地面接收站及指挥中心。二是无人侦察机。美已向邻近阿富汗的基地派驻多种无人侦察机，可在空中完成情报处理。三是激光光标定位仪。此装置安装在武装直升机机鼻上，它包括一个热成像瞄准器，与飞行员头盔同步移动。四是全球卫星定位导航系统(GPS)。该系统能使美军士兵不依赖气象条件在地球表面任何一点确定自己的坐标和精确时间，并获得相关导航信息。这些高科技信息技术犹如一张大网，昼夜监视阿富汗全境。

其次，美利用强大的海权迅速调动其他地区作战力量直奔阿拉伯海。开战前已有大批驱逐舰、巡洋舰、航空母舰云集阿拉伯海。截至 12 月下旬，美国已经从世界各地调动了两万以上的兵力，集中于中东地区的卡塔尔和科威特。

10 月 7 日，美国对阿富汗塔利班宣战，同时从阿拉伯海上和阿富汗北方联盟的基地对阿富汗境内的目标实施持续空袭。攻击目标主要是塔利班的防空导弹、燃油补给站、机场及通信系统。轰炸中美军使用了威力巨大的 GBU-28 激光制导炸弹。这种钻地炸弹长 5.85 米，带弹翼直径 4.47 米，投掷距离 5000 米，可穿透 30 米厚的土层、6 米厚的加固混凝土层。第二轮打击过后，塔利班政权的大部分通信、交通、空防炮基地、雷达设施基本摧毁，塔利班当局已无法统一指挥各地军队，其高炮及少数的导弹无法准确攻击英美战机。美国总统布什和国防部长拉姆斯菲尔德在 10 月 10 日均表示，美军已摧毁了 85%的攻击目标，基本上已掌握制空权，美军飞机可自由飞入阿富汗上空。

美国在掌握阿富汗制空权并使阿境内塔利班军事组织系统的内

部联系彻底瘫痪后，11 月 13 日，塔利班放弃喀布尔返回坎大哈。10 月底，美军地面部队全面进入阿富汗，与北方联盟部队一鼓作气，直捣坎大哈。12 月 7 日，塔利班交出坎大哈并向临时政府投降。从 10 月 7 日，开战到塔军投降，战争持续时间仅 61 天。

从纯军事角度看，阿富汗战争实质上就是一场高技术条件下的信息战。由于美国人掌握了建立在外层空间卫星技术基础上制海权和制空权，优先采用卫星技术，对塔利班军事部署了如指掌。掌握了塔利班的情报，又掌握了制海权和制空权，美国就可以用强大火力切断塔利班作战系统之间的通信联系，将庞大的军事作战系统点击切割成互不关联从而各部分没有能动反应力的“板块”。此后，美国再派为数不多的地面部队进入阿富汗将这些被动的“板块”围而歼之。

阿富汗战争告诉我们，建立在卫星监控技术之上的远程导弹精确打击和准确拦截技术，已成了未来战争成败的关键。在未来战场上，谁掌握了在外层空间卫星引导下的监控技术、预警技术和精确制导技术，谁就掌握了低层空间的制空权和制海权，从而也就掌握了战争的主动权；而不能利用高科技手段掌握战争主动权的国家主权，不管从进攻还是从防御的角度看，其国家安全是绝对得不到保障的。

五、伊拉克战争

美国“9·11”恐怖袭击事件发生后，美国总统布什宣布向恐怖主义宣战，并将伊拉克等多个国家列入邪恶轴心国。2002 年，伊拉克危机爆发，联合国通过 1441 号决议，联合国武器检查团重返伊拉克检查伊拉克拥有的大规模杀伤性武器。3 月 18 日，美国总统布什发表电视讲话，要求并没有在伊拉克境内发现任何大规模杀伤性武器的武检团立即撤离伊拉克。

美国等国家对伊拉克开战的主要理由是萨达姆政权拥有大规模杀伤性武器以及伊拉克政府践踏人权的行径。根据美国国防部长拉姆斯菲尔德的说法，美国对这场战争最终要达成的目的包括：铲除萨达姆政权，帮助伊拉克人民建立一个自治的政府，发现并销毁藏匿在伊拉克境内的大规模杀伤性武器以及恐怖分子，结束制裁，并提供人道主义援助，保护伊拉克的石油以及其他天然资源。

但伊斯兰国家如伊朗、叙利亚则认为原因并不单纯。根据《伊斯兰共和报》等媒体的看法，美国已经被犹太集团所操纵，占领伊拉克仅仅只是犹太集团庞大侵略计划的序曲。美军攻下伊拉克后，将以伊朗有大规模杀伤性武器为借口出兵伊朗，最后则轮到叙利亚。最终目的是通过控制伊拉克、伊朗，侵吞伊斯兰民族的经济命脉——石油，从而瓦解巴勒斯坦的抵抗，支配整个中东地区。

回顾伊拉克战争一个多月的全过程，大致可分为四个阶段：

①战争开始阶段。美英联军从 3 月 20 日(伊拉克时间)起向伊拉克发动代号为“斩首行动”和“震慑行动”的大规模空袭和地面攻势。布什在战争打响后向全国发表电视讲话，宣布推翻萨达姆政权的战争开始，强调战争将“速战速决”。在这一阶段，美英联军先后向巴格达、巴士拉、纳杰夫、摩苏尔、基尔库克、乌姆盖斯尔等十余座城市和港口投掷了各类精确制导炸弹 2000 多枚，其中“战斧”式巡航导弹 500 枚。与此同时，萨达姆也向全国发表讲话，号召伊人民抗击美国侵略，击败美英联军。

②战争僵持阶段。由于供给线太长和伊拉克方面的抵抗，美英联军速战速决的目标未能实现，地面进攻曾一度受阻。伊军在伊中部的卡尔巴拉、希拉、欣迪耶等地与美英联军展开激战。与此同时，每天都有数百名伊拉克人从约旦等国家返回伊拉克，加入与美英联军作战的行列。

③战争转折阶段。美英联军凭借空中优势和机械化部队，兵分几路发起强大攻势，先后攻陷伊南部巴士拉等重要城市和战略要地，并对巴格达形成合围，从而使战事呈现一边倒的态势。4 月 8 日，美军从北部和南部两个方向推进到巴格达，并夺取了巴格达东南的拉希德军用机场。美国坦克开进巴格达，占领了萨达姆城。面对美军长驱直入巴格达和提克里特，伊拉克领导人号召军队和人民对美英联军采取同归于尽式的袭击行动。

④战争收尾阶段。美军 4 月 15 日宣布，伊拉克战争的主要军事

行动已结束，联军“已控制了伊拉克全境”。据美国官方公布，在伊拉克战争中死亡的美军人数为128人，其中110人阵亡，18人死于事故。英军士兵死亡31人。战争消耗了美国大约200亿美元。

美国政府宣称有49个国家支持该军事行动。但真正参战的国家只有美国、英国、澳大利亚和波兰四国，丹麦政府宣布对伊拉克宣战，并派遣了两艘军舰支援美军。日本等多个国家提供后勤支援。

这场战争遭到俄罗斯、法国、德国、中国、阿拉伯联盟、不结盟运动等多个国家政府和国际组织的批评与谴责。

奥地利等多个国家宣称，对伊拉克的军事行动由于没有得到联合国安理会的授权，已经违反了《国际法》。埃及籍的联合国前秘书长布特罗斯·加利谴责该军事行动，认为违反了《联合国宪章》。奥地利、瑞士和伊朗禁止联军战机飞越其领空，沙特阿拉伯禁止美军导弹通过其领空袭击伊拉克。全球普遍的反战情绪最终导致了全球反对对伊战争大游行。

联军占领伊拉克初期，由于结束萨达姆的独裁统治，受到伊拉克民众的广泛欢迎。美军进入巴格达时也曾被当地市民夹道欢迎。战后，在美国及各国的帮助下，伊拉克经济得到了恢复，但发展缓慢。失业人口庞大，居民生命安全和日常生活得不到有效保障。目前针对美英的军事占领而进行的伊拉克游击战正风起云涌，美国16万占领军介入伊拉克内战，深陷比越战更难以自拔的泥淖，兵力紧绷，使美国无余力对付其他挑战。美军阵亡人数于2008年已突破4000人大关，超过了“9·11”恐怖袭击的死亡人数；3万多人受伤，许多人留下残疾，导致家庭破裂等悲剧；直接军费支出5000亿美元，这个数值正在逼近美国在越南战争的总战争费用6630亿美元。

思考题：

1. 信息化战争的定义是什么？
2. 信息化战争对国防建设提出了哪些要求？
3. 信息化战争经过了哪几个阶段？
4. 伊拉克战争对你有什么启示？

第六章　轻武器射击

目前，一些国家为了适应未来战争对武器的需要，在投入大量人力物力研究未来高技术武器的同时，不断地对现有的武器装备进行改造，致力于提高武器装备的综合性能，适应未来战争的需要。轻武器是步兵和有关兵种作战的主要武器，在未来战争中仍将发挥重要作用，占有重要地位。

第一节　轻武器发展简史

一、轻武器的定义

轻武器通常指枪械及其他各种由单兵或班组携行战斗的武器，又称轻兵器。主要装备对象是步兵，也广泛装备于其他军种和兵种。其主要作战用途是杀伤敌有生力量，毁伤轻型装甲车辆，破坏其他武器装备和军事设施。

下面列出18种工具书对轻武器条目的释文：

①单兵携行使用的轻型武器，如手枪、左轮、步枪和冲锋枪。

②口径等于或小于0.60英寸(15.24毫米)，包括自动武器和霰弹枪在内的所有武器。

③手枪、步枪等小口径武器属之。

④轻武器包括一般单人能够携行、单手或双手操持发射的所有武器。根据军用定义，轻武器还包括机枪。

⑤单人携行和操作的武器，包括肩射武器(有时称长枪)、单手射击武器(手枪、左轮等)和机枪。一般说来，口径在1英寸(25.4毫

米)以内者归入轻武器类。

⑥口径不大于20毫米的火器,除少数例外,轻武器在战斗中通常均可手持。

⑦使用弹头或其他杀伤体进行射击的身管武器,在各种武器中它的数量最大。通常把轻武器分为小口径(6.5毫米以下)、普通口径(6.5~9毫米)和大口径(9~14.5毫米)。现代轻武器按用途可分为:战斗、试射、教练、运动和狩猎等类,按操作和持枪方法可分为:手枪、左轮、冲锋枪、突击步枪、步枪、狙击步枪、卡宾枪、轻机枪、重机枪与轻重两用机枪等。

⑧一种小口径武器。在军械部门,轻武器目前被定义为口径小于或等于1英寸(25.4毫米)的武器,其中包括单手射击武器和抵肩射击武器,如手枪、卡宾枪、步枪和霰弹枪等。

⑨射击时由单手或双手握持的小口径火器,如手枪、步枪等。

⑩能够方便携行,射击时由单手或双手握持的火器,如手枪、步枪等。

⑪一种可由单人携行的武器。

⑫一种小型武器,包括各种手持和肩挂武器,如手枪、卡宾枪,步枪和霰弹枪等。

⑬指可以携带供单人使用的小型射击兵器,包括手枪、卡宾枪及猎枪等手持和肩挂武器。

⑭射程较近、容易携带的武器,如步枪、手枪、轻机关枪。

⑮凡可为单兵携带和使用的武器谓之。泛言之,区别于火炮和装甲武器的所有轻型步兵武器,均可包括在内。在现代军事装备中,轻武器包括手枪、左轮、卡宾枪,以及冲锋枪、步枪、步枪口径的机枪、榴弹发射器、轻型火箭筒、大多数无后坐武器等。无后坐武器和低初速武器出现前,枪炮是以口径区分的,即20毫米以下口径的武器统称轻武器,这种分类法现已过时。

⑯《简氏步兵武器年鉴》1992—1993年版前言关于轻武器的释文:50毫米口径以内的所有班组携行直接瞄准武器并包括反轻装甲

和反武装直升机等辅助武器。

⑰《中国军事百科全书》上的轻武器词条的简短定义概括性较强，即轻武器通常指枪械及其他各种由单兵或班组携行战斗的武器。

⑱1992 年出版的《兵器工业科学技术辞典》对轻武器下的定义几乎和《中国军事百科全书》的完全一致。轻武器——枪械及其他由单兵或班组携行战斗的武器。

从上面 18 种解释看出，轻武器主要指的是枪械，而且强调了单兵携行使用。《现代战争词典》把榴弹发射器、轻型火箭筒、大多数的无后坐武器也纳入了轻武器范畴。

同其他武器相比有下面几个特点：体积小，重量轻，多数能单独使用，可由单兵或战斗小组携行；使用方便，开火迅速，火力猛烈；环境适应能力强，可以在恶劣的条件下作战，人能达到的地方轻武器就能达到，特别适应于敌后斗争使用；品种齐全，可以按任务要求进行装备，杀伤人员，击毁装甲，防卫低空，纵火焚烧，施放烟幕、毒气等均可使用轻武器；结构简单，易于制造，成本低廉，适于大量生产，大量装备。

轻武器的主体是枪械，一个国家枪械的发展水平，可以看做是其轻武器发展水平的标志。枪械通常包括手枪、冲锋枪、步枪、机枪和特种枪（霰弹枪、防暴枪、救生枪、信号枪）等。

二、轻武器的分类

《简氏步兵武器年鉴》的武器装备分类中，并没有把轻武器单列一类，而使用“点目标杀伤武器”这个标题，其中包括左轮和自动装填手枪（见视频 6-1）、冲锋枪、步枪、机枪（见视频 6-2）和口径 20～30 毫米的机关炮等。把手榴弹、枪榴弹、榴弹发射器列入“目标杀伤武器”，把二联、四联 14.5 毫米高射机枪列入“高射武器”；把火箭筒、无后坐力炮等列入“反坦克武器”。

《简氏》目录中虽然没有为轻武器立户头，可是年鉴的主编英国步兵武器专家威克斯上校在为 1980—1981 年版撰写的序中，第一个小标题“北约轻武器选型实验”就包含了轻武器这一通用名称。基于各民族的语言、文化科学技术和传统习惯等方面的差异，对轻武器称呼不一，理解也不尽一致。

中国现代的轻武器主要包括枪械和手榴弹、枪榴弹、榴弹发射器、火箭发射器和无坐力发射器，此外还有轻型燃烧武器和单兵导弹等。

手榴弹的基本弹种是杀伤手榴弹，另外还有反坦克、燃烧、烟幕等弹种。枪榴弹主要有杀伤、破甲、烟幕、燃烧和照明等类型。榴弹发射器可分为枪械型和迫击炮型两大类。枪械型又有结合在步枪枪管下面的枪挂式榴弹发射器、步枪式肩射榴弹发射器（也称榴弹枪）和机枪式架射自动榴弹发射器（也称榴弹机枪）之分；迫击炮型可抵地发射，主要包括掷弹筒和弹射榴弹发射器。无坐力发射器有后喷火药燃气式和平衡抛射式两种。轻型燃烧武器包括便携式喷火器及其他一些专用燃烧器材。便携式喷火器是一种单兵使用的喷射火焰射流的近距火攻武器，主要用于消灭依托工事据守的有生力量，抗击冲击的集群步兵，特别适于攻击坑道、洞穴和火力点等坚固工事。单兵导弹为一种单兵可以携行使用的导弹，主要用于反坦克或防低空飞行目标作战。

三、轻武器的发展

火器的产生源于公元 9 世纪初中国发明的火药。1259 年，中国制成的以黑火药发射子窠的竹管突火枪，被认为是世界上最早的身管射击火器（见视频 6-3）。欧洲枪械的发展大致经过了以下过程：14 世纪出现火门枪，15 世纪出现火绳枪，16 世纪出现燧发枪，19 世纪初出现击发枪，19 世纪中叶出现金属弹壳定装弹后装击针枪，19 世纪下半叶出现弹仓枪，19 世纪末出现自动枪械。在这长达 600 余年的发展过程中，枪械本身由前装到后装（见视频 6-4），由滑膛到线膛，由非自动到自动，经历了多次重大的变革。19 世纪中叶以前，枪械的发展主要集中在提高点火方法的方便性和可靠性方面，19 世纪末开始在提高射速方面有了突破性的进展。同时，枪械的品种由少到多，重量逐渐减轻，口径由大到小，射程由近及远，射速也逐渐提高，才发展到今天这样的水平。

步兵使用的小型爆炸性或燃烧性弹药通常称为榴弹。最早的榴弹主要以杀伤和燃烧为主，以后才发展出现了破甲、化学、烟幕、照明等弹种。榴弹可以手投（手榴弹）、枪发（枪榴弹）或用专门的榴弹发射器发射。据史料记载，手榴弹于 11 世纪初首先出现于中国，15 世纪末出现于欧洲。枪榴弹和榴弹发射器出现于 16 世纪末期，是为了增加手榴弹的投掷距离而开发的。在第二次世界大战中，陆续出现了火箭发射器和无坐力发射器。60 年代又出现了根据火箭发射原理制成的并带有制导系统的单兵导弹。

轻武器是在战术需求的引导与推动下和技术可能（即生产力发展水平）的允许与制约下，逐步发展起来的。远古时代人们幻想的“神弹子”和“掌手雷”，由于火药的发明，枪械和手榴弹的出现而变为现实。面对敌集群步兵的快速冲击，提高发射速度，一直是早期枪械发展的重大课题，只有在科学技术进步到 19 世纪末期，后装枪和金属弹壳定装枪弹已经成熟使得自动武器出现之后，才算基本得到解决。20 世纪初，堑壕战的兴起，使一度受到冷遇的手榴弹再度受到重视；为了伴随步兵班战斗，笨重的机枪演进成了轻机枪；阵地争夺战的增加，要求在近距离内发扬火力，使冲锋枪出世参战；飞机和坦克在战场上的运用，使坦克机枪、航空机枪、高射机枪、反坦克枪、无坐力发射器、火箭发射器和单兵导弹等相继发展起来。20 世纪中叶核武器的诞生，步兵摩托化、装甲化的实现，大大促进了步兵的战场运动速度和防护能力的提高，对枪械的要求，由突出威力转变为在保证必要威力的条件下，突出机动性和持续作战能力，6 毫米以下的小口径突击步枪随之发展成为世界潮流。

轻武器在战术需求推动下的发展，反过来也对军队编成、战术运用，甚至军事理论产生过重大影响。17 世纪中叶出现了刺刀，滑膛枪手有了格斗自卫的武器，17 世纪末长矛手便从欧洲军队中消失了，冷兵器退居到次要地位。17世纪以前敌对双方交战距离经常很近，手榴弹曾风行一时，许多军队中都编制有专门的"榴弹兵"。自动武器于19世纪末的出现，对战场态势和战术的影响尤为明显，各国军队不得不抛弃兵员密集的纵队战术采用散开战术；同时，"跃进"亦成为在密集的机枪和步枪火力下的主要运动方式；在敌方机枪火力被克服之前，所有步兵冲击成功的希望都是很小的，冲击前的火力准备也就成为非常必要的战术了。

20世纪80—90年代，轻武器经历着更新换代的变革。美国、苏联和西欧诸国都进行了轻武器装备更新；亚洲、非洲、拉丁美洲以及东欧一些国家也不同程度地采用了新型轻武器。这个时期轻武器新产品开发也十分活跃，有些则已经研制成功并开始装备军队，有些则正处于开发试验阶段。

现代轻武器的发展趋势大致为：突击步枪将继续在结构和性能方面进行创新与发展，先进战斗步枪、轻型步冲合一枪、新卡宾枪、单兵自卫枪、步枪轻机枪合一的新型单兵战斗武器等已经出现；步枪和轻机枪组合而成的班用枪族将进一步得到广泛应用；特种部队使用的轻型单兵武器将有较大发展；手枪的发展，将着重解决手枪弹头命中人体后使其迅速丧失战斗力的停止作用和侵彻性能同时提高的问题；狙击步枪趋向加大射程，使用更大威力的弹药和提高射击精度；步机枪弹药，特别是多作用枪弹、无壳弹、箭形弹、双头弹和其他一些新结构枪弹将有较大发展。自动榴弹发射器将大幅度减轻重量，开发新型高威力弹药和昼夜使用的测距瞄准合一的袖珍火控系统；普通口径的通用机枪或中型机枪的地面野战使用将趋于减少，这类机枪将主要装备在各种车辆、直升机、低空作战飞机上单独使用或在战斗车辆上作为并列武器使用；地面使用和车载、机载大口径机枪将继续得到发展，主要是减轻重量，增加弹药品种，开发轻便高效火控系统，加大射程和提高射击精度；霰弹枪军用性能的提高，将成为重点研究开发项目之一；低发射痕迹（无焰、无烟、微声）的轻武器将有进一步的发展；轻型近程反装甲、攻坚和杀伤压制用的火箭发射器和无坐力发射器将有较大发展；步兵用轻便廉价的光学瞄准镜、夜视器材和测距瞄准合一装置将以较快速度开发和使用；反恐怖活动和防暴武器弹药将更加受到重视；轻武器训练和演习弹药以及实战模拟装置的开发，将加快步伐并逐步得到广泛应用。

随着科学技术的进步，轻武器将在探索新的工作原理、新型结构产品方面继续发展，世界各国层出不穷的各种新式枪械和弹药的试验方案，就说明了这个问题。在提高轻武器机动能力的同时，还要着重增强其威力，加大其火力密度，以提高其作战效能；提高轻武器对任务、人员和环境的适应性，加强轻武器反坦克、反空袭的能力，使枪械实现点、面杀伤与破甲一体化。轻武器在新材料（如轻金属、工程塑料等）、新能源（如非火药能源——电磁能、声能、光能等）和高技术的采用方面也将大有前途。

第二节　武器常识

一、自动步枪的特点与原理

（一）自动步枪的特点

半自动步枪和自动步枪均称自动步枪，其主要区别在于：前者是射手每扣动一次扳机只能射出一发子弹，后者是只要射手扣住扳机不放，就可以连续射击。56式半自动步枪在部队已经陆续淘汰，现在部队装备的一般为81式自动步枪。

1. 战斗性能

81式自动步枪是步兵分队在近战中消灭敌人有生力量的主要武器。在400米内对单个目标射击效果最好，集中火力可射击500米内敌人的飞机、伞兵和杀伤800米内的集团目标。弹头飞行到1500米仍有杀伤力。该枪主要射击方法是短点射（2～5发），还可实施长点射（6～10发）和单发射。战斗射速，点射每分钟90～100发，单发射每分钟 40 发。

使用 1956 年式 7.62 毫米普通弹，在 100 米距离上能射穿 6 毫米厚的钢板、15 厘米厚的砖墙、30 厘米厚的土层和 40 厘米厚的木板。

2. 构造

81 式自动步枪，由枪刺（刺刀）、枪管、瞄准具、活塞及调节塞、机匣、枪机、复进机、击发机、弹匣和枪托十大部件组成（见图 6-1）。另有一套附品。

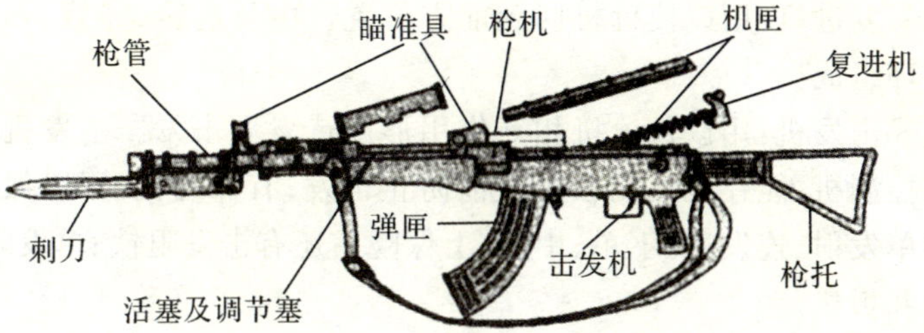

图 6-1　81 式自动步枪及组成

①枪刺（刺刀）：用以刺杀敌人。

②枪管：用以赋予弹头及枪榴弹的飞行方向。

枪管内是枪膛。枪膛分为弹膛和线膛。弹膛用以容纳子弹，线膛能使弹头在前进时旋转运动，以保持飞行的稳定性。线膛有四条右旋膛线（阴膛线），两条膛线间的凸起部分叫阳膛线，两条相对的阳膛线间的距离是枪的口径。枪管前端有枪榴弹发射具。枪管外有导气箍，用以引导火药气体冲击活塞。

③瞄准具：由表尺和准星组成，用以瞄准。表尺上有缺口和护铁，并刻有 0～5 的分划，每一分划对应 100 米。表尺座上有固定栓和固定栓扳手，用以固定活塞筒和推杆。

准星可拧高、拧低，准星移动座可左右移动。准星移动座和准星座上各有一条刻线，用以检查准星位置是否正确。

④活塞及调节塞（导气装置）：用以传导火药气体的压力，推压枪

机向后。活塞外套有活塞筒，活塞筒上有护木。

⑤机匣：用以容纳枪机和复进机，固定击发机和弹匣。机匣外有机匣盖，用以保护机匣内部免沾污垢，机匣内有闭锁卡槽和拨壳凸笋等。

⑥枪机：由机栓和机体组成。用以送弹、闭锁、击发和退壳，并能使击锤向后呈待发状态。机栓上有圆孔和导笋槽，用以容纳机体，并引导机体旋转形成闭锁和开锁。机栓上还有解脱凸笋、机柄和复进机巢。机体上有击针、抓弹钩、导笋和闭锁凸笋。

⑦复进机：用以使枪机回到前方位置。由复进簧、导管、导杆和支撑环组成。

⑧击发机：用以使枪机相互作用形成待发和击发。击发机上有击发控制机，能在枪机闭锁枪膛前防止击发；有保险机，用以保险和控制单发射、连发射(下单、中连、上保险)；还有击发阻铁、单发阻铁、击锤和扳机。

⑨弹匣：用以容纳和托送子弹，可装 30 发子弹。

⑩枪托：便于操作。枪托上有枪颈、托底钣和附品筒巢；铁枪托由架杆、肩托和枪托卡笋组成，可打开或折叠。

附品包括擦拭杆、鬃刷、铳子、附品筒、通条、油壶、背带和子弹袋，用以分解结合、擦拭上油、携带和排除故障。

(二)自动原理

扣扳机后，击锤打击击针，撞击子弹底火，点燃发射药，产生火药气体，推送弹头沿膛线向前运动；弹头一经过导气孔，部分火药气体便通过导气孔，涌入导气箍，冲击活塞，推动推杆，使枪机向后压缩复进簧，完成开锁、抛壳，并使击锤呈待发状态；枪机退到后方时，由于复进簧的伸张，使枪机向前运动，推送下一发子弹入膛，闭锁；此时，如保险机定在连发位置，扳机未松开，击发阻铁不能卡住击锤，击锤再次打击击针，形成连发；如保险机定在单发位置，击锤被单发阻铁卡住不能向前。若再次发射，必须松开扳机，再扣扳机。

二、子弹的构造与种类

（一）子弹的各部分名称

子弹弹丸也和枪械一样经历了长期的变化发展。从形状上看，原来的子弹呈球形，而现在发展成长圆形（见视频 6-5）。

子弹由弹头、弹壳、底火和发射药组成（见图 6-2）。

①弹头：用以杀伤敌人有生力量。

②弹壳：用以容纳发射药，安装弹头和底火。

③底火：用以点燃发射药。

④发射药：用以燃烧后产生火药气体，推送弹头前进。

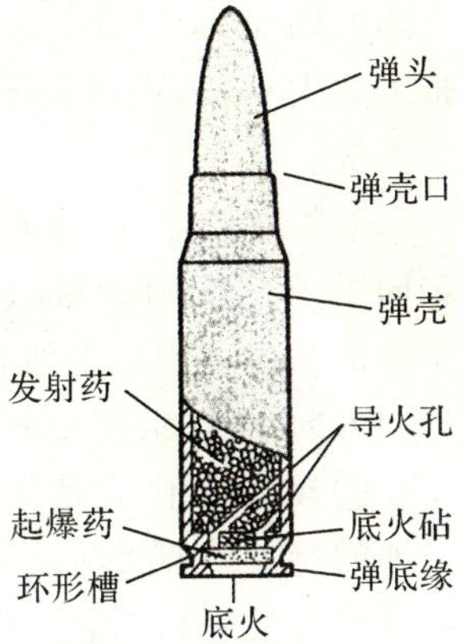

图 6-2　子弹组成

（二）子弹的种类

子弹的种类较多，主要有以下几种。

①普通弹：用以杀伤敌人有生力量。

②曳光弹：主要用以试射、指示目标和做信号。命中干草能起火。曳光距离可达 800 米。弹头头部呈绿色。

③燃烧弹：主要用以引燃易燃物体。弹头头部呈红色。

④穿甲燃烧弹：主要用以射击飞机和轻装甲目标（在 200 米距离上穿甲厚度为 7 毫米），并能在穿透装甲后引燃汽油。弹头头部呈黑色，并有一道红圈。

⑤无壳枪弹：它是德国一公司生产的代号为 G11 的手枪弹，主要采用耐温新型发射药而压模成一个坚固柱体，把弹头和底火分别嵌在火药两端，其重量仅相当于普通子弹的 1/5，这一枪弹的问世，被称为轻武器发展史的革命。

⑥染色弹：弹壳内装有染色剂，被子弹击中后，溅落在人员的皮

肤、服装或物体上能形成颜色斑点的弹药，主要用于防暴以便于对凶手的追踪、区分和取证。

⑦变速枪弹：美国田纳西州橡树岭国家实验室研制的世界上独一无二的变速子弹，这种枪弹通过特制的电子击发装置和微光瞄准具的手枪进行发射，然后通过变更枪弹的速度达到击昏、致残、消灭之目的。变速子弹与普通子弹比较，区别在于它的助推力不是来自火药的燃烧，而是源于铝、水反应，通过控制铝、水反应的强弱改变助推力的大小，从而改变子弹的速度。据介绍这种子弹将很快运用于实战。

⑧拐弯枪弹：这是美军科学家研制的一种神奇子弹，发射后子弹如同影子一样紧随目标，如果目标拐弯，子弹也随着拐弯。它与普通子弹的最大区别是子弹有一个制导系统，其作用是及时跟踪目标和控制方向，可以狙击命中数公里外的目标。

⑨救生枪弹：它是美军多种枪弹中的一种名为救生的子弹，这一子弹的特点是若战场人员负伤而又无医务人员的情况下，在 50 米距离内向伤员进行射击，从而在人体内注入镇静剂达到暂时救治的目的。

⑩抛绳子弹：它是能用弹丸将绳索抛到远处的子弹，抛射距离可达 100 米以上，主要是侦察兵和特种兵使用。

⑪多弹头枪弹：这一枪弹的特点是一个弹壳装有 2～3 个弹丸，可提高命中率和杀伤概率。其特点是适合近战使用。

三、武器的保养

(一)爱护武器的要求

爱护武器、子弹是干部、战士的重要职责，是一项经常性的战备措施，也是预防故障的有效方法。为此，必须做到：勤检查、勤擦拭、不碰摔、不生锈、不损坏、不丢失，使武器、子弹经常保持完好状态。

(二)分解结合

1.分解结合的目的和要求

分解结合是为了擦拭、上油、检查和排除故障。分解前必须验枪。分解结合应按顺序和要领进行，不要强敲硬卸。分解下来的机件应按次序放在干净的物体上。除所讲的分解内容外，未经许可，不准分解其他机件。

2.81 式自动步枪分解结合的要领

①卸下弹匣。左手握护木，枪面稍向左，右手握弹匣，拇指按压弹匣卡笋(也可右手掌心向上握弹匣，以手掌的肉厚部分推压弹匣卡笋)，前推取下。

②拔出通条和取出附品筒。左手握护木，右手向外向上拔出通条。然后，用食指顶开附品筒巢盖，取出附品筒，并从附品筒内取出附品。

③卸下机匣盖。左手握枪颈，以拇指按压机匣盖卡笋，右手将机匣盖上提取下。

④抽出复进机。左手握枪颈，右手向前推导管座，使其脱离凹槽，向后抽出复进机。

⑤取出枪机。左手握枪颈，右手拉枪机向后到定位，向上向后取出。左手转压机体向后，使导笋脱离导笋槽，再向前取出机体。

⑥卸下护盖。右手握表尺座下方护木，左手拉出左表尺轮转动，使“0”码和“1”码平面交接棱边对准表尺座上的定位点，而后移握下护木，右手向上卸下护盖。

⑦卸下调节塞和活塞。左手握下护木，右手转动调节塞至极限位置，将调节塞向后拉，压缩活塞簧使调节塞从导气箍中脱出，卸下调节塞和活塞，将活塞和活塞簧分开。

结合时，按分解的相反顺序进行。结合后拉送枪机数次，检查机件结合是否正常。扣扳机，关保险。

（三）擦拭上油

1. 擦拭时机和要求

实弹射击后，应用浸透油和碱水（肥皂水）的布，将武器内的烟渣、污垢擦洗干净，并用干布擦干后再上油，在以后三四天内应每天擦拭一次；训练、演习后，应适时地用干布和油布进行擦拭；不经常使用时，每周至少擦拭一次。在严寒的室外将枪带到室内时，应待出水珠后再擦拭上油。枪被海水浸过或遭受毒剂和放射性物质沾染后，应先用淡水冲洗后再擦拭。擦拭上油后，应放在通风干燥处晾干，严禁火烤和暴晒。

2. 擦拭上油的方法

擦拭前，应分解武器，准备擦拭用具。使用通条时，应将通条穿过筒盖或枪口罩，拧紧擦拭杆。然后，将通条与筒体、铳子或穿钉连接在一起。

擦拭枪膛时，把布条缠在擦拭杆活动部分，并插入枪膛，将筒盖或枪口罩套在枪口上，沿枪膛全长均匀地来回擦拭（弹膛应从后面擦拭），直到擦净。而后，用布条或鬃刷涂油。

擦拭导气箍、活塞筒时，用通条或木杆缠布擦拭。擦净后涂油。

擦拭其他机件时，应先擦净表面的烟渣和污垢，对孔、槽、沟等细小部分，可用竹（木）签缠上布进行擦拭，而后薄薄地涂上一层油。

（四）排除故障的方法

射击中，若发生故障，通常拉枪机向后，重新装弹继续射击。如仍然有故障，应迅速查明原因，及时排除。可能发生的故障、原因和排除方法如表 6-1 所示。

表 6-1　自动步枪故障原因、排除方法

故障现象	故障原因	排除方法
不送弹	1. 弹匣(仓)过脏或损坏 2. 机件过脏,枪机后退不到定位	1. 擦拭机件或弹匣(仓) 2. 更换弹匣
不发火	1. 子弹底火失效 2. 击锤簧弹力不足或击针损坏	1. 更换子弹 2. 更换击针或击锤簧
不退壳	1. 子弹、枪机、机匣、弹膛及火药气体通路过脏,枪机后退不到定位 2. 抓弹钩过脏或损坏	1. 捅出膛内弹壳、擦拭过脏机件 2. 更换抓弹钩
枪进机到	1. 弹膛、枪机和复进机过脏或枪油凝结	1. 推枪机到定位
未定前位	1. 子弹或弹匣口变形	1. 擦拭过脏机件 2. 更换子弹或弹匣
不抛壳	1. 火药气体通路过脏 2. 抓弹钩过脏或损坏	1. 卸下弹匣,取出弹壳 2. 擦拭过脏机件

第三节　简易射击学理

一、发射

发射火药气体压力将弹头(火箭弹、炮弹)从膛内推送出去的现象,叫发射。

(一)发射过程

击针撞击子弹底火,使起爆药发火,火焰通过导火孔引燃发射药,产生大量火药气体,在膛内形成很大的压力,迫使弹头脱离弹壳,沿膛线旋转加速前进,直到推出枪口。

发射的过程时间极短促,现象却很复杂,整个过程可分为四个阶段(见图 6-3)。

第一阶段(准备阶段):由发射药开始燃烧起至弹头开始运动时止。在此阶段,发射药在密闭的固定容积内(弹壳内)燃烧并产生气体,气体逐渐增加,从而使压力逐渐增大,当气体压力足以克服弹头运动阻力(弹壳口对弹头的摩擦力及阻止弹头嵌入膛线的抗力)时,弹头即从静止转为运动,脱离弹壳,嵌入膛线。弹头完全嵌入膛线所需要的气体压力,称为启动压力。各种枪的启动压力约为 250～500 千克/平方厘米。

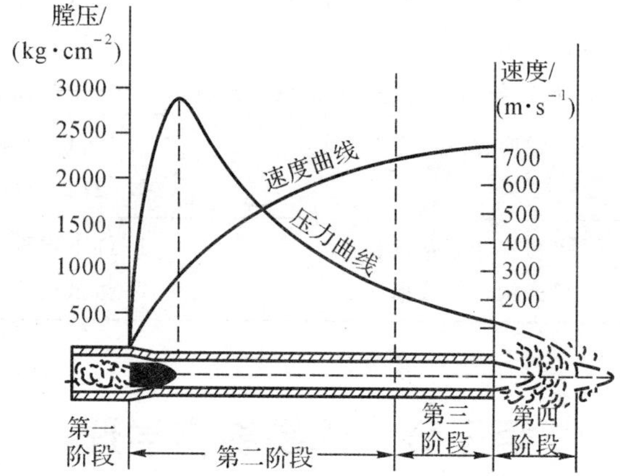

图 6-3　发射过程

第二阶段(基本阶段):自弹头开始运动到发射药燃烧完为止。在此阶段内,发射药在迅速变化的容积内燃烧,膛内压力随气体的增加迅速加大,弹头运动速度随之加快。当弹头在膛内前进 6～8 厘米时,膛内的压力最大,此压力称为膛压。各种枪的最大膛压为1400～3400 千克/平方厘米(56 式半自动步枪为 2810 千克/平方厘米)。由于弹头加速前进,弹头后面的空间迅速扩大,扩大的速度超过了气体增加的速度,因而压力开始下降。但到发射药燃烧完毕时,火药气体仍保持一定的压力,而弹头的速度随着火药气体对弹头作用时间的增长还在增加,使弹头继续加速前进。

第三阶段(气体膨胀阶段):发射药燃烧完到弹头底部脱离枪口前切面时止。在此阶段内,弹头是在高压灼热气体膨胀作用下运动的。虽然没有新的火药气体产生,但目的气体仍储有大量的能,继续做功使弹头加速运动,直到脱离枪口。弹头脱离枪口瞬间的压力,称为枪口压力。各种枪口的压力为200～600千克/平方厘米(56式半自动步枪为390千克/平方厘米)。

第四阶段(火药气体作用的最后阶段):弹头底部脱离枪口前切面时起,到火药气体停止推动作用时止。弹头飞出枪口时,火药气体形成一股气流,从膛内喷出,其速度比弹头的速度大得多。因此,在距枪口一定距离上(各种枪为5～50厘米),火药气体仍继续对弹头底部施加压力,并加大子弹的运动速度,直到火药气体压力与空气阻力相等时为止。此时,弹头飞行的速度最大。

从发射的四个阶段可知,膛压的变化规律是:从小急剧增大,而后逐渐下降。弹头速度的变化规律是:由静到动,由慢到快,始终是加速运动。

(二)初速及其实用意义

弹头脱离枪口前切面瞬间的速度,称为初速。

决定初速大小的条件有弹头的重量、装药的重量、枪管的长度和发射药燃烧的速度。

弹头的重量:在其他条件相同的情况下,弹头轻,初速大;弹头重,初速小。如53式重机枪轻弹(弹头重9.6克)初速为865米/秒,重弹(弹头重11.8克)初速为800米/秒。

装药的重量:在其他条件都相同的情况下,装药量多,所产生的火药气体多,压力大,弹头的初速也就大。如82迫击炮炮弹,用零号装药(药量8克),其初速为70米/秒;用二号装药(药量34.5克),其初速为175米/秒。

枪管的长度:在其他条件都相同的情况下,用同样的子弹,在一定限度内加大枪管的长度,则初速增大。因为枪膛长能延长火药气体对弹头的作用时间，使火药气体做更多的有效功。如同用56式普通弹，半自动步枪(枪管长520毫米)初速为735米/秒，56式冲锋枪(枪管长415毫米)初速为710米/秒。

发射药燃烧的速度：在其他条件都相同的情况下，发射药燃烧的速度越快，火药气体对弹头的压力增加也就越快，从而使弹头在膛内运动的速度加快，初速也就大。

初速是判定武器战斗性能的重要因素之一。弹头相同，其初速越大，实用意义也就越大。主要表现在：一是能增加弹头的飞行距离；二是弹道更为低伸，使命中率提高；三是能减少外界条件对弹头飞行的影响；四是能加大弹头的侵彻力和杀伤力。

二、后坐

(一)后坐及其形成

发射时武器向后运动的现象，叫后坐。

发射药燃烧时，产生的气体同时作用于各个方向，作用于膛壁周围的压力为膛壁所抵消；向前作用于弹头后部的压力推送弹头前进；向后作用于弹壳底的压力经过枪机传给整个武器，使武器向后运动，形成后坐。武器的后坐和弹头的运动是同时开始的。在弹头脱离枪口瞬间，大量的火药气体随弹头后部从膛内向外喷出，形成了反作用力，使武器后坐更加明显。

(二)后坐对命中的影响

后坐对单发(连发首发)射击的命中影响极小。因为弹头在膛内运动的时间极短(约1/1000秒)，并且枪比弹头重得多(冲锋枪、半自动步枪的重量是弹头重量的400倍以上)，所以弹头在脱离枪口以前，枪的后坐距离只有1毫米多，而且是正直向后运动的，加之衣服和肌肉的缓冲，射手是感觉不出来的。射手感觉到的后坐，主要是弹头在脱离枪口的瞬间，火药气体猛烈向枪口外喷出形成的反作用力造成的。此时,弹头已脱离枪口。因此,后坐对单发(连发首发)射击的命中影响极小。

后坐对连发射击的命中有一定的影响。因为连发射击时,第一发子弹发射后,由于枪的明显后坐变动了原来的瞄准线,所以对第二发以后的射弹命中有一定的影响。但只要射手据枪要领正确,适应连发武器射击时的后坐规律,就能减小后坐对连发命中的影响,提高射击精度。

三、弹道

(一)弹道及其形成

弹头运动过程中,其重心所经过的路线,叫弹道。弹头在空气中飞行时,一面受到地心吸力的作用,逐渐下降,一面受到空气阻力的作用,越飞越慢。因此,形成了一条不均等的弧线。升弧较长较直,降弧较短较弯曲。

(二)弹道要素

弹道要素如图 6-4 所示。

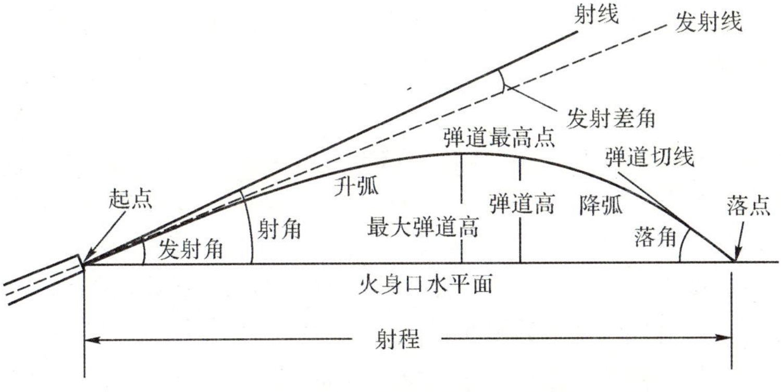

图 6-4　弹道要素

①起点：火身口中心点。

②火身口水平面：通过起点的水平面。

③射线：发射前火身轴线的延长线。

④射角：射线与火身口水平面之间的夹角。

⑤发射线：发射瞬间火身轴线的延长线。

⑥发射角：发射线与火身口水平面之间的夹角。

⑦落点：弹道降弧与火身口水平面的交点。

⑧弹道最高点：火身口水平面上弹道最高的点。

⑨升弧：由起点到弹道最高点的弹道。

⑩降弧：由弹道最高点到落点的弹道。

⑪弹道高：弹道上任何一点到火身口水平面的垂直距离。

⑫最大弹道高：弹道最高点到火身口水平面的垂直距离。

⑬弹道切线：弹道上任何一点的切线。

⑭落角：落点的弹道切线与火身口水平面的夹角。

⑮射程：起点到落点的水平距离。

（三）低伸弹道和弯曲弹道

1. 低伸弹道

用小于最大射程角（能获得最大射程的角，称为最大射程角）的射角射击时，所获得的弹道称为低伸弹道（各种枪的最大射角为30°～50°）。低伸弹道，由于弹道低伸，危险界大，杀伤目标的可能性和杀伤目标的区域纵深就大，测量距离的误差对杀伤目标的影响也就小。如高 1 米的侧面跑步目标，距射手 300 米，可是射手误测距离为 400 米，用重机枪装定标尺“4”瞄准目标中央射击时，在 300 米处的弹道高为 0.31 米，从瞄准点到目标顶点高为 0.5 米，没有超过目标高，目标仍能杀伤（见图 6-5）。

2. 弯曲弹道

用大于最大射程角的射角射击时，所获得的弹道称为弯曲弹道（见图 6-6）。迫击炮射击时所获得的弹道为弯曲弹道（60 迫击炮的

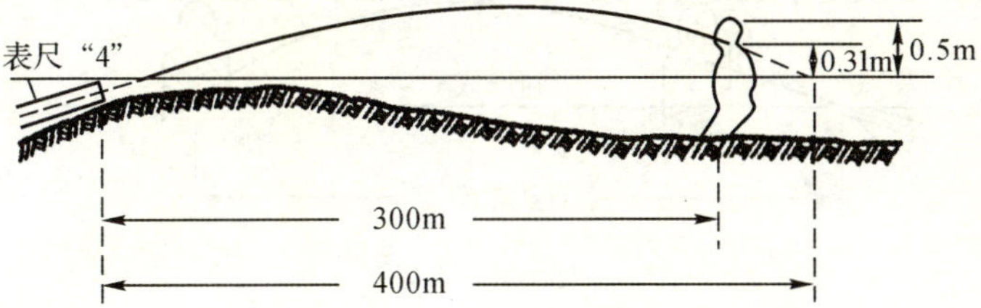

图 6-5　低伸弹道

最大射程角为 45°)。由于弹道弯曲,能有效地杀伤遮蔽物后的各种目标,既能在自己分队之后随时实施超越射击,以不间断的火力支援步兵战斗,又能在遮蔽物后占领发射阵地,避开正面敌低伸弹道火力的杀伤,以间接瞄准杀伤敌人(见图 6-7)。

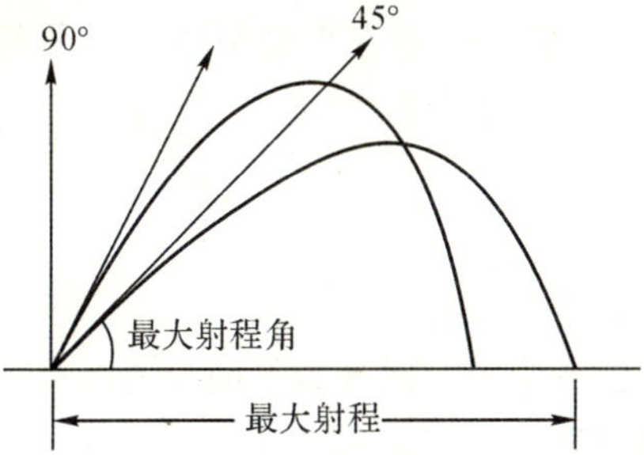

图 6-6　弯曲弹道

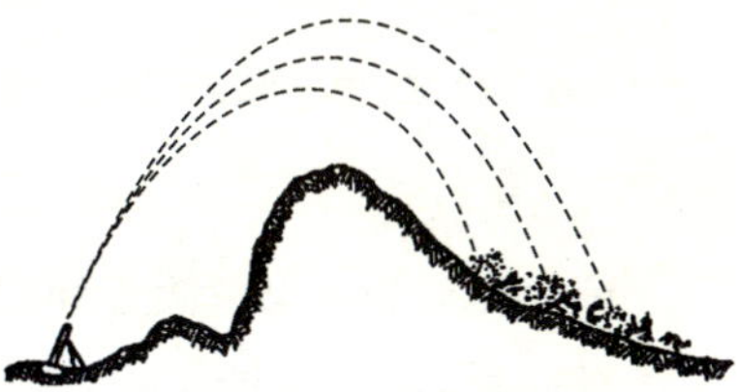

图 6-7　遮蔽物后发射

(四)直射及其实用意义

1. 直射和直射距离

瞄准线上的弹道高在整个表尺距离上不超过目标高的射击,叫直射(见图 6-8)。这段表尺距离叫直射距离。

直射距离的大小,决定于目标的高低和弹道的低伸程度。目标越高,弹道越低伸,直射距离就越大;目标越低,弹道越弯曲,直射距离就越小。因此,直射距离可根据武器在瞄准线上的最大弹道高与目标高相比较求出。半自动步枪、冲锋枪、班用轻机枪对人头目标的

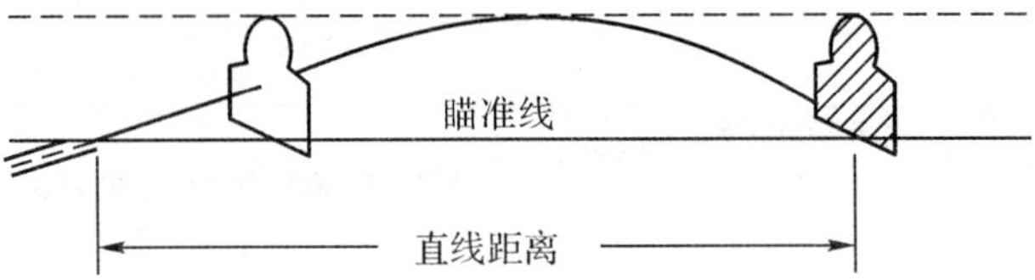

图 6-8　直射

直射距离为 200 米，对人胸目标为 300 米，对半身目标为 400 米。

2. 直射的实用意义

对在直射距离内的目标射击时，瞄准目标下沿，不变更表尺分划即可进行连续射击，以增大战斗射速，提高射击效果。可以弥补测量距离的误差对命中的影响。

指挥员运用直射的原理，组织侧射、斜射、短兵射击和夜间标定射击，均能获得良好的射击效果。反坦克火器在直射距离内对敌装甲目标射击，效果更好。

（五）危险界、遮蔽界和死角

1. 危险界

危险界分为表尺危险界和实地危险界。瞄准线上的弹道高没有超过目标高的部分，称为表尺危险界；在实际地形上弹道高没有超过目标高的一段距离，称为实地危险界。

决定实地危险界大小的条件有如下几方面。

①弹道形状。对同一地形上的同一目标射击时，弹道越低伸，危险界就越大；反之越小。

②目标高低。用同一武器对同一地形上的不同目标射击，目标越高，危险界越大；反之越小。

③目标所在位置的地貌。用同一武器对同一种目标射击，目标所在位置的地貌与弹道形状越相一致，危险界越大；反之越小。

2. 遮蔽界和死角

从弹头不能射穿的遮蔽物顶端到弹着点的一段距离，叫遮蔽界。

目标在遮蔽界内不会被杀伤的一段距离，叫死角。遮蔽界内分死角和危险界(见图 6-9)。

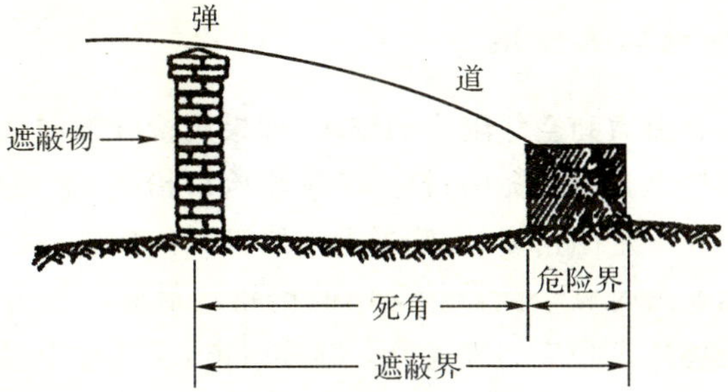

图 6-9　死角和遮蔽界

遮蔽界和死角的大小是由遮蔽物的高低和落角的大小决定的。死角的大小还决定于目标的高低。

同一弹道，同一目标，遮蔽物越高，遮蔽界和死角就越大；反之越小。

同一遮蔽物，同一目标，落角越小，遮蔽界和死角就越大；反之越小。

同一遮蔽物，同一弹道，目标越高，死角越小；反之越大。

3. 了解危险界、遮蔽界和死角的实用意义

懂得了危险界、遮蔽界和死角，在战斗中就能更好地隐蔽身体，发扬火力，灵活地利用地形地物，隐蔽地运动、集结和转移，以避开或尽量减少敌火力的杀伤。在组织火力配系时，就能正确地选择射击位置和组织火力，千方百计地力求增大危险界和减少射击地带内的遮蔽界和死角，并善于运用弯曲弹道和各种武器的侧射、斜射火力消灭隐蔽在遮蔽界和死角内的敌人。

四、选定表尺分划和瞄准点

（一）瞄准具的作用

由于地心引力和空气阻力的作用，如果用枪管瞄向目标射击，射弹就会打低打近。为了命中目标，必须将枪口抬高，使火身轴线与瞄准线之间形成一定的角度，即瞄准角。瞄准具的作用，就是对一定距离上的目标射击时赋予武器相应的瞄准角和射向。射击时，只要按照目标的距离装定相应的表尺分划瞄准射击，就能命中目标。

（二）瞄准要素

瞄准要素有以下几种，如图 6-11 所示。

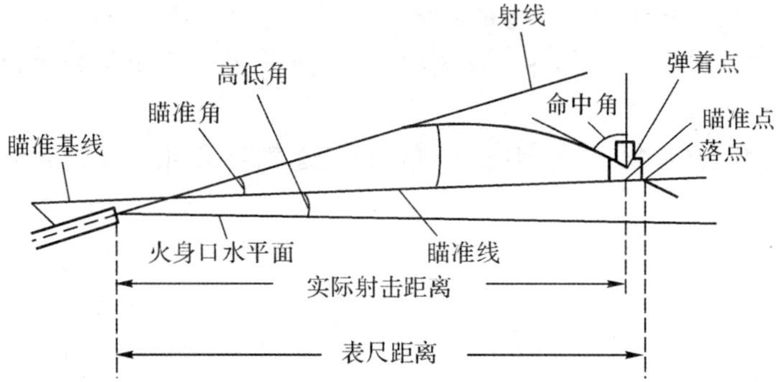

图 6-10　瞄准要素

①瞄准基线：缺口的上沿中央到准星尖的直线。

②瞄准线：视线通过缺口上沿中央和准星尖的延长线。

③瞄准点：瞄准线所指向的一点。

④瞄准角：射线与瞄准线的夹角。

⑤弹着点：弹道与目标表面或地面的交点。

⑥高低角：瞄准线与火身口水平面的夹角。

⑦表尺距离：起点到落点的距离。

⑧实际射击距离:起点到弹着点的距离。

(三)选定表尺分划和瞄准点

为了使射弹准确地命中目标,射击时,射手应根据目标的距离、大小和武器的弹道高(见表 6-2),正确地选定表尺分划和瞄准点。

目标距离为 100 米(轻机枪 50 米)整数时,可根据目标的距离装定相应的表尺分划,瞄准点选在目标中央。

目标距离不是 100 米(轻机枪 50 米)整数时,通常选定大于实距离的表尺分划。根据武器在该距离上的弹道高,相应降低瞄准点射击。也可选定小于实距离的表尺分划。根据武器在该距离上的负弹道高,相应提高瞄准点射击。

对 300 米距离以内的目标射击时,通常定常用表尺(表尺"3")分划,小目标瞄下沿,大目标瞄中央射击。

表 6-2 弹道高

枪种	表尺	弹道高								
		50 米	100 米	150 米	200 米	250 米	300 米	350 米	400 米	450 米
半自动步枪	1	1	0	−7						
	2	6	11	9	0	−16				
自动步枪	3	13	25	29	28	18	0	−19		
	4	21	42	55	61	61	51	31	0	−48
冲锋枪	1	1	0	−8						
	2	6	12	9	0	−19				
	3	14	28	33	31	21	0	−33		
	4	24	48	63	72	72	62	39	0	−52

(四)观察弹着和修正偏差

射击时,由于测距、瞄准的误差和外界条件对射击的影响,以及射手操作不正确等原因，会使射弹产生偏差。因此，射手(副射手)应注意观察弹着，及时修正偏差，以提高射击效果。

1. 观察弹着

观察弹着时，应根据射弹击起的尘土、水花的位置，曳光迹和目标状况的变化等情况，判断射弹是否命中目标或偏差量的大小。

2. 修正偏差

发现偏差时，应认真分析，找出原因。如是武器、风造成的偏差，偏差多少就修正多少。修正方向偏差时，瞄准点(横表尺)向弹着偏差相反的方向修正(用横表尺修正时，瞄准点不变)；修正高低偏差时，可以升降瞄准点或增减表尺分划。

五、风和阳光对射击的影响及修正

(一)风对射弹的影响及修正

1. 风向和风力的判定

(1)风向的判定

风向可按风向与射向所形成的角度判定，通常分为横风、斜风、纵风(顺风和逆风)。

(2)风力的判定

风力按其大小分为强风、和风和弱风。可用测风仪等器材测出，也可根据人的感觉和物体被风吹动的情况来判定。

强风：风速 8～12 米/秒，相当于 5～6 级风。现象：旗帜刮成水平并哗哗响，草倒于地面，粗树枝摇动，烟被吹成水平并很快散开。

和风：风速 4～7 米/秒，相当于 3～4 级风。现象：旗帜展开并飘动，草不停地摆动，细树枝晃动。烟被吹斜但未散开。

弱风：风速 2～3 米/秒，相当于 2 级风。现象：旗帜微微飘动，草微动，细树枝微动，烟稍斜上升。

2. 风对射弹的影响及修正

(1)横(斜)风对射弹的影响及修正

横(斜)风会使射弹产生方向偏差,风力越大,距离越远,偏差就越大。射击时,为了准确地命中目标,必须根据射弹受风影响的偏差量,将瞄准点或横表尺向风吹来的方向修正。修正时,以横方向的和风修正量(见表 6-3)为准,强风加一倍,弱风减一半。斜方向的强(和)风,应按横方向的强(和)风修正量减一半。修正量从预期命中点算起。横表尺修正后,瞄准点不变。

表 6-3　横方向的和风修正量

距离/米	冲锋枪、半自动步枪、班用轻机枪		重机枪	
	m	人体	人体	横表尺
200	0.14	1/4	1/4	1/2
300	0.36	1/2	1/2	2/3
400	0.72	1.05	1	1
500	1.2	2.05	1.05	1.04
600	1.8	3.05	2	1.08

(2)纵风对射弹的影响及修正

纵风能影响射弹的飞行距离。顺风会使射弹打远(高),逆风会使射弹打近(低)。但风速小于 10 米/秒时影响较小,对 400 米内的目标射击不必修正。如对远距离的目标射击时,可稍降低或提高瞄准点。修正时,应注意风向、风力的不断变化,灵活运用。

(二)阳光对瞄准的影响及克服方法

1. 阳光对瞄准的影响

在阳光下瞄准时,由于阳光的照射作用,缺口部分产生虚光,形成三层缺口:虚光部分、真实缺口和黑实部分。若用虚光瞄准,射弹就偏向阳光照来的方向;若用黑实部分瞄准,射弹就偏向阳光照来的相反方向(见图 6-11)。

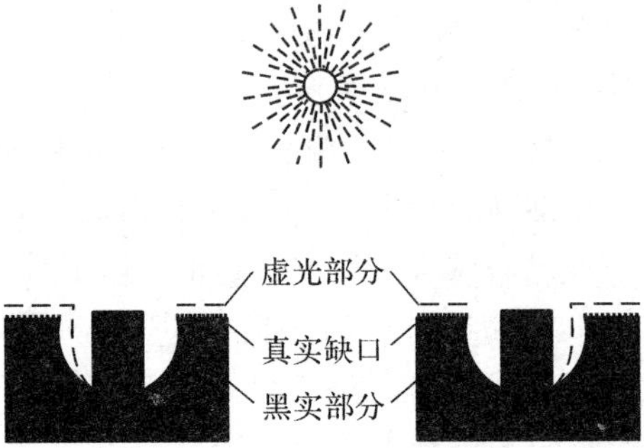

图 6-11　阳光对瞄准的影响

2. 克服方法

射手应多在不同方向的阳光照射下练习瞄准。练习时，可采取遮光瞄准、不遮光检查，或不遮光瞄准、遮光检查的方法，反复区别，确实辨清真实缺口的位置和正确瞄准的景况。瞄准时间不宜过长，以免眼花而产生偏差。平时应注意保护好瞄准具，不使其磨亮而反光。

六、射击动作

（一）验枪

验枪是一项保证安全的重要措施。使用武器前后及必要时，均应验枪，认真检查弹膛、弹匣和教练弹中有无实弹。验枪时，严禁枪口对人。

口令："验枪"、"验枪完毕"。

动作要领：听到"验枪"口令后，以右脚掌为轴，身体半面向右转，左脚顺势向前迈出一步（两脚约与肩同宽），同时右手移握上护木，将枪向前送出（背带从肩上脱下），左手接握下护木，左大臂紧靠左肋，枪托贴于右胯，准星约与肩同高，打开保险，卸下弹匣，使弹匣口向后交给左手握于护木右侧，右手移握机柄。当指挥员检查时，拉枪机向后。验过后，自行送回枪机，装上弹匣，扣扳机，关保险，移握枪颈。

听到“验枪完毕”口令后，左手反握上护木，两手协力将枪倒置于胸前，右手拇指挑起背带，身体半面向左转，在右脚靠拢左脚的同时，两手协力将枪送上右肩，恢复肩枪姿势。

（二）射击准备

1. 向弹匣内装子弹

左手握弹匣，使弹匣口朝上，挂耳向左前，右手将子弹放于弹匣口，两手协力将子弹压入弹匣内。

2. 卧姿装退子弹及定复表尺

口令：“卧姿——装子弹”、“退子弹——起立”。

动作要领：听到“卧姿——装子弹”口令后，右手移握上护木，使枪口向前（背带从肩上脱下），左脚向右脚尖前迈出一大步（也可右脚顺脚尖方向迈出一大步），左手在左（右）脚尖前支地，顺势卧倒，以身体左侧、左肘支持全身，右手将枪向目标方向送出，左手接握下护木，枪面稍 向左，枪托着地，右手打开枪刺，卸下空弹匣（弹匣口朝后）交给左手握于护木右侧，解开弹袋扣，换上实弹匣，将空弹匣装入弹袋内并扣好，打开保险，拉枪机送子弹上膛，关上保险。右手拇指和食指捏压游标卡笋，移动游标，使游标前切面对正所需的表尺分划。然后，右手移握握把，全身伏地，枪面向上，弹匣、枪托着地，两脚分开约与肩同宽，身体右侧与枪略成一线，目视前方，准备射击。

听到“退子弹——起立”口令后，稍向左侧身，右手卸下实弹匣交给左手，打开保险，拇指慢拉枪机向后，余指接住从膛内退出的子弹，送回枪机，将子弹压入弹匣内。解开弹袋扣，换上空弹匣，把实弹匣装入弹袋内并扣好。扣扳机，关保险，复表尺，折回枪刺，移握上护木，将枪收回。同时，左小臂向里合，屈左腿于右腿下。以左手和两脚撑起身体，右脚向前一大步，左脚再向前一步，左手反握上护木，将枪倒置于胸前，右手挑起背带，在右脚靠拢左脚的同时，两手协力将枪送上右肩，恢复肩枪姿势。

3. 跪姿装退子弹及定复表尺

口令:"跪姿——装子弹"、"退子弹——起立"。

动作要领:听到"跪姿——装子弹"口令后,右手移握上护木,使枪口向前(背带从肩脱下),左脚向右脚前方迈出一步,右手将枪向目标方向送出,左手接握下护木。同时,右膝向右跪下,臀部坐在右脚跟上,左小腿略垂直,两脚约成90°,左小臂放在左大腿上,枪面稍向左,准星略与肩同高。然后,按要领打开枪刺,换上实弹匣,打开保险,送子弹上膛,关保险,定表尺,右手移握握把,目视前方,准备射击。

听到"退子弹——起立"口令后,按要领卸下实弹匣,打开保险,退出膛内子弹,换上空弹匣,扣扳机,关保险,复表尺,右手折回枪刺,移握上护木,左脚尖向外打开的同时起立,左手反握上护木,将枪倒置于胸前,右手挑起背带,在右脚靠拢左脚的同时,两手协力将枪送上右肩,恢复肩枪姿势。

4. 立姿装退子弹及定复表尺

口令:"立姿——装子弹"、"退子弹"。

动作要领:听到"立姿——装子弹"口令后,右手移握上护木,以右脚掌为轴,身体大半面向右转,左脚顺势向前迈出一步(两脚约与肩同宽,呈外八字),体重落在两脚上,右手将枪向目标方向送出(背带从肩上脱下),左手接握下护木,左大臂紧靠左肋,枪托贴于胯骨,准星约与肩同高。然后,按要领打开枪刺,换上实弹匣,打开保险,送子弹上膛,关保险,定表尺,右手移握握把,目视前方,准备射击。

听到"退子弹"口令后,按要领卸下实弹匣,打开保险,退出膛内子弹,换上空弹匣,扣扳机,关保险,复表尺,右手折回枪刺,移握上护木,身体大半面向左转,左手反握上护木,将枪倒置于胸前,右手挑起背带,在右脚靠拢左脚的同时,两手协力将枪送上右肩,恢复肩枪姿势。

(三)据枪、瞄准、击发

1. 据枪

为了获得更好的射击效果,应力求充分利用地形,实施有依托射击。条件许可时,应构筑依托物。依托物的高度应以射手的身体而定,一般为25～30厘米。在紧急情况下,还应善于利用不同高度的依托物实施射击。

(1)有依托据枪

卧姿据枪时,下护木(枪刺座或枪管)放在依托物上,身体右侧与枪身略成一线。右手虎口向前紧握握把,食指第一节靠在扳机上,右肘尽量里合着地前撑。左手握弹匣(也可握下护木),左肘着地外撑,两肘保持稳固。胸部挺起,身体稍向前跟(右肘不离地),上体自然下塌。两手用力保持不变,使枪托确实抵于肩窝。头稍前倾,自然贴腮。

掩体内跪姿据枪时,通常跪左膝,右膝靠掩体前崖或右脚向后蹬,也可跪双膝。上体紧靠掩体前崖,两肘抵在臂座上。

掩体内立姿据枪时,上体左前侧紧靠掩体前崖,左腿微屈,右脚向后蹬,两肘抵在臂座上。

(2)无依托据枪

在战场上不可能时时处处都有依托物可利用,因此,我们还应掌握无依托据枪动作。

卧姿无依托据枪时,左手托握下护木或握弹匣,小臂尽量里合于枪身下方,小臂与大臂约成90°,将枪自然托住。右手握握把(半身动步枪握枪颈),右臂约成垂直,两肘保持稳固,两手正直向后用力,使枪托确实抵于肩窝,自然贴腮。

跪姿无依托据枪时,左手移握下护木或弹匣,左肘放于左膝盖上,使枪、左小臂和左小腿略在同一垂直面上,右手握握把,大臂自然下垂,上体稍向前倾,两手正直向后用力,使枪托确实低于肩窝。

立姿无依托据枪时,左手移握弹匣,大臂紧靠左肋。小臂尽量里合于枪身下方，也可左手托下护木，大臂不靠左肋。右手握把，大臂自然抬起，两手正直向后用力，使枪托确实抵于肩窝。

2.瞄准

(1)正确瞄准

右眼通视缺口和准星，使准星尖位于缺口中央并与上沿平齐，指向瞄准点，就是正确瞄准（见图 6-12）。正确瞄准景况，应是准星与缺口的平正关系看得清楚，而目标看得较模糊（见图 6-13）。

图 6-12　准星与缺口的正确关系

图 6-13　正确的瞄准景况

(2)瞄准的方法

据枪后，应首先使瞄准线自然指向目标。若未指向目标，不可迁就而强扭枪身，必须调整姿势。需要修正方向时，可左右移动身体或两肘。需要修正身体时，可调整依托物，前后移动整个身体或两肘里合、外张（连发射击时，右肘不宜外张），也可适当移动左手的托枪位置。

瞄准时，应把主要精力集中在准星与缺口的平正关系上。如果把主要精力集中在准星与目标上，就会忽略准星与缺口的平正关系，使射弹产生偏差。

(3)瞄准误差对命中的影响

瞄准误差对命中的影响主要包括两方面：一是准星与缺口关系不正确。瞄准时，若准星与缺口的关系不正确，对命中影响很大。准星偏哪，弹着偏哪。如准星尖在缺口内偏差 1 毫米，弹着点在 100 米距离上的偏差量：自动步枪为 21 厘米、冲锋枪为 26 厘米。距离增加几倍，偏差量就增加几倍。

二是瞄准线指向的偏差。瞄准时，若准星与缺口的关系正确，而瞄准线指向产生偏差时，射弹也会产生偏差。射弹的偏差与瞄准线指向的偏差相一致，如瞄准线指向偏左 15 厘米，射弹也就偏左 15 厘米。

(4)检查瞄准的方法

检查瞄准的方法有以下四种：

一是个人检查。瞄准时，头稍上下移动，检查准星是否位于缺口中央；头稍左右移动，检查准星尖是否与缺口上沿平齐。也可用平正准星检查器或白纸遮挡的方法，检查准星与缺口是否平正。

二是固定枪检查。即将枪放在依托物上，瞄准后不动枪，互相检查瞄准的正确程度。

三是四点瞄准检查。即将枪放在依托物上，在枪前 15 米处设固定白纸靶。示靶手将检查靶固定在白纸上，由教练员或优秀射手向检查靶瞄准。瞄好后，将枪固定好，示靶手通过检查靶中央的圆孔，点上标记作为基准点。然后，移开检查靶。由射手不动枪瞄准，指挥示靶手移动检查靶。连续瞄 3 次，每次点上标记。3 次的瞄准标记点与基准点能套在直径 10 毫米的圆孔内为及格，能套在 5 毫米的圆孔内为良好，能套在 3 毫米的圆孔内为优等。

四点瞄准时，是动靶不动枪，而实际射击则是动枪不动靶。因此，瞄准标记点对基准点的高低和方向偏差与实际射击的偏差相反。

四是用检查镜检查。即将检查镜固定在枪上，检查者位于射手的左侧通过检查镜进行检查。

3. 击发

击发时，用右手食指第一节均匀正直地向后扣压扳机(食指内侧与枪应有不大的空隙)，余指力量不变。当瞄准线接近瞄准点时，开始预压扳机，并减缓呼吸。当瞄准线指向瞄准点时，应停止呼吸，继续增加对扳机的压力，直至击发，击发瞬间应保持正确一致的瞄准。若瞄准线偏离瞄准点或不能继续停止呼吸时，应既不增加也不放松对扳机的压力，待修正或换气后，再继续扣压扳机。

连发武器操纵点射时，应稳扣快松，扣到底松开为 2～3 发。在扣扳机的过程中，应始终保持姿势稳固，操枪力量不变，以提高连发射击命中精度。

据枪、瞄准、击发是互相联系和互相影响着的动作。稳固协调的据枪、正确一致的瞄准、均匀正直的击发，三者正确的结合，是准确射击的关键。因此，必须刻苦学习，熟练掌握。

4. 据枪、瞄准、击发常犯的毛病及纠正方法

(1)抵肩位置不正确

射击时，射手若不能正确地抵肩，会使射弹产生偏差。在通常情况下，抵肩过低易打低，抵肩过高易打高。纠正时，射手要反复体会正确的抵肩位置，并通过他人摸、推的方法检查抵肩位置是否正确。

(2)两手用力不当

射击时，射手为了命中目标，往往以强力控制枪的晃动，造成肌肉紧张，用力方向不正，姿势不稳，使枪产生角度摆动，增大射弹散布。纠正时，应强调据枪时正直向后适当用力，使用力方向与后坐方向一致。连发射击时，应保持姿势稳固，操枪力量不变。练习时，可据枪后由协助者向后推枪、拉枪机或射手两手向后引枪等方法，检查用力方向是否正确。发生偏差，及时纠正。自动武器射击应特别注意防止右手上抬、下压或向后引枪等毛病。

(3)击发时机掌握不好

无依托射击时，有的射手为捕捉瞄准点，造成勉强击发或猛扣扳机。纠正时，应指出瞄准线指向瞄准点或在瞄准点附近轻微晃动是正常现象，当瞄准线在瞄准点附近轻微晃动时，应适时击发。

(4)停止呼吸过早

射击时，停止呼吸过早易造成憋气，使肌肉颤动而导致据枪不稳或猛扣扳机。纠正时，应使射手反复体会在瞄准线指向瞄准点或在瞄准点附近轻微晃动时自然停止呼吸的要领。在剧烈运动后，无法按正常情况停止呼吸时，应进行深呼吸后再停止呼吸。

(5)耸肩、眨眼和猛扣扳机

射击时，由于射手过多地考虑枪响时机、点射弹数、射击成绩等因素，造成心理紧张，容易产生耸肩、眨眼和猛扣扳机等错误动作，影响射弹命中。纠正时，应强调按要领操作，把主要精力、视力集中在准星与缺口的正确关系上，达到自然击发。

(6)枪面倾斜

瞄准时，如枪面偏左（右），射角减小，枪身轴线指向瞄准点左（右）边，射击时，弹着偏左（右）下。纠正时，强调射手据枪应保持枪面平正。

七、实弹射击

（一）实弹射击的一般规定

实弹射击的一般规定包括以下几方面。

①各种武器对不动目标实弹射击，可在良好天气条件下实施；其他练习，不受天气条件的限制，应结合担负的任务实施，特别要探讨恶劣气候条件下的射击与射击指挥。

②实弹射击时，必须使用手中武器，如因武器机件损坏或射效不合格而又无法矫正，射手需要更换武器时，必须经有关领导批准。

③目标设置，除胸环靶纸可留白边外，其他靶型的靶纸一律不准留白边，并不得以胸环靶代替胸靶。

④组织实弹射击时，射手进到出发地线后，指挥员令发弹员发弹，并规定射击目标，发出准备射击信号，待靶壕出示红旗或用其他规定的方法发出可以射击的信号后，下达向射击地线前进的口令。射手进入射击地线后，按指挥员的口令做好射击准备。指挥员按规定时间发出开始射击的口令或显示目标的信号，射手即行射击，射击完毕在原地验枪。验枪后，发出报（检）靶信号。

⑤战斗射击，是融技术、战术于一体的射击练习，目标设置要尽量符合战术要求，以锻炼射手在近似实战条件下，独立地观察目标、

测定距离、装定表尺、选择姿势，迅速准确地消灭各种目标的技能。指挥员在指挥射击时，不得以任何方式给射手指示目标。

⑥凡规定有点射次数的射击，每出现一次单发，算一次点射。超过一次点射，降低成绩一等。凡有时间限制的练习，规定时间一到，指挥员应立即下达停止射击的口令，射手应立即停止射击。

⑦射击中发生故障，如属射手操作原因，应自行排除后继续射击；如属武器、弹药或靶子等原因，扣除排除故障的时间，补发弹药后继续射击，如条件不允许，也可重新射击。

⑧对胸环靶射击时，命中环线算内环。跳弹命中靶子不算成绩。射手打错靶算脱靶。被打错者，如当时能判明打错的弹着，即扣除；如当时不能判明打错的弹着，应扣除超过发射弹数的弹着，如系环靶，扣除环数量最少的弹着。

⑨不及格者可补射一次算个人成绩，不计算在单位成绩内。

（二）射击场的组织和安全规则

射击场的组织和安全规则包括以下几方面：

①射击场必须具备可靠的靶档和确保安全的靶壕及掩蔽部，并应避开高压线和其他重要设施。

②实弹射击前，必须仔细搜索靶场警戒区，派出警戒，设置警戒旗。必要时，应预先将射击开始和结束的时间、危险区域及射击场有磁信号，通知当地有关单位。

③射击前后必须验枪。无论枪内有无子弹，射手都不得将枪口对人。严禁将装有实弹的武器随意放置或交给他人。严禁将实弹和教练弹混在一起。没有指挥员的命令，射手不得装弹。报靶时，严禁在射击地线摆弄武器或向靶区瞄准。

④射击前，应向全体人员明确规定开始射击、停止射击、报靶和射击终止等各种信号。

⑤射击场应标示出发地线和射击地线，无关人员不得越过出发地线。

⑥发出准备射击信号后，示靶人员应迅速隐蔽并出示红旗，未经射击场指挥员的许可，不得下令射击。靶壕内若发生特殊情况需立即停止射击时，应出示白旗或用其他规定的方法向指挥员报告。射手看到白旗或听到停止射击的口令，应立即停止射击，并关保险。

⑦实弹射击时，射向不得超出安全界。

思考题：

1. 哪些武器属于轻武器？
2. 81式自动步枪有哪些性能？它的自动原理是什么？
3. 如何选定表尺？瞄准的要领是什么？
4. 如何修正风和阳光对射击的影响？

第七章　军事地形学

军事地形学是从军事应用的角度研究和利用地形的一门学科。它主要研究地形对战斗行动影响的规律,军用地图和航空、航天相片的识别与应用原理,战场简易测量方法以及调制略图的要领等。

第一节　地形对军队作战行动的影响

一、地形的分类和作用

(一)地形的分类

地形是地物和地貌的总称。地物是指地球表面自然形成和人工建造的固定物体,如江河、湖泊、道路、村庄等。地貌是指地球表面高低起伏的状态,如山地、平地等。

由于不同的地貌和地物的错综结合,区分为各种不同的地形。依地貌的状态,可分为平原、丘陵地、山地和高原;依地物的分布和土壤性质,可分为居民地、水网稻田地、江河与湖泊、山林地、石林地、黄土地形、沙漠与戈壁、草原、沼泽等;依对军队战斗行动的影响,又可分为开阔地、荫蔽地和断绝地等。不同的地形对军队战斗行动又有着不同的影响。

(二)地形的作用

1. 地形是军队行动的客观基础

军队同一般人群一样,一切活动都是在一定的地形条件下进行的。即便是以空中为主要活动场所的空军，也必须以陆地地形为基地。任何军兵种的布防、生活、训练，都必须首先考虑到地形条件，取其利、避其弊来保证防务需要，给生活提供方便，为训练创造条件。军队的布防、训练需要某种特定的地形，而这种地形往往并不方便生活；或者，方便后者的地形往往并不有利于前者。可见，军队的活动无法超脱地形这一客观基础。

2.地形具有隐蔽军队的天然条件

隐蔽是军队行动的基本原则，是提高生存的重要措施。尽管现代侦察器材使大地变得袒露，海水变得透明，夜幕变得可见，但是地球表面千奇百怪的植被、物体所构成的大千世界，过去是、将来也仍然是军队隐蔽运动难得的天然场所。

3.地形制约武器装备的应用和军队的行动

坦克和装甲车辆，在山高坡陡的地形上便无法使用。直射火器无论射程多远，无法实施隔山射击；通信器材在复杂地形上使用，便陡然降低通信效能，缩短通信距离；使用各种观察器材去平视高低不平的地形，无法发现物体背后及各个地形死角的情况；军队在各种地形上机动，体力消耗增大和机动速度不一；遇到江河湖泊，只能借助于桥梁和乘船通过……这充分说明，地形是军队行动的天然障碍，对军队行动产生着重大的影响。

4.地形影响战术手段的运用

地形幅员的大小，决定战斗规模；地形的不同分类，是决定战斗的重要依据；地形复杂程度的不同，影响军队协同战斗的方式；在缺乏道路、交通不便的地形上，不仅增大了军队补给的难度，还直接影响到军队战斗的持续时间。

孙子指出："夫地形者，兵之助也"，"知天知地，胜乃可全"，此乃至理名言。现代条件下，尽管情况不同以往，但是，利用地形仍然是战争指导的一门重要艺术。

在现代战争中，地形仍然是不容忽视的因素。为了适应未来反侵略战争的需要，各级指战员必须十分重视研究利用地形，做到权衡利弊、趋利避害，以我之长、击敌之短，夺取未来反侵略战争的胜利。

二、地形研究的重点

地形对作战行动的影响是多方面的，例如，军队机动、阵地选择、兵力部署、火力配系、工事构筑、隐蔽伪装、技术兵器的使用、战场观察和作战指挥等，都受到地形的影响。一般来说，地形研究的重点有以下几方面。

（一）地形对军队机动的影响

军队在开进时，一是沿道路机动，二是越野机动。沿道路机动主要受道路的数量、质量及通行能力的影响。越野机动主要取决于地形特征和气象条件，即地面的高度、坡度和断绝程度，土壤的性质与植物的分布以及天然障碍物（河流、湖泊、沼泽等）的分布和特征。研究的目的是要了解机动能力及影响通行的地区和路线，以及需要采取的措施，如选择迂回道路、修筑临时军路、就地取材等。

（二）地形对观察、射击的影响

战场视界开阔，便于观察和判定方位，有利于发扬火力，是选择指挥所、观察所、射击阵地时必须考虑的条件。不同的地形，如平原、山地、丘陵地和遮蔽地等，对视界和射界的影响是不同的。军事上常将视界开阔、射界良好、对周围地形具有瞰制作用的高地称为制高点。研究地形对观察、射击的影响，在于根据敌情和各种火器的战斗性能，从地形方面来确定其配置地域。

（三）地形对隐蔽、伪装的影响

为防止敌人从地面和空中侦察我军的目标、企图和行动，需要利用天然的隐蔽、伪装物体，如森林、植被、雨裂、冲沟、起伏地形等，以便保障部队的隐蔽配置与机动。

地形对隐蔽和伪装的影响与对观察和射击的影响，是对立统一的。一般来说，就是充分利用地形的隐蔽和伪装条件来保存自己，利用有利于观察和射击的地形条件来消灭敌人。

（四）地形对工程构筑的影响

军事工程构筑的范围、性质、效率要受地形起伏的状态、土壤和岩石的性质与厚度、就地取材的能力等因素的影响。

（五）地形对防原子和防化学袭击的影响

在未来的反侵略战争中，由于科学技术的发展和原子弹、导弹、化学武器等的应用，我们必须认真研究地形对原子和化学武器袭击的作用。研究地形对原子和化学武器的防护性能，如地面坡度的陡缓、植被的分布、土壤的性质和水源情况等。要根据地形分析可能遭受原子武器袭击的目标，如对军队战斗行动影响大的目标（隘口、交通枢纽、机场等）、军队集结地域、指挥机构等，采取有效措施，避开这些原子武器袭击的目标，以减少或避免原子袭击的损失。

上述五点，既是独立的，又是互相关联的，如工程构筑时要考虑观察、射击、隐蔽、防原子、防化学等问题，部队通行时需考虑隐蔽和伪装问题。因此，在研究地形对战斗行动影响的某一个方面时，必须全面分析、利弊对比，正确认识“地因兵而固，兵因地而强”的辩证关系。

三、几种地形的特点以及对战斗行动的影响

我国的地形复杂多样（见视频 7-1），主要有高原、平原、山地，丘陵和盆地。地势西高东低，不同走向的山脉构成了我国地形的骨架。平原和丘陵主要集中在东部。以下介绍平原、丘陵地、山地和居民地对战斗行动的影响。

（一）平原

地面平坦宽广，海拔在 200 米以下，高差在 50 米以下的地区叫

做平原，如华北、东北等平原地区。我国平原面积约占全国总面积的12%。主要有东北平原、华北平原、长江中下游平原等。

1. 地形特点

平原的地形特点是：河渠较密，水源丰富，水利设施较完善；居民地密集，经济发达；道路成网，交通便利；农田成片，森林覆盖较少，经济作物发达。

2. 对战斗行动的影响

军队在平原地区作战，便于机动，尤其是北方平原，更能发挥坦克、机械化部队的机动性能，便于组织指挥。在雨季，江河有较大的障碍作用。

平原展望良好，视界、射界宽广，便于观察射击，能较好地发挥各种火器的效能，但因地面平坦，不易选择良好的观察所，直射火器不便于超越射击。

北方平原，利于构筑工事，修筑野战机场；南方平原，因水稻田多，地下水位高，不便于构筑地下工事。平原地区为军队宿营、后勤补给供了较好的条件。

平原地区地形开阔，一般无险可守。平原对原子武器的防护性能较差，杀伤面积较大。平原便于使用化学武器，但易受风向、风速等的影响，除居民地、凹地、沟渠外，一般不易滞留毒剂。

平原地区一般易攻难守，但只要善于利用和改造地形，注意战场建设，则可弥补防御的不足。

（二）丘陵地

地面起伏较缓，高差一般在200米以下的高地叫丘陵。许多丘陵错综连绵的地区叫做丘陵地。我国丘陵地分布较广，约占全国总面积的10%，较大的有东南丘陵地、胶东丘陵地和辽西丘陵地等。

1. 地形特点

丘陵地的地形特点是：高差不大，山顶浑圆，谷宽岭低，坡度平缓，断绝地较少，山脚附近多为耕地、梯田和谷地，它是介于山地与平原之间的过渡地形。

2. 对战斗行动的影响

丘陵地对部队的机动和各种兵器器材的使用一般限制较小。因地形的起伏而具有一定的隐蔽条件；通行条件好，便于诸兵种组织指挥、通信联络、隐蔽机动、协同作战；展望良好，射界开阔便于选择良好的制高点、指挥所、观察所和各种火器射击阵地；土层较厚，材料丰富，便于构筑野战工事；物产丰富，便于军队后勤补给；由于地形起伏，对原子武器袭击有较好的天然防护作用，但山谷和凹地容易滞留毒剂；峡谷和冲沟，是天然的防坦克障碍。南方丘陵地因山脚多梯田、水稻田，对军队尤其是对机械化部队越野机动有一定的障碍作用。

（三）山地

地面起伏显著，高差一般在200米以上的高地叫山。群山连绵交错的地区叫做山地。我国山地面积分布很广，约占全国总面积的33％。

1. 地形特点

山地的地形特点是：山高坡陡谷深，地形断绝，山顶高耸，山背、山脊纵横起伏。我国山地高程多在1000米以上，西部山地多在4000米以上；高差一般为500～1500米，有的地方可达2000～4000米；坡度一般为30°～50°以上，有的达50°以上，道路稀少，尤以铁路、公路最缺乏，主要道路为乡村路，多小路、隘路，有的地方仅有栈道，道路质量差，弯多坡大；河床窄，岸陡流急，水位涨落急剧；人烟稀少，物资缺乏；高山地区空气稀薄，气象多变，山顶与山脚以及昼夜之间温差较大。

2. 对战斗行动的影响

军队在山地作战，因地面起伏急剧，形成地形割裂断绝，军队运动困难，坦克、炮兵和机械化部队仅能沿公路、平坦谷地行动，大兵团行动也受道路限制，人马体力消耗增大；判定方位困难，容易迷失方向；观察、射击死角多，通信联络、指挥协同均较困难，但便于选择良好的制高点、观察所、指挥所，便于隐蔽伪装。

山地便于构筑坚固的坑道工事，但石质山地，不易挖掘，作业效率低，因道路少，前送后运困难。山地便于对原子武器的防护，一般背向爆心的陡坡、冲沟、断崖，均有良好的防护作用，但面向爆心的斜面和直长谷地的军队和技术兵器，则会相应地增大伤害程度；峡谷、山间道路、隘路易遭破坏，陡坡、陡崖易引起倒塌，造成道路堵塞，河水泛滥，更加限制军队机动；原子弹地面爆炸引起岩石飞落，树木、草丛受光辐射容易引起火灾，可能增大间接杀伤作用；谷地、凹地、隘路等地段和丛林容易滞留毒剂，因山地路少水缺，受到持久性毒剂袭击时，迂回和洗消困难。

（四）居民地

人们按照生产和生活需要而形成的集聚定居的地区叫居民地。

1. 地形特点

大的城市居民地，常是某一地区的政治、经济和文化中心，又多是交通枢纽；一般依山、临河或滨海、濒湖而筑，人口众多，房屋密集，建筑物高大而坚固，纵横交叉，交通方便，有机场、港口、铁路、公路等运输设施。村庄，是较小的居民地，人口集中，多平房、院墙，部分有土围、寨墙，建设材料多土坯、砖石，房顶较厚，比较坚固；南方村庄小而分散，部分有楼房，建筑材料多木竹、泥瓦。

2. 对战斗行动的影响

居民地对战斗行动的影响程度，决定于它的大小、所在位置、建筑物状况和附近地形条件等。

居民地便于构成坚固的防御阵地，利于近战、夜战和小分队战斗活动；利用城市电信设备可组织部队通信联络，便于军队宿营和后勤补给，但观察、指挥和协同不便，战斗队形易被分割，城市附近的高地、隘路、交通枢纽、桥梁、渡口和机场、火车站、发电厂、水源以及重要的工业区等，常成为攻、防双方争夺的目标。

四、研究地形的方法

在遂行战斗任务时，各级指挥员和参谋人员应认真研究和善于利用地形。改造地形是取得战斗胜利的一项重要保证。研究地形通常有如下几种方法。

（一）现地侦察

现地侦察地形是指挥员和参谋人员研究地形最基本的方法。在现地可以真实地了解地形状况，判断其对战斗行动的影响，使自己的决心符合于客观实际，实施正确的组织指挥。

（二）利用地图研究

利用地图研究地形，是常用的一种方法，通常在现地侦察前或不易进行现地侦察时采用。

（三）利用航空相片研究

航空相片能及时获得新颖、详细、真实的地形情况。利用航空相片侦察，能判明敌人的兵器配置、工程设施、兵力和技术兵器的集结区域，以及敌人进攻或防御的态势。

（四）利用沙盘研究

沙盘能形象地显示出实地的高低起伏状态，表示敌我工事、兵力和兵器配置情况。利用沙盘研究地形，直观形象，能给人以明确的立体感。

（五）利用电视显示系统研究

由于电子技术的发展，利用电视技术显示地形，传输地形图或利用小型发射机直接观察战斗进展，把战场地形和敌情变化及时转播到指挥所里，是近年外军研究地形的新方法，它可以快速提供指挥员定下决心所需要的地形与敌情资料。

第二节　地形图基本知识

一、地图概述

(一)地图的定义、特点

地图,是地球表面的缩写。它是按照一定的数学法则,用特定的图式符号、颜色和文字注记,将地球表面的自然和社会现象,经过一定的制图综合测绘于平面图纸上的图。按照这个定义来说,地图必须具备以下五个特点:有一定的数学法则;有特定的图式符号;有规定的颜色;有规定的文字、数字注记;经过一定的制图综合。

(二)地图的分类

地图分类,就是根据地图的某些特征,把它们分成一定的种类。按内容可分为普通地图和专题地图,按比例尺可分为大、中、小比例尺地图,按用途可分为教学图、政区图、军用图、飞行图、航海图、交通图、游览图等。

1. 普通地图

普通地图,就是人们常见的一种通用的地图。它综合地反映地球表面地理景观的外貌,比较全面地表示自然条件、社会经济要素,以及人类改造自然的成果。它所表示的内容有:水系、居民地、道路、地貌、土壤植被、境界以及经济现象、文化标志等。其具体内容的详简程度,则由地图比例尺的不同而定。地形图是普通地图的一种,其比例尺大于1∶100万,它是国家经济建设、国防建设和军队作战、训练不可缺少的重要地形资料。根据需要和用途,每个国家都有自己的比例尺系列,并且具有很强的连续性。我国地形图比例尺系列为1∶1万、1∶2.5万、1∶5万、1∶10万、1∶20万、1∶50万和1∶100万七种。

2. 专题地图

专题地图又称专门地图，是在地形图上简明、突出地显示一种或几种要素，具有专门化的内容和用途的地图，如地貌图、交通图、地质图、水文图等。

二、地图比例尺

图上某线段的长与相应实际水平距离之比，叫地图的比例尺。地图比例尺的大小是按比值的大小衡量的。

（一）地图比例尺的概念

图上某线段的长与相应实地水平距离之比，叫地图比例尺。设图上线段长为 L，实地相应线段的水平距离为 D，则地形图的比例尺为：

$$L/D = 1/M$$

式中，M 称为比例尺分母，表示缩小的倍率。为了明显地看出缩小的倍率，规定分子以 1 表示。由上式容易看出，比例尺分母越大，其比值越小，说明比例尺越小；反之，M 越小，其比值越大，说明比例尺越大。比例尺大的一幅图所包含的实地面积要比比例尺小的一幅图所包含的实地面积小。比例尺越大，图上所显示的内容越详细；比例尺越小，图上所显示的内容越简略。

（二）比例尺的形式

地形图上有两种比例尺：数字比例尺和直线比例尺。

1. 数字比例尺

数字比例尺是以数字显示比例关系的比例尺形式，以 1∶50000 或 1∶5 万表示。

2. 直线比例尺

直线比例尺是用直线（单线或双线）表示的。如图 7-1 所示为 1∶5万直线比例尺，从“0”向右为尺身，图上 1 厘米代表 0.5 公里，从

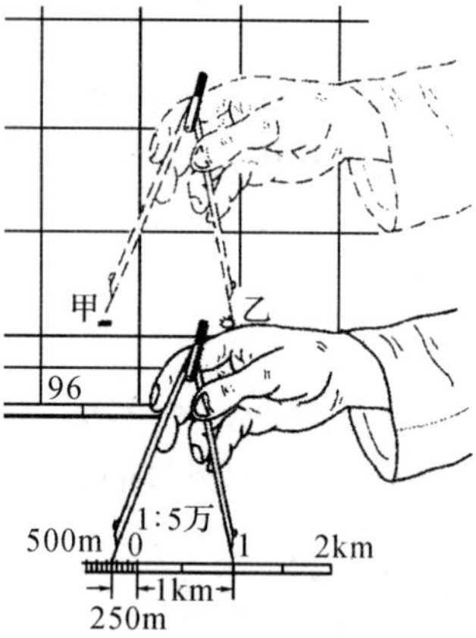

图 7-1　直线比例尺及用两脚规量读距离

“0”向左为尺头，图上 1 小格代表 500 米。

（三）在地图上量读距离

1. 在直线比例尺上量读距离

用两脚规（或直尺）量出所求两点间的长度（间隔），保持其长度不变，先将两脚规一头落在一个整千米量值上，再使另一头落在直尺上，则整千米数值加上尺头上的米数就是两点间的水平距离（见图 7-1）。

2. 依数字比例尺换算距离

依数字比例尺换算距离的公式为：

实际距离＝图上长×比例尺分母

图上长＝实地距离／比例尺分母

为计算方便，可先将比例尺分母消去两个零，单位由厘米改成米。如：在 1∶5 万地图上，甲、乙两点距离为 2.4 厘米，则其相应的实地水平距离为：2.4×500＝1200 米。求图上长则用甲、乙两点实际水平距离 1200 米，除以 500，即 1200/500＝2.4 厘米。

3. 里程表量读距离

在地形图上量取弯曲路段或曲线距离时，使用指北针上的里程表比较方便。里程表有表盘、指针及滚轮三部分组成，表盘上的外分划圈上有 1：100000、1：50000、1：25000 等比例尺注记和千米数注记，每个数字均表示相应实地水平距离的千米数，量读时先将指北针上的里程表指针归"0"，然后手持指北针，将里程表指针放在所量线路的起点上，沿线路顺时针方向滚至终点，此时指北针所指的相应比例尺分划即为所求实地水平距离(见图 7-2)。

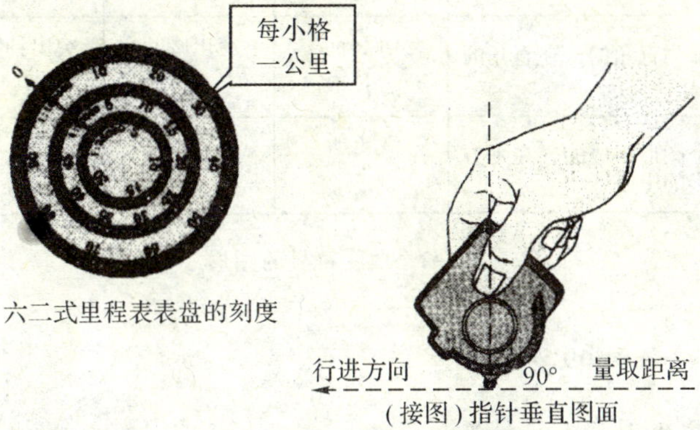

图 7-2　用里程表量读距离

三、地物符号

地面上的地物，在地图上是用统一规定的符号结合注记表示的。这些符号称为地物符号。它是构成地图的重要因素，是地图的语言。

(一)地物符号的图形特点

地物符号的图形，多数是按地物的平面形状绘制的，如居民地、公路、桥梁等符号的图形与实地地物的平面轮廓相似。有的是按地物的侧面形状绘制的，如突出树、烟囱、水塔等。还有少数符号是按地物的有关意义绘制的，如气象台、变电所等。根据符号的图形，可以联想它所表示的实地地物。如图 7-3 所示是符号的图形。

定位点	符号及名称		
图形中有一点的，在该点上	三角点	亭	窑
几何图形，在图形的中心	油库	独立房屋	发电厂
底部宽大的，在底部中心	水塔	气象站	碑
底部为直角的，在直角的顶点	路标	突出阔叶树	突出针叶树
两个图形组成的，在下方图形的中心	变电所	散热塔 散热	石油井 油

图 7-3　地物符号的图形

（二）符号的分类

1. 依比例尺表示的符号

实地面积较大的地物，如居民地的街区、森林、大的江河等，其外部轮廓是按比例尺表示的。在图上可了解其分布和形状，量算其相应实地的长、宽和面积。

2. 半依比例尺表示的符号

实地上的线状地物，如铁路、公路、缆车道、架空索道、水渠、土堤等，其长度是按比例尺表示的，而宽度不能按比例尺表示。在图上只能取其相应实地的长度，而不能量取其宽度和面积。

3. 不依比例尺表示的符号

实地上有些对部队战斗行动有影响或有方位意义的较小地物，如三角点、电视塔、烟囱、突出树、水塔等，不能按比例缩绘，只能用规定的符号表示。在图上可了解实地地物的性质位置，如图 7-4 所示。

图形特点	符号及名称		
与平面形状相似	居民地	河流、苗圃	公路、桥梁
与侧面形状相似	突出阔叶树	烟囱	水塔
与有关意义相应	变电所	矿井	气象站

图 7-4　不依比例尺表示的符号

（三）对地物符号的规定

为使地物符号易读、易辨，且具有理解的唯一性，测量上对其作了统一规定。

1. 定位规定

定位规定是指以符号的特定性来代表地物在图上的中心点或中心线，是测图和用图的依据。

2. 方向规定

对于不依比例尺的图上定向的规定，叫符号的方向规定。符号的方向规定分为垂直于按地图轮廓描绘的符号、按真实方向描绘的符号和变向符号三类。

3. 颜色规定

颜色规定依地面上地物的自然颜色经抽象后的概括分类规定。黑色表示人工地物和部分自然地物，如居民地、道路、独立石、桥梁等。蓝色表示与水、冰雪有关的地物，如河湖、水库和雪山地貌中的冰川等。绿色表示与植被有关的地物，如森林、灌木丛等。棕色表示地貌与土质有关的内容。为保证用色的系统性，在注记中亦应遵守上述规定。

4. 注记

注记是用文字和数字来补充说明各种符号还不能表示的内容。如居民地、江河和山的名称、森林的种类、公路的质量等，可用文字注记；山的高程，河宽，水深，桥梁的长、宽和载重量等，可用数字注记，如图 7-5 所示。

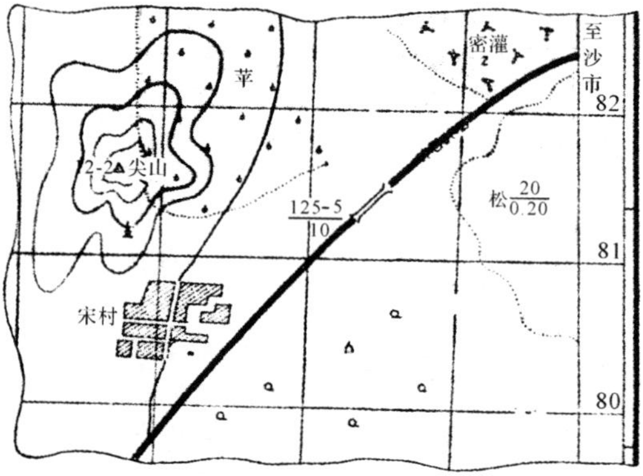

图 7-5　图的注记

四、地貌判读

地球表面是起伏不平的，有高山，有深海，有丘陵和平原，有沙漠和草原，还有江河和湖泊等等。这些高低不平、形状各异的地貌，通常是用等高线来表示的。用等高线表示地貌，能精确反映地面的高低、斜坡形状和山脉走向，但它的缺点是缺乏立体感。随着科学的发展，人们在等高线的基础上又研究出了分层设色和用晕渲表示地貌的方法。

等高线显示与分层设色法、晕渲法配合使用，显示地貌的效果将会更好，它不但能增加地势的立体感，便于识别地貌，而且便于图上计算高程。

（一）等高线显示地貌

1. 等高线显示地貌的原理

由高程相等的各点连接而成的曲线，叫等高线。

设想将一座山从底到顶按相等的高度，一层一层地水平切开，在山的表面上就出现了许多大小不同的截口线，再把这些截口线垂直投影到一个平面上，就呈现出一圈套一圈的等高线图形。地图就是根据这个原理以等高线显示地貌的。

2. 等高线显示地貌的特点

等高线显示地貌的特点包括：

①在同一条等高线上，各点的高程相等，并各自闭合。

②在同一幅地图上，等高线多的山就高，等高线少的山就低。

③在同一幅地图上，等高线间隔小的实地坡度陡；间隔大的坡度缓。

④图上等高线弯曲的形状与相应的地貌形状相似。等高线显示地貌如图 7-6 所示。

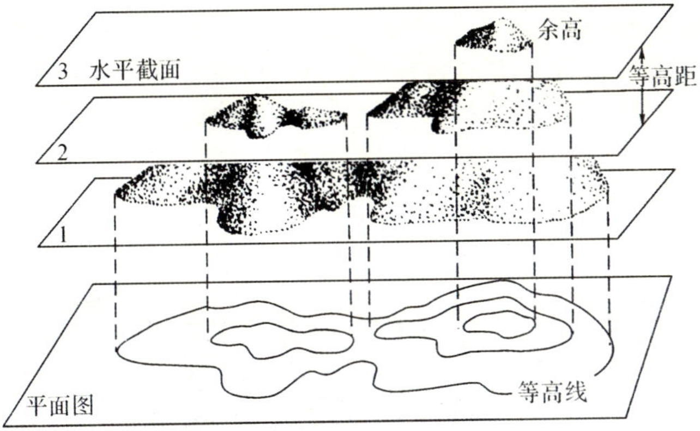

图 7-6 等高线显示地貌

3. 等高距的规定

相邻两条等高线间的实地垂直距离，叫等高距。各种比例尺地图等高距如表 7-1 所示。

表 7-1　各种比例尺地图的等高距

比例尺	1∶2.5 万	1∶5 万	1∶10 万	1∶20 万
等高距	5 米	10 米	20 米	40 米

4. 等高线的种类和作用

等高线的种类有以下几种，如图 7-7 所示。

①首曲线，又叫基本等高线，是按规定等高距由平均海水面起算而测绘的细实线，用以显示地貌的基本形态。

②计曲线，又叫加粗等高线，规定从高程起算面起，每隔 4 条首曲线加粗描绘一条粗实线，用以数计图上的等高线和判读高程。

③间曲线，又叫半距等高线，是按 1/2 等高距描绘的细长虚线。用以显示首曲线不能显示的某段微型地貌。

④助曲线，又叫辅助等高线，是按 1/4 等高距描绘的细短虚线。用以显示间曲线不能显示的某段微型地貌。

我国规定：把“1956 年黄海平均海水面”作为全国统一的高程起算面，高于该面为正，低于该面为负，称“1956 年黄海高程系”。

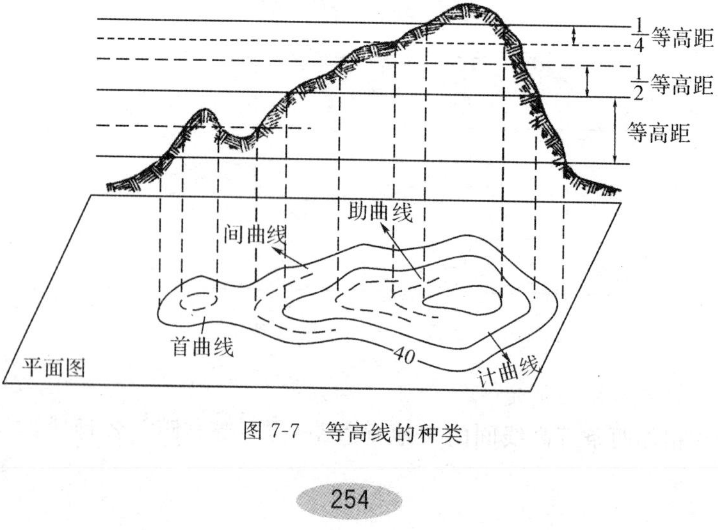

图 7-7　等高线的种类

（二）地貌识别

尽管每座山都有自己的特点，形态万千，但只要我们认真分析一下，仍然可以找出它们的共同特征。概括地说，它们都是由山顶、凹地，山背、山谷，鞍部、山脊等构成。只要抓住这些基本特征，在地形图上，通过等高线和地貌符号，就可以识别地貌的各种形态，如图7-8所示。

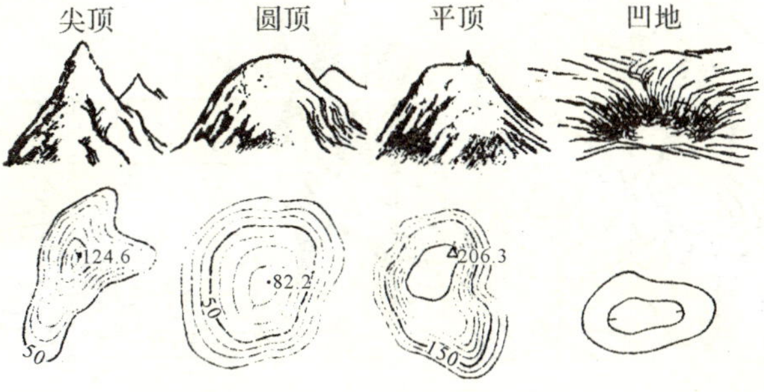

图 7-8　地貌的各种形态

1. 山的各部形态

山顶，图上以等高线中最小环圈表示，有时用示坡线表示上、下斜坡方向，绘在环圈外侧。

凹地，图上用一个或数个小圈形等高线表示，在环圈内绘有示坡线。

山背，图上从山顶到山脚等高线向外凸出的部分表示山背。各等高线最凸出的棱线为分水线。山的各部形态及其等高线显示山谷，图上以相邻山背或山脊之间等高线凹入部分表示山谷。等高线最凹入部分的底线为分水线。

鞍部，图上用一对表示山背和一对表示山谷的等高线显示。

山脊，由若干山顶、鞍部连接的凸棱部分，山脊的最高棱线为山脊线，如图 7-9 所示。

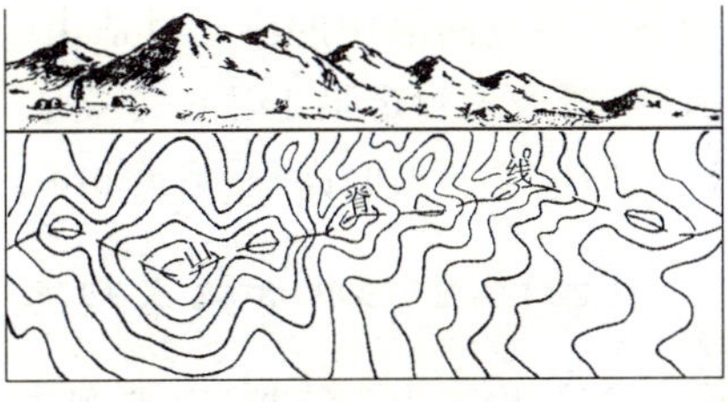

图 7-9　山脊线

2. 特殊地貌

特殊地貌，是指等高线无法显示的地貌。如冲沟、陡石山、陡崖、崩崖、滑坡等(见图 7-10)。这类地貌的形态在地形图上用特殊地貌符号表示。

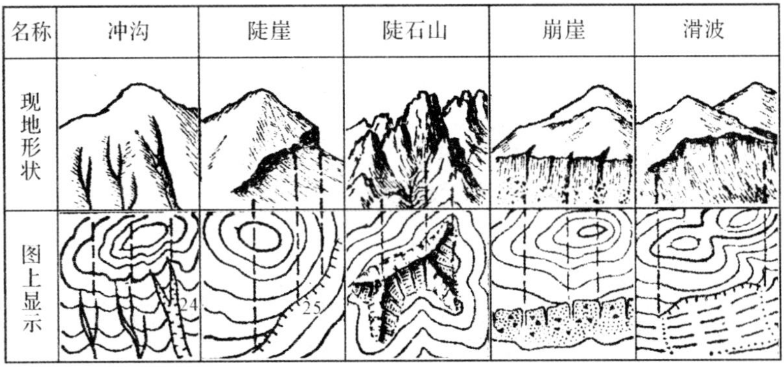

图 7-10　特殊地貌的现地形状与符号

(三)高程和高差判定

在使用地图时，经常要判定点位的高程。如炮兵射击，为了确定高低角，就要知道炮兵阵地、射击目标和观察所的高程。在图上根据什么判定点位的高程呢？主要是根据高程注记和等高线来推算，例如，点位恰在等高线上时，该等高线的高程，就是这个点位的高程；点位在两条等高线之间时，先查出下边一条等高线的高程，再按该点在两条等高线间隔中的位置目估出高度；点位在没有高程注记的山顶时，一般应先判定最上边一条等高线的高程，然后再加上半个等高距。知道了两点的高程，然后相减，所得结果，就是两点的高差。

(四)斜面形状和坡度判定

部队构筑山头阵地，总要观察一下斜面情况，是否利于发扬火力。军队行军，经常遇到上坡下坡。不同的斜面和坡度，对军队战斗行动带来不同的影响。比如汽车的爬坡能力是15°,如果道路的纵坡度大于15°,汽车就不便通行了。所以,我们使用地图,要学会从图上判定斜面的形状和坡度。

所谓斜面,就是从山顶到山脚的倾斜部分。就拿敌对双方控制的高地来说,朝向对方的斜面叫正斜面,背向对方的斜面为反斜面。斜面有几种?它们在地形图上是怎样表示的呢?

等齐斜面:坡度基本上一致,站在斜面顶部可以看到全部,便于发扬火力的称为等齐斜面。在图上,各等高线的间隔大致相等。

凸形斜面:在实地,上面缓下面陡,站在斜面顶部看不见下部,形成观察射击的死角,称为凸形斜面。在图上等高线的间隔上面稀,下面密。

凹形斜面:与凸形斜面相反,上面陡下面缓,站在斜面的顶部能看到斜面的全部,便于发扬火力,称为凹形斜面。在图上等高线的间隔是上面密,下面稀。

实地的斜面,多数是凸凹互相交错的形状,但是,总离不开上面说的三种形状。使用地图时,只要注意等高线间隔的疏密情况,就能很容易地判明斜面的形状。

那么斜面的坡度,又怎样从地图量取呢?量取坡度时,要先用两脚规量取图上两条(或六条)等高线间的宽度,再到坡度尺上比量,在相应的垂线下边就可以读出它的坡度。

第三节　现地使用地图

现地使用地图,就是把地图拿到现地,将地图与现地地形一一对应起来,以便分析研究地形,全面地熟悉、掌握地形情况,按照实际地形组织计划部队行动,充分发挥地图的作用。

一、现地判定方位

现地判定方位就是在现地辨明东、西、南、北方向。

军队在战斗行动中,必须随时随地辨明方向,明确周围地形和敌我关系位置。如穿插分队进行迂回包围敌人，侦察分队潜入敌后侦察敌情，通信分队执行送信、架线等任务时，如果迷失了方向，不仅会贻误战机，甚至可能遭受重大伤亡，后果是难以想象的。所以，判定方位是军队行动的重要依据。

判定方位的方法很多，这里只介绍几个简单常用的方法，可以因地制宜，灵活运用。

（一）利用指北针判定方位

用指北针判定方位，是一种比较准确的方法。使用时将指北针平放，等磁针静止后，磁针涂有夜光剂的一端（或黑色尖端）所指的方向就是现地的磁北方向，如图 7-11 所示。

使用指北针以前，应检查磁针是否灵敏。其方法是：用一钢铁物体扰动磁针的平静，若磁针迅速摆动后仍停在原处，则说明磁针灵敏，可以使用；若各次磁针静止后所指分划值不一致，且相差较大，该指北针不能使用，应进行检修或充磁。

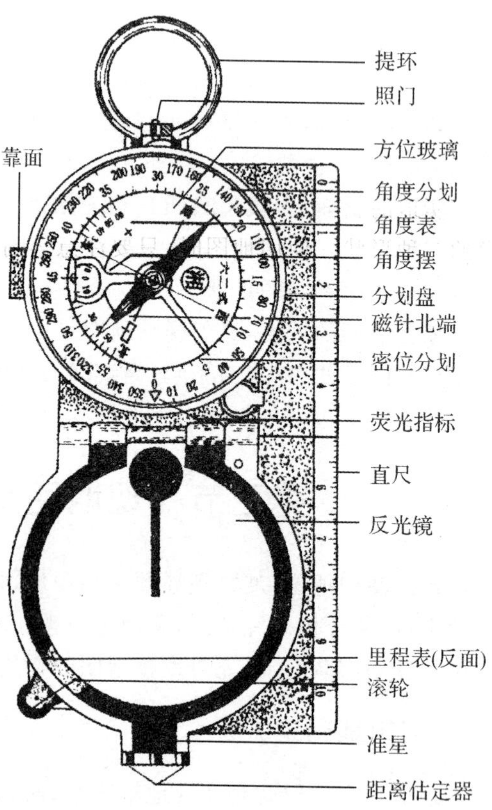

图 7-11　指北针

（二）利用北极星判定方位

北极星是正北天空一颗较亮的恒星，夜间找到北极星就找到了正北方向。

北极星位于小熊星座的尾端，大熊星座（北斗七星）和仙后星座围绕北极星按反时针方向运转，我们通常依这些星座与北极星的关系位置来寻找北极星。寻找的方法是：大熊星座主要是由 7 颗较亮的星组成，形状像把勺子，找到后将勺子头甲、乙两星间连成一直线，向勺口方向延长约为甲、乙两星间隔 5 倍处，那颗比较亮的星就是北极星。

我国南方各省，当大熊星座运转到地平线以下时，可根据仙后星座寻找北极星。仙后星座主要是由 5 颗亮星组成，形状像“W”，在“W”的缺口方向约为缺口宽度的两倍处有一颗亮的星就是北极星。如图 7-12 所示。

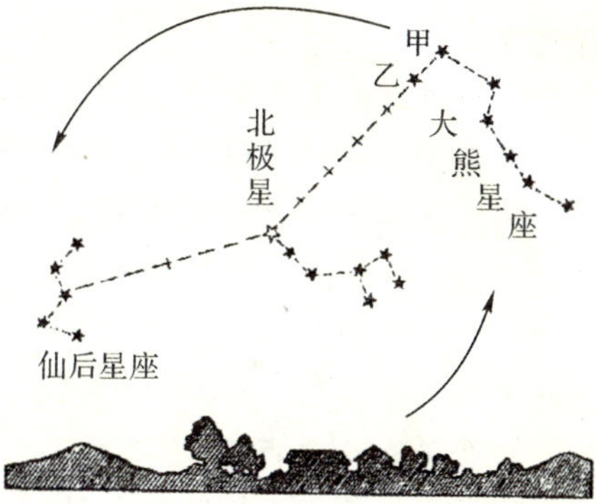

图 7-12　利用北极星判定方位

二、地图与现地对照

现地使用地图，要能随时确定站立点在图上的位置，了解周围地形情况，保持正确方向，因此，必须经常注意与现地对照。

（一）标定地形图

标定地图，就是使地图与现地方位一致。这是确定站立点和对照地形的前提。

1. 用指北针标定

在地图的南、北内图廓线上，各绘有一个小圆圈，分别为磁南和磁北，两点的连线就是本幅图的磁子午线（有的地图已用虚线连接）。

将指北针准星朝向地图上方，并使直尺边切于磁子午线。转动地图，使磁针的北端精确对准指标，地图就标定好了，如图 7-13 所示。

图 7-13　利用指北针标定地图

标定地图时要注意避开钢铁物体，如小刀、铁文具盒、收音机等。

2. 利用北极星标定

天空中有星星的夜晚，可利用北极星标定地图。首先找到北极星，使地图上方概略朝北；转动地图，使东西内图廓线中的任意一条对准北极星，地图就标定好了。

3. 利用直长地物标定

当站立点位于直长地物上时（如直长铁路、公路、水渠），首先在图上找到现地直长地物相应的地物符号，概略对照直长地物两侧的地形，使地图方位与现地方位概略相符；然后转动地图，使图上的直长地物符号与现地相应的直长地物方向一致，地图就标定好了。

当实地线状地物较宽时，应以其中一个侧边或中心线为准，并以线状地物符号的相应部位进行瞄准。

4. 利用明显地形点标定

已知站立点在图上的位置时，在远方选一个现地和地图上都有的地点，如山顶、独立地物等；将直尺切于图上的站立点和地形点；转动地图，使直尺边对准现地的明显地形点，地图就标定好了。

（二）确定站立点的方法

确定站立点在图上的位置，是进行地图与现地对照的根据。

1. 利用明显地形点判定

当站立点恰在明显地点上，则该地形点的符号即是站立点在图上的位置。当在明显地形点附近时，可先标定地图，再进行对照分析，根据站立点与明显地形点的相关位置，确定出站立点在图上的位置，如图 7-14 所示。

图 7-14　利用明显地形点判定

2. 用后方交会法判定

当站立点附近没有明显地形，但远方能找到现地和图上都有的两个以上明显地形点时，可采用后方交会法确定站立点的图上位置。

图 7-15　用后方交会法判定

先标定地图，在远方选择两个图上和现地都有的明显地形点，用直尺边分别切准图上两个地形点，先后向现地相应的地形点瞄准，并画出两条方向线，两线的交点就是站立在图上的位置，如图 7-15 所示。

3. 用截线法判定

当站立点在线状地物上时，可用截线法确定站立点的图上位置。

先标定地图，在线状地物的侧方选择一个图上与现地都有的明显地形点；将直尺边切准图上地形点符号的定位点，向现地相应的地形点瞄准并画方向线，方向线与线状地物符号的交点，就是站立点在图上的位置，如图 7-16 所示。

图 7-16　用截线法判定

(三)现地对照地形

现地对照地形,应当达到两个直接的目的:一是将地图上的地物、地貌符号和现地的地物、地貌一一对应辨清;二是通过对照,发现地图和现地的变化情况。

通常在标定地图、确定站立点的基础上,根据目标的方向、特征、距离、高程及相关位置等因素进行对照。

当对照某一区域地形时,通常先对照大而明显的特殊地形,再由近及远、由点到面或逐段分片地进行对照。

对照山地和丘陵地形时,可根据地貌形态、山脉走向,先对照明显的山顶、山脊,然后顺着山脊、山背、山脚和山谷的方向进行对照。对照中要注意其前后层次的色调和透视关系。

对照平原地形时,可先对照主要的道路、河流、居民地和高大突出的建筑物,再根据地物分布规律和相关位置,逐点分片地进行对照。此类地形,变化的可能性较大,对照中尤应注意(见视频 7-2)。

三、按地形图行进

按地形图行进,就是利用地形图选定行军路线,通过地图与现地对照,以保持沿选定的路线,到达预定地点的行进方法(见视频7-3)。按方位角行进,是按地图行进的一种辅助方法。它是利用指北针,按照图上量测的磁方位角保持正确行进方向的方法。按地图行进,是保障部队行动自如、夺取有利战机的一个重要方法。

按地图、方位角行进,是部队识图、用图训练中最重要、应用最广泛的课题之一,也是用图的最过硬本领。因为部队打仗总是要走路,要有穿插迂回行动,特别是在无村庄、无道路、无向导和生疏复杂的地形上行动时,常要求部队能够按指定路线、指定的时间,到达指定的地点。如果指挥员不会按地图、方位角行进,对于战斗任务的完成,影响极大。例如,在某次作战中,某部接到转移阵地的命令后,因为干部不会识图用图,没有掌握按图、方位角行进的要领,结果把部队带进了一条无路可走的深山沟，转了两个小时，只得沿原路返回。一共12公里的路程，却走了8个小时，给部队增加了疲劳，延误了到达新位置的时间，贻误了战机。与此相反，掌握了按地图、方位角行进要领的指挥员，情况就大不相同。他们不管地形有多复杂，都能按照上级指定的路线，按时到达指定的地点。因此，要求每个指挥员必须熟练掌握按地图、方位角行进的方法要领。

（一）行进前的准备

1.选择行进路线

行进路线，是根据受领的任务、敌情、地形和部队装备等情况在图上选出行进的最佳路线。选择时，应着重考虑和研究路线上与行动有关的地形因素，如地貌起伏、沿线居民地、森林地、山垭口以及桥梁、渡口和徒涉场的状况。如有敌情顾虑时，更应注意研究沿道路两侧地形的起伏与荫蔽情况、遇空袭时的疏散区域、遭遇敌人时可能利用的有利地形等。组织大部队行进，还应根据部队人数的多少选择平行路，以便分路行进。

在越野行进时，尤应使每一转弯点都有明显的方位物。在夜间行进时，则应注意选定夜间便于识别的方位物。

为便于行进中掌握方向，在路线选定后，还应在沿线选定明显突出、不易变化的目标作为方位物，如行进路线上的转弯点、岔路口、桥梁、居民地的出入口、城市中的广场和突出建筑物，以及沿线两侧的高地等。

2.在图上标绘行进路线

标绘行进路线和方位物，就是将选定的行进路线（起点、转折点和终点）和方位物，用彩色笔醒目地标绘于图上，并按行进方向顺序进行编号，以便行进中对照检查。必要时也可专门调制行军路线略图。

3.量取里程和计算时间

量取里程和计算时间就是在图上量取行进路线上各段里程和计

算行进时间，并注记在图上或工作手册上，如行进路线上地貌起伏较大时，还应当将图上量得的水平距离，按不同的坡度改正为实地距离。为了便于掌握行进速度和时间，需要时可将改正后的各段距离，根据预定行进速度换算为行进时间。

4. 熟记行进路线

熟记行进路线的方法，一般按行进的顺序，把每段的里程、行进时间、经过的居民地、两侧方位物和地貌特征，特别是道路的转弯处，岔路口和居民地进出口附近的方位物及地形特征等都熟记在脑子里，力求做到“胸中有图，未到先知”。

总之，图上准备就是：一选、二标、三量算、四熟记。

（二）徒步沿道路行进的方法要领

徒步沿道路行进是军队机动的主要方式。其要领是：

①在出发点上，先标定地图，对照地形，判定出发点位置，明确行进的道路和方向，然后出发。

②在行进中，应根据记忆，边走边回忆，边走边对照，随时明确站立点的图上位置，随时清楚已走过的里程；随时明确前方将要通过的方位物和将到达的位置等，力求做到“人在路上走，心在图中移”。

③在经过岔路口、道路转弯点、居民地进出口时，应及时对照现地地形，明确站立点的图上位置，以保持正确的行进方向。

④在遇到现地地形变化与地形图不一致时，应采用多种方法，仔细对照地貌，全面分析地形的变化和关系位置，然后准确地判定站立点的位置和行进方向。做到“有疑不走，有矛盾不走，方向不明不走”；搞准方向，消除疑虑和矛盾后再继续走。

⑤当发现走错了路时，应立即对照地形，回忆走过的路程，判明从什么地方错的，偏离原定路线有多远，根据情况决定另选迂回路或返回原路，回到正确路线后，再继续前进。

（三）乘车行进的方法要领

乘车行进，也是军队机动的一种方式，随着我军技术装备的不断改善，快速机动的能力将逐步提高，乘车行进的机会将越来越多。

乘车行进的特点是：行进速度快，方向转换多，观察地形粗略，如果稍一疏忽，就容易走错路，一旦走错路，错得就较远。乘车按地图行进的要领与徒步沿道路行进基本相同，但根据速度快的特点，又有以下几个要点。

①选择路线时，应着眼于道路通行情况、路面质量的变化、桥梁的载重量、渡口的摆渡能力等；方位物应多选择道路两侧大而明显的突出目标，并选择迂回路。地图应按行进的顺序依次叠放，以便沿途对照取用。

②随时标定地图。由于实地道路弯曲，行车方向变换多，因此，要使图上的行进路线与现地的道路方向保持一致，就必须经常转动地图，做到"图、路成一线，车转图也转，方向正相反"。即图上的行进路线与现地行进的道路始终一致。为此，行进的车辆向右转时，手中地图必须向左转。

③逐个对照方位物。由于车速快，车辆颠簸，方位物一闪而过，地图与现地对照容易忽略。因此，在开进中，对沿路的居民地、桥梁、转弯点、岔路口和沿路两侧突出目标等，要高度集中精力，不间断地逐个提前对照，做到"人在车中坐，心在车前行"。

④掌握行车里程和速度。出发时要记下时间和汽车里程表上的里程数，行进中随时根据里程表上的数字和行进时间，对照事先在图上量算好的各段距离和时间，以便判定车子在图上的位置。

⑤来到岔路口、转弯处，要提前给司机打招呼，同时车速放慢，以便能仔细对照，确认前进方向，无把握时还要停车判读，直至现地对照无疑后，再继续开进。

（四）越野行进的方法要领

在道路稀少地区（如沙漠、草原等），或因任务需要，不能沿道路行进时，部队常采用越野行进。越野行进时，因为地面起伏不平，障碍多，容易偏斜方向，所以多采用按地图与方位角相结合的方法行进。行进时应注意下列几点：

①行进路线应选择在方位物较多的地形上，特别是转折点及其附近应有明显的方位物，以利对照检查，维持正确的行进方向。

②在起点和各转弯点上都要明确标定地图，明确行进方向和下一点方位物。或按预先测定的各段磁方位角，照准行进方向，找到下一点方位物，选择便于通行的地形前进；如不能直接看到下一点方位物，应选择辅助方位物，这样逐段按方位物方向行进，直到终点。

③行进中，要勤对照、多分析，随时判定站立点的图上位置，特别在复杂地形上行进尤为重要。如果发现走错了方向，应停止前进，查明原因，重新确定站立点的图上位置，尽量选择近道插到原方向上，不得已时可原路返回，再按正确方向继续前进。

四、按方位角行进

军队在沙漠、草原、山林地等地形上，或夜间、浓雾、大风雪等不良天候条件下行进时，常需按方位角行进。

（一）行进资料的准备

1. 选择行进路线

根据任务、敌情和地形情况选定，一般应选择在地貌起伏较小、障碍较少、特征明显的地段。路线的各转折点应有明显的方位物。为防止行进时方位偏差过大，要求各转折点间的距离在1公里左右，平原地区可远一些，山区和夜间则应近些。

2. 量测方位角和距离

在图上量读磁方位角时，先用指北针标定地图，再使指北针有准星的一端朝前进方向，直尺边与两转弯点的连线重合，磁针静止后，其北端所指的密位数即为该段路线的磁方位角，如图 7-17 所示。按上述的方法，测定图上各段的磁方位角，同时量出各段距离，并换算成复步数或行进时间。换算公式为：复步数＝实地距离（米数）/复步长；行进时间＝实地距离（米数）/行进速度。

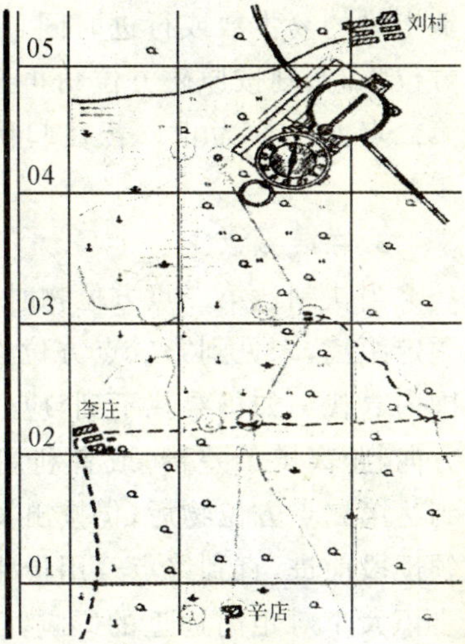

图 7-17　测方位角

3. 绘制行进路线图

路线图可直接在地图上标绘，即在各段方向线一侧注记行军路线的资料。略图可以按比例尺绘制，也可不按比例尺绘制。绘制略图时，先将出发点、转弯点、终点等附近的主要地形与方位物标绘出来，再把各转弯点，按行进顺序依次编号，最后注记各段磁方位角和行进距离或行进时间。

（二）行进要领

1. 在出发点上

首先，依据行进资料在现地找到出发点的准确位置，查明要到达下一点的磁方位角、距离和时间，并记住沿途经过的重要地形和下一点的地形特征。然后，手持指北针，转动身体，使磁针北端指向下一点的方位角密位数，这时，由照门至准星的方向，就是行进的方向，并在该方向线上寻找第二点方位物（如看不见时，可在该方向线上选一辅助方位物）。最后即按此方向行进。一般是越野照直行进，也可记准方向，选择便于通过的道路走到该点。

2. 在行进中

要随时根据地图或记忆，对照地形，用指北针检查行进方向，记清走过的复步数或行进时间。到辅助方位物后，如仍看不见第二点方位物时，则按原磁方位角再选一辅助方位物，继续前进，直到到达第二点方位物为止。若在起伏较大的地段上行进时，要注意调整步幅。

3.在转弯点上

当快到达第二点方位物时，应特别注意附近的地形特征；当走完预定距离，未见到第二点方位物时，可在这段距离1/10为半径的范围内寻找。如仍寻找不到，应仔细分析原因，是地形起了变化，还是方向、距离出了差错，或者利用反方位角向第一点瞄准，进行检查。到达第二点方位物后，仍按出发点的要领，再向下一点前进。依此要领逐段前进，直到终点。用指北针测量角度的误差，一般达5°，加上步幅大小对距离远近的影响，按方位角行进，每1千米距离，可能向旁偏约100米，故在以距离1/10为半径的范围内寻找方位物。

4.行进中遇到障碍物，应根据不同情况采取不同的办法通过

对能通视的障碍，可沿行进方向在障碍地段对面选一辅助方位物，然后找一迂回线绕过障碍地段，但应将该段的距离，加在已走过的距离内；到达辅助方位物后继续按原方向前进，遇到不能通视的障碍地段时，可采取走直角四边形（或平行四边形）的方法绕过（亦应将该段距离数加到已走过的距离内），然后按原方向继续前进。

第四节　定向运动

一、定向运动的定义和发展

（一）定义

定向运动又称“定向跑”、“定向越野”、“识图越野”、“野外定向”等等。它的定义是：一种借助地图和指北针按规定方向行进的体育活动。这项体育活动和我军官兵非常熟悉的军事训练课目“利用地

图按方位角行进”非常相似。

（二）起源

定向运动已经有100多年的历史，诞生在北欧。早年在北欧的斯堪的纳维亚半岛，崎岖不平的土地上覆盖着一望无际的森林，其中还散布着无数的湖泊，地图和指北针就成了他们的“生活必需品”。没有地图和指北针，稍不留神，就有可能迷失在茫茫林海中。但是，比普通老百姓更需要地图和指北针的是军人，正是军人把“按地图行进”作为一项军事技能来训练。因为如果一名军人乃至一支军队，不具备山林地辨别方向、选择道路和越野行进的能力，就不能很好地完成军事任务，注定要吃败仗。军人，不知不觉中成为开展定向运动的先驱。

正当军人把“定向运动”作为一项军事课目来训练时，一位名叫吉兰特的人则把这项活动游戏化了。1918年，在瑞典担任童子军领袖的吉兰特，组织了一次叫做“寻宝游戏”的活动，引起了人们的广泛兴趣，这就是“定向运动”变成体育活动的雏形。

二、定向运动的开展

（一）定向运动的分类

定向运动的分类有以下几种：

①定向运动按运动工具的不同可分为徒步定向和工具定向两种。徒步定向，如传统定向越野跑、接力定向、积分定向、夜间定向、五日定向、公园定向等。工具定向，如滑雪定向、山地自行车定向、摩托车定向等。

②定向运动按性别的不同，可分为男子组和女子组。

③定向运动按年龄的不同，可分为青年组、老年组和少年组。

④定向运动按技术水平的不同，可分为初级组（体验组和家庭组）、高级组和精英组。

⑤定问运动按参加人数的不同，可分为个人单项、个人双项和集

体项。

(二)定向运动的器材

1. 号码布

号码布一般不超过 24 厘米×20 厘米,号码数字的高一般不小于 12 厘米,字迹要清晰,字体要端正。

2. 指北针

指北针多由组织者提供,如要求自备,则可能会对其性能、类型作出原则上的规定。指北针类型主要有简单式、液池式、透明式、照准式、电子式。

目前国际上的定向越野比赛常使用由透明有机玻璃材料制作的指北针。

3. 检查卡片

检查卡片主要用于判定运动员的成绩。用厚纸片制成,分为主卡和副卡两部分。

4. 地图

地图是定向越野最重要的器材,它的质量好坏将直接影响运动员比赛的成绩和关系到比赛是否公正。国际定向越野图的最基本的要求是:幅面的大小根据比赛区域的大小确定,赛区以外的情况不必表示;比例尺通常为 1∶1.5 万或 1∶2 万,当需要时也可采用 1∶1万或 1∶2.5 万;等高距通常为 5 米,当需要时也可采用 2 米至 10 米,但在一幅图上不得使用两种等高距;精度至少要使以正常速度奔跑的运动员没有任何不准确的感觉;内容表示的重点详细表示与定向和越野跑直接相关的地物、地貌;要利用颜色、符号等,详细区分通行的难易程度。

5. 检查点标志

检查点用于检验运动员是否按规定跑完全程,为此,应设置专门的标志。检查点应在地图上准确地表示出来。检查点标志由三面标志旗连接组成。

6. 点签

点签是与检查点配合而起作用的，它提供给运动员一个到达位置的凭据。

（三）定向越野赛的种类

1. 越野式定向赛

“越野式定向赛”为定向的主要类型。国际比赛采用“越野式定向赛”为标准的定向竞赛类型，参赛者必须依靠赛会提供的地图，依从赛会指定次序，逐一到访全部控制点。以需时最短完成整个赛程者为优胜。

2. 夺分式定向赛

在赛区内设有很多控制点，每一控制点都有不同的分值，而分值由其距离、难度和与其他点的连接而定出。运动员在限定的时间内，凭技术、经验和体能，夺取分数。参赛人员无需依次序到访各控制点，成绩以积分最高者为优胜，如有同分者则以时间较短者为优胜。通常，参赛人员都不可能在限定的时间内取得全部分数。

3. 接力式定向赛

“队际式比赛”通常三人或四人一队，比赛路线分为若干段，每名队员完成其中指定一段后尽快返回（接棒区）以触手方式进行交棒（不用接力棒）。全队队员时间总和为该队总成绩，以时间最短完成全部赛程者为胜。

思考题：

1. 简述地形对战斗的影响。
2. 标定地图的方法有哪些？
3. 在野外如何按方位角行进？
4. 大学生如何组织和开展定向运动？

第八章　综合素质训练

高校教育思想要落实科学发展观，体现“以人为本”精神。综合素质训练是根据高职高专学生的特点，以培养和完善从事职业岗位所需要的职业体能、职业特殊身体活动技能和职业综合素养为课程教学目标而组织的有计划、有目的的教育体系。

本章共分四小节，每一节都有特有的素质训练，以满足学生以后从事的职业高智能、高强度和岗位工作的高竞争性、快适应性的现实需要。

第一节　安全自救

当前，学校教育什么最重要？人的生命安全最重要。2008 年的雪灾、地震等都给人们敲响了警钟，安全教育也放上了学校的重要议程。比如浙大城市学院学生吴晶晶在回家的路上被出租车司机杀害一案，就有学生安全防范意识不强的因素；上海商学院四女生火灾身亡，汶川地震的巨大灾难，都有人因为不懂如何安全逃生而永远地失去生命。而四川安县桑枣中学校长叶志平，坚持 11 年的抗震演习，在地震发生时，仅用 96 秒的时间，就使全校 2200 名师生全部撤出，创造了奇迹。这种防患于未然的不争事实给了我们很好的启迪。如何让公众在天灾人祸突发时懂得相应的逃生之道，如何使学生在遇到侵害时懂得正当的防身之术，安全教育和避险自救技巧也就显得尤为重要。高职高专学生大部分毕业后都工作在生产的第一线，或多或少会碰到一些自然灾害，防护缺失是死亡的主要原因，学习和掌握一些避险逃生知识很有必要，而且更重要的是使学生能应用他们所学的战略战术与技巧于他们一生的生活、学习和工作中，以保证他们生命、财产及家庭的安全。

一、地震

地震发生时(见图 8-1)要就近躲避，蹲下或坐下，尽量蜷曲身体，降低身体重心，并用坐垫等物保护好头部、眼睛，掩住口鼻。避震应选择室内结实、能掩护身体的物体旁(注意：一定要以比物体高度低的姿势，躲在物体的旁边)，易于形成三角空间的地方，开间小、有支撑的地方，室外开阔、安全的地方。要避开人流，房子摇晃时立即关火，不能使用电梯，震后迅速撤离到安全地方。

如果被埋压怎么办?

图 8-1　地震

震后，余震还会不断发生，环境还可能进一步恶化，要尽量改善自己所处的环境，稳定下来，设法脱险。

①设法避开身体上方不结实的倒塌物、悬挂物或其他危险物。

②搬开身边可搬动的碎砖瓦等杂物，扩大活动空间。

③设法用砖石、木棍等支撑残垣断壁，以防余震时再被埋压。

④不要随便动用室内设施，包括电源、水源等，也不要使用明火。

⑤不要盲目叫喊，以保持体力，可用敲击声求救。无法脱险时，要保存体力，尽力寻找水和食物，创造生存条件，耐心等待救援。

二、雷击

雷击(见图 8-2)发生时，我们可采取以下措施加强自我保护：

图 8-2　雷电

远离建筑物的避雷针及其接地引下线。远离各种天线、电线杆、高塔、烟囱、旗杆，如有条件，应进入有防雷设施的建筑物或金属壳的汽车、船只，但帆布的篷车、拖拉机、摩托车等在雷雨发生时是比较危险的，应尽快远离。

尽量离开山丘、海滨、河边，尽量离开孤立的树木和没有防雷装置的孤立建筑物，铁围栏、金属晒衣绳边也很危险。

雷雨天气尽量不要在旷野行走，外出时应穿塑料材质等不浸水的雨衣，不要骑在牲畜上或自行车上行走；不要用金属杆的雨伞，不要把带有金属杆的工具如铁锹、锄头扛在肩上。

人在遭受雷击前，会突然有头发竖起或皮肤颤动的感觉，这时应立刻躺倒在地，或选择低洼处蹲下，双脚并拢，双臂抱膝，头部下俯，尽量降低自身位势，缩小暴露面。

如果雷雨天气你待在室内，并不表示万事大吉，你必须关好门窗，防止球形雷窜入室内造成危害；把电视机室外天线在雷雨天与电视机脱离，而与接地线连接；尽量停止使用电器，拔掉电源插头；不要打电话和手机；不要靠近室内金属设备（如暖气片、自来水管、下水管）；不要靠近潮湿的墙壁。

有人遭雷击，怎么办？

一旦发现有人遭雷击，此时受雷击而烧伤或严重休克的人，他的身体是不带电的，抢救时不要有顾虑，应立即施救。

人体在遭受雷击后，往往会出现“假死”状态，此时应采取紧急措施进行抢救。首先是进行口对口人工呼吸，雷击后进行人工呼吸的时间越早，对伤者的身体恢复越好，因为人脑缺氧时间超过十几分钟就会有致命危险。其次，对伤者进行心脏按压，并迅速通知医院进行抢救处理。

三、火灾

发生火灾（见图 8-3）时，有条件的尽量用灭火器灭火。没有条件的，要根据情况选择进入相对较为安全的楼梯通道。除可以利用楼梯外，还可以利用建筑物的阳台、窗台、屋顶等攀到周围的安全地点，沿着落水管、避雷线等建筑结构中凸出物

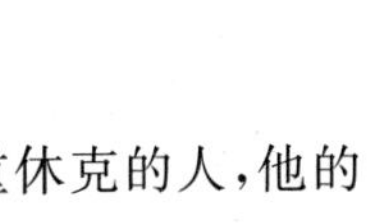

图 8-3　火灾

滑下楼。请记住：逃生的时候，乘电梯极危险。

穿过烟火封锁区，要防止烟雾中毒窒息。可采用湿毛巾、口罩蒙鼻，匍匐靠墙撤离的办法，呼吸要小而浅，因为越靠近地面的地方，烟雾的浓度越低。并且向头部、身上浇冷水或用湿棉被、湿毯子等将头部、身体裹好，快速冲出去。

假如逃生通道被切断且短时间内无人救援，可采取创造避难场所、固守待援的办法。首先应关紧迎火的门窗，打开背火的门窗，用湿毛巾或湿布塞堵门缝或用水浸湿棉被蒙上门窗然后不停用水淋透房间，防止烟火渗入，固守在房内，直到救援人员到来。

如身上衣物着火，要迅速脱掉衣物，或者就地滚动，以身体压灭火焰，还可以跳进附近的水池，如果旁边正好有水，也可用水浇。但若人体已被烧伤，而且创面皮肤已烧破时，则不宜跳入水中，更不能用灭火器直接往人体上喷射，因为这样做很容易使烧伤的创面感染细菌（见视频8-1）。

还要注意的是，许多火灾都是小家电引起的，一定要做到离开前切断电源。上海商学院四女生火灾事件就是一个警示。

四、台风

图 8-4　台风

台风来时，要迅速切断各类电器的电源，关紧门窗，以免被强风吹开，检查并缚紧容易被风吹到的物件，如窗户等。不要在玻璃门、玻璃窗附近逗留。最好到东北方向的房间进行躲避，远离门窗和房屋外围墙壁等可能坍塌的物体，并尽可能用厚外衣或毛毯等将自己裹起，用以防御可能四散飞来的碎片。

在户外突遇台风时，速往小屋或洞里躲避，若无此种场所时可选择没有土崩或洪水袭击危险的安全之处，如高地、岩石下或森林中等均是较安全的避难场所。必须继续前进时，也要弯下身体且不可贸然淋雨，受潮的衣服会夺走体温，造成体力失衡。遇强风时，尽量趴在地面上并往林木丛生处逃生，不可躲在枯树下。

五、沉船

船艇撞到礁石、浮木或其他船只，都可能导致船体洞穿（见图8-5），但是并不一定马上下沉，也许根本不会下沉，应该来得及穿上救生衣（注意！穿着救生衣要像系鞋带那样打两个结），并发出求救信号，手机、信号弹和燃烧的衣物都可以发出求救信号。除非是别无他法，否则不要弃船。一旦决定弃船，请在工作人员的指挥下，先让妇女儿童登上救生筏，按顺序离开事故船只。

图 8-5 沉船

如果来不及登上救生筏或者救生筏不够用，不得不跳下水里，就应迎着风向跳，以免下水后遭漂来的漂浮物撞击。跳时双臂交叠在胸前，压住救生衣。用手捂住口鼻，以防跳下时进水。眼睛望前方，双腿并拢伸直，脚先下水，并深吸一口气，救生衣会使人在几秒之内浮出水面。

跳水时一定要远离船边，跳船的正确位置应该是船尾，并尽可能地跳远，不然船下沉时涡流会把人吸进船底下。跳进水中要保持镇定，既要防止被水上漂浮物撞伤，又不要离出事船只太远。如果事故船在海中遇险，请耐心等待救援，看到救援船只挥动手臂示意自己的位置。如果在江河湖泊中遇险，则很容易游上岸，请尝试。如果水速很疾，不要直接朝岸边游去，而应该顺着水流游向下游岸边，如果河流弯曲，应游向内弯，那里较浅并且水流速度较慢。请在那里上岸或者等待救援。

六、触电

图 8-6 触电

当有人触电（见图 8-6）时，应立即切断电源，或用不导电物体如干燥的木棍、竹棒或干布等使伤员尽快脱离电源。急救者切勿直接接触触电伤员，防止自身触电而影响抢救工作的进行。当伤员脱离电源后，应立即检查伤员全身情况，特别是呼吸和心跳，发现呼吸、心跳停止时，应立即就地抢救。将伤员就地平卧，解松衣扣，通畅气道，进行口对口人工呼吸。

呼吸心跳均停止者，则应在人工呼吸的同时施行胸外心脏按压，以建立呼吸和循环，恢复全身器官的氧供应。现场抢救最好能两人分别施行口对口人工呼吸及胸外心脏按压，以 1∶5 的比例进行，即人工呼吸 1 次，心脏按压 5 次。如现场抢救仅有 1 人，用 15∶2 的比例进行胸外心脏按压和人工呼吸，即先做胸外心脏按压 15 次，再口对口人工呼吸 2 次，如此交替进行，在医院医务人员未接替前救治不能中止。

现场抢救中，不要随意移动伤员，若确需移动时，抢救中断时间不应超过 30 秒。移动伤员或将其送医院，除使伤员平躺在担架上并在背部垫以平硬阔木板外，还应继续抢救。

七、毒气泄漏

一旦发生燃气事故(见图 8-7)，应立即关闭阀门，打开窗户。如果发生大量漏气，而角阀开关失灵，首先要严格防止各种火种靠近，千万不要开关电灯或其他电器设备，也不能按门铃。因为，当燃气泄漏达到一定量时，任何一点火星或静电就会引起爆炸。除应立即报警外，要尽快设法用塑料布等物强制捆扎阻漏，并请专业人员处理。如果在路上遇到有毒气体泄漏，首先要判断风向，然后从上风口或侧风口快速撤离。如果跑错了方向，就会吸入毒气。

图 8-7　毒气泄漏

八、洪水

洪水来临时(见图 8-8)，应尽快转移，远离洪水，登上高处。如果不幸落水，要尽量抓住木板等漂浮物，同时注意避免与其他硬物碰撞。在水中不要举手，也不要乱挣扎，尽量减少动作，能浮在水面随波漂流即可。如果水温偏低，不要脱衣服。尽量不要游泳，以防体内热量过快散失。尽可能向其他落水者靠拢，既便于相互帮助和鼓励，又可因为目标扩大而更容易被救援人员发现。

图 8-8　洪水

人在水中长时间浸泡，热量散失会造成体温下降。溺水者被救上岸后，最好能放在温水里恢复体温，没有条件时也应尽量裹上被子、毯子、大衣等物保温。注意不要采取局部加温或按摩的办法，更不能给落水者饮酒，饮酒只能使热量更快散失。给落水者适当喝一些糖水有好处，可以补充体内的水分和能量。

如果落水者受伤，应采取止血、包扎、固定等急救措施，重伤员则要及时送医院救治。

要记住及时清除落水者鼻腔、口腔和腹内的吸入物。具体方法是：将落水者的肚子放在你的大腿上，从后背按压，将海水等吸入物倒出。如心跳、呼吸停止，则应立即交替进行口对口人工呼吸和心脏按压（见视频 8-2）。

九、沼泽、流沙

当在沼泽或流沙地里行走时（见图 8-9），一旦发觉双脚下陷，应该把身体后倾，轻轻跌躺在地面上。跌下时尽量张开双臂以分散体重，这样可使身体浮于表面。

图 8-9　沼泽、流沙地

别脱下背包或斗篷，这些可增加浮力。如有手杖，可插在身体之下的沙中。移动身体时必须小心谨慎。每做一个动作，都应让泥或沙有时间流到四肢底下。急速移动只会使泥或沙之间产生空隙，把身体吸进深处。

如有人同行，应躺着不动，等同伴抛一条绳子或伸一根棒子过来，拖拉自己脱险。急速乱动不但帮助不大，而且会很快精疲力竭。倘只有自己一人，朝天躺下后，轻轻拨动手脚，用背泳姿势慢慢移向硬地。如身旁有树根、草丛，可拉它借力移动身体。

移动数米，也许得花一个小时。感到疲倦时可伸开四肢，躺着不动。这个姿势会保持身体不沉下去。

十、泥石流

在沟谷内逗留或活动时，一旦遭遇大雨、暴雨，要迅速转移到安全的高地，不要在低洼的谷底或陡峻的山坡下躲避、停留。

留心周围环境，特别警惕远处传来的土石崩落、洪水咆哮等异常声响，这很可能是即将发生泥石流的征兆。发现泥石流后(见图 8-10)，要马上与泥石流成垂直方向向两边的山坡上面爬，爬得越高越好，跑得越快越好，绝对不能往泥石流的下游走。

图 8-10　泥石流

十一、被毒蛇咬伤

被毒蛇咬后(见图 8-11)，应立即用柔软的绳子或乳胶管(建议随身携带)，在伤口上方超过一个关节处结扎。结扎后，可用清水、冷开水加食盐或肥皂水冲洗伤口。

图 8-11　被毒蛇咬伤

在经过冲洗处理后，应用干净的利器挑破伤口，同时在伤口周围的皮肤上，挑破如米粒大小数处。有条件的可以将伤口浸于冷盐水中，从上而下地向伤口挤压 20 分钟左右，使毒液排出。也可以用口直接吸毒，但必须边吸边吐，每次都用清水漱口，若口内有溃疡或龋齿，则不能用口吸毒，因为毒液通过口腔黏膜损伤处会很快进入血液循环。

十二、电梯下坠

图 8-12　电梯下坠

当发生电梯下坠时(见图 8-12)，不论有几层楼，赶快把每一层楼的按键都按下。如果电梯里有手把，一只手紧握手把。整个背部跟头部紧贴电梯内墙，呈一直线，膝盖呈弯曲姿势。

十三、防卫技巧

出差外出时，每到一处，首先要仔细读宾馆的说明，其次寻找安全通道。在发生状况时，这些准备有时会让你捡回一条命。这里还要提醒大家，最好学一些防卫技巧（如防身术），遇到暴力侵害时可以防卫，不至于束手待毙。

这里还要介绍一个非常有用的东西——应急百宝箱。

日本的防灾应急箱

作为经常发生地震的岛国，日本在防震方面，有很多值得我们学习的经验。比如，在日本的各个大公司，员工桌下都有免费配置的防灾应急箱，就是很有特色的对抗地震的手段。

这种防灾应急箱体积不大，内部配置略有差别，但是大体可以满足地震发生时幸存人员的自救需要，可以最大限度地延长等待救援时间。

那么，这种箱中究竟有哪些物品呢？以下面所配备的应急箱作例子吧。

这种应急箱是日本使用最为普遍的样式，由硬纸制成，打开后可见一张清单，列举其中物品（见图 8-13），包括：

1. 附有加强橡胶指垫的棉线手套一副

遭到地震后，自救逃生是一项艰巨的任务，特别是被砖石杂物困住时，单靠自己双手很难脱险。而戴上这种手套，可以一定程度上提高挖掘砖石瓦砾的能力，增强自己挖掘出险的可能。同时，这种手套戴上后还可以防滑，如果脱险时需要攀爬也可以起到很好的帮助作用。

2. 应急食品两罐

具体包括每罐 110 克有盐压缩饼干、冰糖糖块和熟花生米，这些食物的味道并不好吃，但是热量很高，可以有效补充体力和矿物质。

图 8-13 应急箱

按照说明，这两罐食品，在静止不动时能够满足一个成年人坚持 4 天的营养需要，加上人自身在断粮情况下有一定的自持时间，这将大大提高受灾者等待救援的时间。

3. 饮用水两罐，每罐 340 克

由于人对于水分的需要更甚于食品，所以在防灾应急箱中的水用双层金属罐包装，以尽量避免在地震中遭遇挤压而被损坏。遵照医学研究的结果，这种饮用水中不掺杂果汁等添加材料，据说这样是最能保障饮用水发挥救生效率的做法。同时，不掺杂添加材料，在必要时还可以用这种纯净水清洗伤口，避免感染。

4. 经过特殊处理的蜡烛两根、火柴一盒

在一些应急箱中，也有放置应急灯的，但大多数日本的应急箱里放置蜡烛。这是因为蜡烛不怕潮湿、品质可靠，除照明外还可以充当火种和据以判断氧气含量。这种通过特殊处理的蜡烛，可以连续燃烧 4.5 个小时，比大多数应急灯能够提供的照明时间都要长。

5. 超薄保温雨衣一件

这种银色的保温雨衣是高科技产品，整件雨衣折叠后和一条手帕的体积不相上下，重量极轻但摊开后却可以连头包裹一个壮年大汉。这种雨衣采用了类似美国阿波罗飞船宇航员太空服的材料，可以有效隔热并有较好的韧性。在遭遇地震灾害时，很多人在废墟残骸中等待救援时面临体温下降的问题，这种雨衣可以有效地保存体温，增加生存的希望。必要时也可用它制成简易的储水器，来保存雨水以供饮用。

6. 高强度尼龙携行袋一个

使用者可以用这种携行袋将箱内物品全部装入随身携带。在地震中，脱离危险地带后，往往当地还是无水无电交通中断的阶段。那时，随身携带应急箱中的食品和饮水，就很有价值了。

除此以外，还可再加个哨子，可以节省呼喊的力气，并放上一张纸，写上联系方式。

灾难面前，勇敢、沉着的品质很重要，随机应变的智慧更重要。

第二节　素质拓展

良好的团队精神和积极进取的人生态度，是现代人应有的基本素质，也是现代人人格特质的两大核心内涵。在现代社会，人类的智慧和技能只有在这种人格力量的驾驭下，才会迸发出耀眼的光芒，素质拓展由此应运而生。

素质拓展是一种体验式教育模式，通过设计独特的富有思想性、挑战性和趣味性的户外活动，培训人们积极进取的人生态度和团队合作精神，是一种现代人和现代组织全新的学习方法和训练方式。同时，对大学生的综合素质也能够进行很好的锻炼作用。结合大学校园的实际情况，对提高大学生挑战自我、熔炼团队具有极其重要的作用。它通过体验、反思、总结和应用四个环节，培养同学们积极的自我挑战能力和良好的团队协作能力，具体可以在以下几方面给同学们带来提高：动手能力，身心的控制能力，受挫力，沟通能力，自我的再认识、自我激励和自我超越的能力，领导力，承担责任，诚信，团队合作等。

一、素质拓展的起源及发展

风靡全球50余年的素质拓展，1995年走进中国。短短几年不断发展，备受推崇，逐渐被列入国家机关、外企和其他现代化企业的培训日程。为什么素质拓展能有如此的魅力呢？让我们一起亲身步入素质拓展！

素质拓展，又称拓展训练、外展训练（outward bound），原意为一艘小船驶离平静的港湾，义无反顾地投向未知的旅程，去迎接一次次挑战，去战胜一个个困难。

这种训练起源于第二次世界大战期间的英国，当时一大西洋商务船队屡遭德国人的袭击。许多缺乏经验的年轻海员葬身海底，针对这种情况，汉思等人便创办了“阿伯德威海上学校”，训练年轻海员在海上的生存能力和船撞礁后的生存技巧，使他们的身体和意志都得到锻炼。拓展训练课程以培养合作意识与进取精神为宗旨，崇尚自然与环保。活动多利用崇山峻岭、湖海大川等自然环境，通过创意独特的专业户外体验式培训课程，帮助企业和组织激发成员的潜力，增加团队活力、创造力和凝聚力，达到提升团队生产力的目的。战争结束后，许多人认为这种训练仍然可以保留。拓展训练的独特创意和训练方式逐渐被推广开来，训练对象由海员扩大到军人、学生、工商业人员等群体。训练目标由单纯的体能、生存训练扩展到人格训练、管理训练等。

素质拓展暨拓展训练在经历了40年代的创始、50年代的扩大规模、60年代的长足发展、70年代的稳固和80年代的国际化之后，到今天，全世界五大洲已建立了近40所学校，设在英国的总部是世界各地外展训练活动的中心，拓展训练强调安全第一，提倡环境保护，其宣言是：激发自尊，关心他人，服务社会，放眼世界。

二、素质拓展的特点

1. 创新

善于用刺激的方法。培训者通常发现素质拓展能引起参与者和管理者的注意和兴趣。

2. 印象持久

素质拓展给参加者带来终生难忘的深刻记忆，证实了通过接受素质拓展训练的挑战者能获得非同一般的自我洞察力。

3. 娱乐

普遍的观点是素质拓展令人愉快。就算是最害怕体能挑战的久坐桌旁忙于案牍的人，也能过得非常开心。

4. 考察结构

素质拓展可以考察结构和关系，允许所有团队成员发展其独特的力量和能力，这是其他学习形式所无法比拟的。

5. 全脑

素质拓展是我们对最佳学习途径的理解相一致的过程。也就是说，本方法在学习中用了“全脑”，进行体能、情感和精神上的锻炼。某些素质拓展也能影响潜意识，人们可能会学到许多关于自身的在意识层次上未加注意的东西。

6. 发展自然的学习能力

对于我们的整个素质拓展培训概念而言，有两个声明是非常重要的：第一，几乎没有例外的，每个人都是富有能力的学习者，但他们不一定将这种能力应用到“正式”学习中。第二，作为培训者，要想适应改变，我们应终身学习。

三、素质拓展项目的形式

当你计划进行素质拓展项目时，要考虑到一系列的问题。首先，考虑的是素质拓展活动应与所需要的学习成果相连接。如果拓展训练与学习目标无关，那么它产生的持久印象就没有什么价值可言。

其次，素质拓展过程中，讲解的质量是连接工作的关键因素。

素质拓展有多种形式内容，其课程主要由水上、野外和场地三类形式的课程组成。

水上课程包括游泳、跳水、扎筏、划艇、潜水等；

野外课程包括远足露营、登山攀岩、野外定向、溶洞探险、伞翼滑翔、户外生存技能等；

场地课程是在专门的训练场地上，利用各种训练设施，如逃生墙、高空软梯等，开展各种团队组合课程及攀岩、跳越等心理训练活动，如图 8-14 所示。

(a) 求生墙

(b) 移花接木

(c) 大靠山

(d) 长途跋涉

图 8-14　素质拓展的场地课程项目

不论哪种形式，通常与素质拓展有关的学习成果可分为三大类：

1. 团队挑战形式

这些项目使一个小组作为整体面对各种挑战。这些项目的目的在于促进小组成员之间的相互作用。在小组需要提高信任、支持、人际关系来克服某种困难时，这种活动极有成效。由于进行的活动是一系列相关或不相关的事件，在进行过程中有许多障碍，经历的每一个事件都要进行讲解，使小组逐渐接近最终目标。

2. 个人挑战形式

个人挑战活动的目标一般包括自我激励、适应能力、忍耐的信心和积极思考能力。当然也包括解决问题和作出决策等能力。当每个人接手个人任务时，他必须面对全方位的个人挑战。

有趣的是，有些“莽撞人”直接闯进未知的领域，尝试着闯出了路子，而有些人尽管看着别人做到了，而自己却感到体能与心理上有困难，不敢尝试。老练的教练通常带领人们从较为容易的活动向较为困难的活动过渡，帮助他们克服恐惧。在活动过程中，小组内其他成员鼓励心怀犹豫的组员充满信心地面对挑战。

3. 领导关系挑战形式

这一项与团队挑战和个人挑战活动有很多相似之处，主要的不同之处在于项目的目标。这些项目不是对成员间人际关系的分析，而是试图对领导行为及其对团队和团队面对挑战方式的影响进行探索。另外一个不同点是，领导关系挑战可以在彼此不了解的人们中进行。

另一种将素质拓展模式与学习成果相结合的方法是对活动加以精心设计（如情景设计），使项目最大限度地开发出学习潜力。

四、素质拓展的作用

1. 探索

活动使参与者致力营造具有挑战性的学习经验，并在尊重个人意愿的原则之下，透过对未知的探索，激发身体与心灵的潜能，同时追求主体任务与冒险探索的平衡。

2. 学习

活动使参与者将学习视为团队的源头活水，希望所有成员都能够在信息交流零阻力的环境当中，充分交换意见和想法，共同体验成长的滋味。

3. 品质

活动使参与者以所从事的本业为荣。在不停追问和探求的过程当中，寻求善意的批评，包容彼此的差异，不断精益求精。

4. 超越

参与者将通过个人和团队的努力和协作，实现团队价值和个人价值的超越。

5. 整合

从活动中，可以按逻辑的程序，从经历中总结出原则或归纳提取出精华。并用某种方式去整合，以帮助参加者进一步定义和认清体验中取得的成果。

6. 双赢

活动使参与者在发展事业与提升人员素质的过程当中，了解了单位与个人素质两者之间缺一不可的关系，并努力达成双方面平衡成长的目标。

第三节　自卫防身

人生在世，难免遭受社会上不法之徒的骚扰侵袭。大学生生活在社会之中，也不免会遇到突然的袭击和侵害。因此，当代大学生学习和掌握一些自卫防身的知识和技巧是非常有必要的。自卫防身不是武术，是让你记住对你有用的安全防卫的知识与技巧，没有什么套路，是指导你怎么在危急中获得一线生机。通过学习，学生可以在心理上、身体上、知识上做好准备，树立一种积极预防的意识。并有计谋地运用所学的格斗技术，发挥自身的最大潜力，最大限度地保卫自己的生命安全。

当你在进行自卫防身时也要符合法律的规范，以免触犯法律。如为了维护本人或他人的人身以及其他权益不受不法之徒侵害，进行自卫防卫，是法律所允许的。正当防卫是为了国家、集体、本人或者他人的财物、人身和其他权利免受正在进行的不法侵害的对策和措施。也就是说，作为一名大学生应当懂得正当防卫是作为一个公民的权利和义务，同时必须是按照法律规定的正当防卫。

一、正当防卫

我国《刑法》第 20 条规定："为了使国家、公共利益、本人或者他人的人身、财产和其他权利免受正在进行的不法侵害，而采取的制止不法侵害的行为，对不法侵害人造成损害的，属于正当防卫。"正当防卫是公民同违法犯罪分子作斗争的一个法律武器，大学生应当掌握好这个武器。当遇到抢劫、盗窃、强奸、行凶、杀人、放火等违法犯罪行为时，就要善于运用正当防卫行为来维护合法权利。例如，一天晚上，田某从同学家归来，路过一条偏僻的胡同时，从胡同口处窜出持刀青年黄某。黄某把刀逼向田某并让他交出钱和手表。田某扭头就跑，结果跑进了死胡同，而黄某持刀紧随其后，慌乱害怕中，田某抓起墙角的一根木棒，向黄某挥去，黄某应声倒下。田某立即向派出所投案，后经查验，黄某已死亡。田某的行为是正当防卫还是防卫过当？为什么？分析：田某的行为是正当防卫。根据《刑法》第 20 条第 3 款规定：对正在进行的行凶、杀人、抢劫、强奸、绑架以及其他严重危及人身安全的暴力犯罪，采取防卫行为、造成不法侵害人死亡的，不属于防卫过当，不负刑事责任。本案中，田某对正在进行持刀抢劫的黄某采取防卫行为，将之打死，属于正当防卫。

二、非正当防卫

既有正当防卫，那么就有非正当防卫。如果非正当防卫造成了损害，则应负相应的法律责任。非正当防卫主要有以下几种：

1. 防卫过当

它是指行为人在实施正当防卫时，超过了正当防卫所需要的必要限度，并造成了不应有的危害行为。

2. 防卫挑拨

它是指行为人故意挑逗对方，使对方对自己进行不法侵害，接着借口加害于对方。

3. 防卫侵害了第三人，也叫局外防卫

它是指防卫者对正在进行的不法侵害以外的人实施的侵害行为。

4. 假想防卫

它是指不法侵害行为根本不存在，由于行为人猜想、估计、推断不法侵害行为存在，而对其实施侵袭的一种不法侵害行为。

5. 事前防卫，也叫提前防卫

它是指行为人在不法侵害尚未发生或者说还未到来的时候，而对准备进行不法侵害的人采取了所谓的防卫行为。

6. 事后防卫

它是指在不法侵害终止后，而对不法侵害者进行的所谓防卫行为。

三、常见的自卫方法

为了对付歹徒的欺凌，掌握一定的自卫防身术是十分必要的。现将常见紧急情况下的护身方法介绍如下。

1. 当被抓住领子时

当进攻者乘你不备之机抓住你的领子时，左手、左脚在前，右手握拳在右后方，你应右臂上绕，缠压住对方的左手臂，并尽力不让其解脱；左手迅速、准确地抓住他的手，用力扭转其手腕，右肘压住其左肘，反其关节，将其制服。

2. 当被抓住前襟时

当进攻者用右手抓住你左前襟时，你应左脚向前上步，左手下压由内侧向外格拨，右脚向进攻者的裆部踢去；同时，用右手掌猛击对方的左侧面部。

3. 当手腕被抓住时

进攻者突然用左手抓住右手腕时，你的右手向右上方缠绕，并反抓住对方的左手腕；同时，左手立即按住其被反抓住的左手腕，身体跟进；两手用力将其左手腕扭转成反关节状态，将他制服。

4. 当从后面被抱住双臂时

当进攻者乘你不备，从背后拉住你双臂时，你应迅速弯曲双腿，使重心下降，并乘势抬起双肘，先解脱开来。解脱后，立即向右后转身，并抬起右脚，用脚跟向进攻者的左脚面上猛跺；并用右拳、右肘或手中之物，猛击进攻者的心窝。

5. 当从后面被抓住双手时

当进攻者乘你不备，从背后分别抓住你的左右手时，你应尽量用力先解脱一手，并迅速转到进攻者的背后，若对方抓住你手不放，应在转到他背后以后，将他两臂绞住，用膝盖顶撞他的后膝。

6. 当从背后被扣锁喉咙时

当进攻者突然从背后用右臂锁住你喉咙，并用力向后拉压时，你要沉着应付，先使重心下降，而后猛向左转身，用左肘向对方的心窝部位顶撞。进攻者心窝被撞击后，必然有自我保护的动作反射。这时，你应趁机向左转身，用右拳击打其下颌。

7. 当被两人从两侧抓住手腕时

当你遇到两个敌手，并从两侧分别抓住你手腕时，你应两臂向后再向上翻，反过来抓住两敌的手臂，将身一转，速抬起一腿向左敌腹部猛踢一脚，或用膝顶撞敌肩，然后再飞起另一脚向右敌的腹部或胸口踢去。

8. 当前后受敌时

当前后都遇到袭击者，前面又被抓住前衣领时你应乘后面的人没有防备之际，突然飞起左脚，向后面人的颈项部位后踢一脚，紧接着把后踢的腿收回来，顺势向面前的攻击者的腹部蹬踢。

四、对付抢劫与抢夺的方法

抢劫，是指以非法占有为目的，以暴力胁迫或者其他方法施行将公私财物据为己有的一种犯罪行为。抢夺，则是指以非法占有为目的、乘人不备公然夺取他人的财物的一种犯罪行为。这两类犯罪行为都会侵犯他人的人身权利，且容易转化为凶杀、伤害、强奸等恶性案件，比盗窃犯罪更具有社会危害性。下面介绍几种对付抢劫与抢夺的方法。

1. 案发时要尽力反抗

只要具备反抗的能力或时机有利，就应发动进攻，以制服或使作案人丧失继续作案的能力。

2. 与作案人尽量纠缠

可利用有利地形和身边的砖头、木棒等足以自卫的武器，与作案人形成僵持局面，使作案人短时间内无法靠近自身，以便引来援助者，并对作案人造成心理上的压力。

3. 巧妙麻痹作案人

当自己处于作案人的控制之下而无法反抗时，应当尽力保持镇定，可按作案人的要求交出部分财物，以麻痹作案人，切不可一味地求饶。还可与作案人说笑斗口，采取默认方式表明自己已交出全部财产，并无反抗的意图，使作案人放松警惕。同时，可以抓住时机进行说服教育，晓以利害，争取引起作案人心理上的共鸣，以便自己看准时机进行反抗或逃脱其控制。

4. 采用间接反抗法

间接反抗法是指乘其不注意时在作案人身上留下记号，如在其衣服上搽点泥土、血迹，在其口袋中装点有标记的小物件，在作案人得逞后悄悄尾随其后注意其逃跑去向等。

5. 注意观察作案人

尽量准确记下其特征如身高、年龄、发型、衣着、体态、胡须、语言、行为等特征。

6.及时报案

作案人得逞以后，很有可能继续寻找下一个抢劫目标甚至还竟敢在作案现场附近的商店和餐厅进行挥霍。所有高校一般都有较为严密的防范措施，能及时报案和准确描述作案人特征，有利于有关部门及时组织力量布控，抓获作案人。

7.大声呼救

无论在什么情况下，遇到抢劫时只要有可能就要大声呼救，或故意高声与作案人说话。

只有正确掌握更多的自卫防身的知识和技巧，才能更好地预防日常生活中可能出现的安全问题，尤其是犯罪行为，维护自己的合法权益，并避免在维权过程中触犯法律。

学生通过本课程的学习(见图 8-15)可以大大减少受到暴力侵害的几率。当他人遇到暴力侵害时也可以冷静地用自己所学到的方法进行处理。这也是预防犯罪和减少犯罪率的一种方法。

图 8-15　自卫防身场地课程

第四节　野外生存

野外生存不是指一般的野外生活，而是指在比较生疏的远离居民区的旷野或原野，吃、住、行都很困难，甚至面临敌人或毒蛇、野兽随时可能侵害的情况下求生。可见,它较平常生活有着很大的不同。野外生存与日常生活有着很大的不同,它除了要具备坚强的意志、良好的心理素质、过硬的体魄之外,还必须具备一定的野外生存知识和技能。野外生存可分为主动性和被动性两种。主动性的野外生存活动是指一些爱好者有准备有计划地进行这项活动。被动性的野外生存往往是一些意外所致,如迷路、自然灾害、战争、交通工具的失事等,被迫在野外求生。这种情况虽然不常见,但也不能完全避免。野外生存是一种行为,也是一种能力,更是一种精神。

一、野外生存的起源与发展

生存训练起源于第二次世界大战。当时,盟军的大西洋舰队屡遭德国纳粹潜艇的袭击。海难发生后,大部分水手都葬身海底,只有极少数人得以生还。人们惊奇地发现,这些生还者并不是他们想象中的那些年轻力壮的水手,而是那些年龄较大、经验丰富的老兵。劳伦·霍特,蓝色烟筒船运公司的老板,为此向知名的教育家科特·哈恩请教,希望他能帮助年轻水手提高生存能力。哈恩博士经过分析研究后发现:海难中的生还者必须具备坚强的意志、良好的团队精神、丰富的海上求生技能等素质,而这些正是老水手们所具备的优势。于是,1941 年在英国威尔士的阿伯多维成立了一所帮助年轻水手提高生存能力的“海上生存训练学校”。第二次世界大战结束后,拓展训练成功的培训理念被进一步发扬光大,训练的目的也从最初的军事生存训练演变成为现代社会和经济领域服务的人本训练。

据有关资料表明,20 世纪末,我国只有北京和几个沿海城市出现了野外生存训练的“星星之火”。2001 年,深圳几乎是一夜之间冒出了 20 多家与野外生存有关的俱乐部。紧接着,天津、湖北、广东、云南、四川、新疆等地,几乎每个省都有了自己的俱乐部。在全国,参与野外生存活动的人数更是以几何速度倍增,从 1999 年的几千人,到 2000 年的几万人,2002 年已约 40 万人。预计到 2010 年,我国的野外生存和探险爱好者将达到 5000 万人以上。

二、野外生存内容

（一）辨别方向

1. 迷失方向后的处置方法

在野外行进中，原来的道路消失了，或者从开始就没有确定路线，只是依赖地形及方位行进，结果找不到位置，这就是迷失方向了。发现自己迷失方向后，切勿惊慌失措，应立即停下来冷静地回忆一下所走过的道路，想办法按一切可能利用的标志重新定向，然后再寻找道路。最可靠的方法是“迷途知返”，循着自己的足迹退回至原出发点，切勿盲目乱闯。返回原来的路线，有时需要下很大的决心。尤其是已经登上了山岭，临时决定改道，走艰辛的回头路，要比前进需要更大的勇气和毅力。此时应先登高远望，判断应该往哪儿走，在山地尤应如此，先爬上附近大的山脊上观察，然后决定是继续往上爬，还是向下走。通常应朝地势低的方向走，这样易于找到水源。顺河而行最为保险，这一点在森林（丛林）中尤为重要。俗话说：“水能送人到家。”因为道路、居民点常常是滨水临河而筑的。

2. 利用自然界特征判定方向

在没有地形图和指北针等器材的情况下，要学会利用自然界的一些特征判定方向（见视频 8-3）。首先，太阳是最可靠的“指北针”。我们知道，太阳是由东向西移，而影子则是由西向东移。例如，早晨 6 时，太阳从东方升起，一切物体的阴影都倒向西方；到中午 12 时，太阳位于正南，影子便指向北方；到下午 6 时，太阳到正西，影子则指向东方。因此，可用太阳和物体的阴影概略地测定方向。

（二）野外饮用水的净化处理

俗话说：“人可一日无餐，不可一日无水。”可见人们非常清楚水对人的生存有多么重要。然而，不洁净的水中经常会带有一些致病的物质，如痢疾、伤寒、血吸虫、肝蛭、霍乱等有毒的病菌，以及腐烂的植物茎叶，昆虫、飞禽、动物的尸体及粪便，有的还可能会带有重金属盐或有毒矿物质等。所以当你在极度干渴之际找到水源后，最好不要急于狂饮，应就当时的环境条件，对水源进行必要的净化消毒处理，以避免因饮水而中毒或传染上疾病。

要提醒同学们注意的是，在饮水紧缺的情况下，一定要合理安排饮用水，不要为一时口渴而狂饮。另外，在野外工作或探险中，喝水也要讲究科学性。如果一次喝个够，身体会将吸收后多余的水分排泄掉，这样就会白白浪费很多的水。如果在喝水时，一次只喝一口，然后含在口中慢慢咽下，过一会儿感觉到口渴时再喝一口，慢慢地咽下，这样重复饮水，既可使身体将喝下去的水充分吸收，又可解决口舌咽喉的干燥。一标准水壶水量，运用正确的饮水方法，可使一个单兵在运动中坚持6～8小时，甚至更长些。

（三）采捕食物的方法

野外生存获取食物的途径主要有两种：一种是猎捕野生动物，另一种是采集野生植物。

猎捕野生动物首先要知道动物的栖息地，掌握动物的生活规律，然后再采取压捕、套猎、捕兽卡以及射杀等方法进行猎捕。这需要在专家指导下经过较长时间的训练和实践后才能真正掌握。

可食野生植物包括可食的野果、野菜、藻类、地衣、蘑菇等。对可食野生植物的识别是野外知识的主要内容。我国地域广大，适合各种植物生长，其中能食用的就有2000种左右。我国常见的可食野果有：山葡萄、黑瞎子果、茅莓、沙棘、火把果、桃金娘、胡颓子、乌饭树、余甘子等，特别是野栗子、椰子、木瓜等更容易识别，是应急求生的上好食物。常见的野菜有苦菜、蒲公英、鱼腥草、马齿苋、刺儿草、荠菜、野苋菜、扫帚菜、菱、莲、芦苇、青苔等。野菜可生食、炒食、煮食或通过煮浸食用。

（四）野外常见的伤病防治

1. 昆虫叮咬的防治

在野外为了防止昆虫叮咬，人员应穿长袖上衣和长裤，并扎紧袖口、领口和裤脚口，皮肤暴露部位涂搽防蚊药。不要在潮湿的树荫和草地上坐卧。宿营时，烧点艾叶、青蒿、柏树叶、野菊花等驱赶昆虫。被昆虫叮咬后，可用氨水、肥皂水、盐水、小苏打水、氧化锌软膏涂抹患处止痒消毒。

2. 昏厥

野外昏厥多是由于摔伤、疲劳过度、饥饿过度等原因造成的。主要表现为脸色突然苍白，脉搏微弱而缓慢，失去知觉。遇到这种情况，不必惊慌，伤者一般过一会儿便会苏醒。醒来后，应喝些热水，并注意休息。

3. 中毒

其症状是恶心、呕吐、腹泻、胃疼、心脏衰弱等。遇到这种情况，首先要洗胃，快速喝大量的水，并用指触咽部引起呕吐，然后吃蓖麻油等泻药清肠，再吃活性炭等解毒药及其他镇静药，多喝水，以加速排泄。为保证心脏正常跳动，应喝些糖水、浓茶，暖暖脚，立即送医院救治。

4. 中暑

中暑的症状是突然头晕、恶心、昏迷、无汗或湿冷，瞳孔放大，发高烧。发病前，常感口渴头晕，浑身无力，眼前阵阵发黑。此时，应立即在阴凉通风处平躺，解开衣裤带，使全身放松，再服十滴水、仁丹等药。发烧时，可用凉水浇头，或冷敷散热。如昏迷不醒，可掐人中穴、合谷穴使其苏醒。

5. 冻伤

如发现皮肤有发红、发白、发凉、发硬等现象，应用手或干燥的绒布摩擦伤处，促进血液循环，减轻冻伤，轻度冻伤用辣椒泡酒涂擦便可见效。如发生身体冻僵的情况，不要立即将伤者抬进温暖的室内，应先摩擦肢体，做人工呼吸，待伤者恢复知觉后，再到较温暖的地方抢救。

三、野外生存训练走进学校

教育部于2002年将“中国大学生野外生活生存训练的实验研究项目”列为国家教育科学“十五”规划重点课题研究项目，并于同年在东北、湖北、浙江三地组织6所高校师生进行了野外实验。实验证明，学生通过亲近自然、学会生活、学习生存的野外体验，“野外生活生存”这一新颖的体育活动，具有显著的锻炼价值、教育价值和社会价值。“野外生存”以课程形式在我国高校体育教学中进行普及和推广，是有其积极意义的。

在自然环境中进行健康教育和生活生存训练同传统的体育课堂教育的区别在于，学生在野外的生活生存训练中，在克服通常不易遇到的各种困难中，锻炼身体，陶冶情操，学会日常生活技能，体会为生存而克服各种困难的艰辛与愉悦，增长知识，增强生活能力，感悟人与自然、人与社会、人与人之间的关系，从而促进自然意识和社会意识的全面发展。

思考题：

1. 地震时应该注意哪些方面？
2. 遇到毒气泄漏怎么办？
3. 素质拓展的组织方法有哪些？
4. 简述野外生存训练的内容。
5. 临场对付歹徒有何措施与技巧？

参考文献

[1] 田克勤.毛泽东思想概论.北京:高等教育出版社,2001.

[2] 魏纯镭.军事理论教程.北京:北京体育大学出版社,2005.

[3] 王小健.大学军事.北京:中国社会科学出版社,2004 .

[4] 杨泰.大学国防教育教程.沈阳:辽宁大学出版社,2006.

[5] 蒋顺学.毛泽东军事思想体系.北京:军事科学出版社,1997.

[6] 张万年.当代世界军事与中国国防.北京:军事科学出版社队,1999.

[7] 杨长春.邓小平新时期建军思想研究.北京:解放军出版社,1989.

[8] 齐建新.新编大学军事教程.北京:军事科学出版社,2003.

[9] 聂送来.世界军事发展年度报告.北京:军事科学出版社,2004.

[10] 曾永珠.未来轻武器.北京:国防工业出版社,2001.

[11] 吕彬.21世纪和平还是战争.北京:中国国际广播出版社,2000.

[12] 潘湘庭.高技术与世界格局.北京:国防大学出版社,1994.

[13] 赵红.大学军事教程.长沙:湖南大学出版社,2006.

[14] 张召忠.下一个目标是谁.北京:中国青年出版社,1999.

[15] 单小忠.军事理论教程.杭州:浙江教育出版社,2008.

[16] 许强.枪的故事.北京:东方出版社,2003.

[17] 施援平.2007世界军事年报一变数.兰州:兰州大学出版社,2007.

[18] 葛芝金.国防教育概论.上海:华东师范大学出版社,2001.

[19] 郭梅初.军事训练读本.北京:军事科学出版社,2004.

[20] 匡璧民.军事理论教程.北京:军事谊文出版社,2007.

[21] 张国清.军事理论与军事技能.上海:同济大学出版社,2002.

[22] 武登春.高等国防科技院校军事理论教程.北京:北京航空航天大学出版社,2000.

［23］骆红斌.大学国防教育教程.杭州：浙江文艺出版社，2004.
［24］总政治部.江泽民国防和军队建设思想学习纲要.北京：解放军出版社，2003.
［25］［瑞典］Goran Andersson.定向运动.北京：军事谊文出版社，2002.
［26］朱秒扬.体验野外生存.北京：军事谊文出版社，2004.
［27］肖向云.逃生课.杭州日报，2008-06-04.
［28］张锐.安全教育与自卫防身.北京：北京体育大学出版社，2005.
［29］钱永健.拓展训练.北京：企业管理出版社，2006.
［30］张召忠.打赢信息化战争.北京：世界知识出版社，2004.
［31］糕法宝.新概念武器与信息化战争.北京：国防工业出版社，2008.
［32］宋跃进.指挥控制与火力控制一体化.北京：国防工业出版社，2008.
［33］王建华.信息技术与现代战争.北京：国防工业出版社，2004.